Martín Lutero

Comentario a los profetas menores

Volumen 1

Traducción, edición, y anotación del
Rev. Dr. Alberto L. García

EDITORIAL CONCORDIA • SAINT LOUIS

Propiedad literaria © 2017 Editorial Concordia
3558 South Jefferson Avenue, Saint Louis, Missouri, 63118-3968 U.S.A.
1-877-450-8694 • editorial.cph.org

Editor General: Rev. Héctor E. Hoppe

Editorial Concordia es la división hispana de Concordia Publishing House.

Impreso en los Estados Unidos de América

1 2 3 4 5 6 7 8 9 10 27 26 25 24 23 22 21 20 19 18 17

Dedicatoria:

La traducción y edición de este volumen es dedicado al Rev. Profesor Dr. Richard J. Dinda, profesor de idiomas clásicos en el Concordia College, Austin, Texas, por muchos años. El Doctor Dinda inspiró un gran número de alumnos, entre ellos el editor y traductor de este volumen, a practicar el arte de traducir del latín documentos eclesiásticos. El Dr. Dinda ha contribuido un gran número de traducciones al inglés de Martín Lutero y Juan Gerhard para Concordia Publishing House.

Alberto L. García

Celebración de cinco siglos de la Reforma Luterana

Enero de 2017

CONTENIDO

Introducción

Este volumen sale a la luz en un tiempo muy propicio con relación a la Reforma comenzada por Martín Lutero. El 31 de octubre de 1517, Lutero clavó sus famosas 95 tesis en la iglesia del castillo de Wittenberg. Como este 2017 se celebra el 500 aniversario de la Reforma, ponemos a disposición este Volumen I, sobre los Comentarios de Martín Lutero acerca de los Profetas Menores (Oseas, Joel, Amós, Abdías, y Jonás) en conmemoración de tal importante acontecimiento.

Lutero no esperaba en 1517 que sus tesis llegaran a ser algo sensacional en la historia de la iglesia. Pero así fue, dada la presión abrumadora de la Iglesia Católica sobre Alemania y sus alrededores y dado a la eficacia de esa nueva invención de la imprenta de Gutenberg, la cual ayudó a los discípulos y amigos de Lutero a multiplicar rápidamente su pensamiento reformador. El documento contenía mayormente una crítica genuina de su Iglesia Católica y su mal uso de indulgencias en su sistema penitencial.[1] Así todo, ese documento destaca tres principios claves que llegan a ser principios fundamentales de la obra reformadora de Lutero. Éstos son:

1. El verdadero tesoro de la iglesia es el evangelio y la gracia de Dios (Tesis 62)
2. La centralidad de la cruz en la proclamación del evangelio (Tesis 93)
3. Sólo Cristo es la guía de nuestra fe y vida cristiana (Tesis 94).[2]

1 James Atkinson, *Lutero y el nacimiento del protestantismo*. Traducido por Ana de la Cámara (Madrid: Alianza Editorial, 1980), 143-173.

2 Obras de Martín Lutero (Nueva York: Publicaciones el Escudo, 1967), I:11-15.

Esta fe evangélica y principios reformadores han impactado no solamente a nosotros los evangélicos católicos, llamados luteranos, sino también a muchos otros movimientos reformadores.[3]

Veamos, pues, cómo la presente obra sobre los Profetas Menores impacta nuestro entendimiento del pensamiento reformador de Lutero y su obra teológica. Ellos han sido usualmente ignorados en entender la teología de Lutero. Pero vamos a ver el por qué no deben ser ignorados.

Lutero como profesor del Antiguo Testamento

Veamos primeramente la importancia del Antiguo Testamento sobre la teología de Martín Lutero. Contra su propio deseo, Lutero fue encomendado por su superior Juan Staupitz a que se preparara para oficiar como profesor de las Sagradas Escrituras y predicador de la Iglesia del Castillo en Wittenberg.[4]

Si fuéramos a dividir el profesorado de Lutero basado en cuánto tiempo pasó enseñando el Nuevo Testamento y el Antiguo Testamento, veríamos pues, que mayormente se dedicó a exponer el Antiguo Testamento. Lutero dedica en su carrera reformadora unos tres o cuatro años al Nuevo Testamento pero dedica todo el resto de sus treinta y dos años de profesor a exponer el Antiguo Testamento.[5] Después de su testimonio de fe y subsecuente condena en Worms, traduce el Nuevo Testamento en solamente tres meses durante su exilio en el Castillo de Warturg (1521-22). Pero Lutero dedica unos diez años a la traducción del Antiguo Testamento así como un gran número de años adicionales revisando esa traducción.

Desafortunadamente, cuando se hace referencia a los escritos de Lutero para discernir su trayectoria reformadora, existe cierta

3 Nuestras 95 tesis: A 500 años de la Reforma, editado por Alberto L. García y Justo L. González (Orlando, FL: AETH, 2016). En este libro encontrarán varios teólogos y pastores de diferentes denominaciones afirmando cuatro principios básicos de la Reforma como fundamental a la obra evangélica: Sola gratia, sola fide, sola Scriptura, solus Christus (sólo por gracia, sólo por fe, sólo por las Escrituras, y sólo por Cristo).

4 Alberto L. García y Rubén D. Domínguez, *Introducción a la vida y teología de Martín Lutero* (Nashville: Abingdon Press, 2008), 71.

5 Heinrich Bornkamm, *Luther and the Old Testament*, traducido del alemán por Paul Siebeck (Philadelphia: Fortress Press, 1969), 7-10. Bornkamm ofrece una lista de los escritos y sermones de Lutero en su libro (Cf 269-83).

preferencia en mencionar sus comentarios del Nuevo Testamento (especialmente sus escritos sobre Gálatas y Romanos), sus sermones sobre el Nuevo Testamento y sus tratados teológicos. Esto se debe a que en esos escritos, especialmente su comentario sobre Gálatas de 1535, Lutero expone claramente su enseñanza sobre la justificación por la fe, siendo ésta la clave hermenéutica de su teología reformadora. Esta predilección se basa también en que Lutero, como predicador en Wittenberg, prefería predicar sobre la epístola o el evangelio del día. Así todo, Lutero predica también, aunque menos frecuentemente, sobre los libros del Antiguo Testamento. Cuando lo hace, predica principalmente sobre los cinco primeros libros de Moisés, especialmente Génesis, y sobre todo el Salterio. Esta predilección la demuestra también en su carrera académica al dedicar más tiempo a sus comentarios sobre Génesis y los Salmos.

Lutero comenzó su carrera académica exponiendo lecciones sobre Génesis en 1512. Tales lecciones han desaparecido. Dedicó desde el 1 de junio del 1535 hasta el 24 de diciembre del 1545 a comentar sobre Génesis.[6] Sobre los Salmos expone dos importantes series de lecciones. Ellas son la *Dictata* (desde agosto 1513 hasta el otoño de 1515) y sus *Operationes in Psalmos* (1519-1521). Sus lecciones de la Dictata son extensas (Salmos 1-126) pero sus lecciones sobre las *Operationes* terminan abruptamente con su exposición del Salmo 22, al tener que comparecer ante la Dieta de Worms el 16 de abril del 1521. Así todo, Lutero demuestra una gran apreciación por los Profetas Mayores y Menores y no se olvida de ellos. Sus comentarios sobre ellos forman una parte integral de su pensamiento reformador.[7] Este detalle se ha pasado muchas veces por alto en las investigaciones concerniente a la teología de Lutero.

Veamos porqué es tan necesario hacer un estudio de los escritos del Antiguo Testamento en la trayectoria reformadora de Lutero. Vamos primeramente a tomar como ejemplo la tan importante teología de la

6 Quiere decir que dejó de exponer sobre Génesis dos meses antes de su muerte que tuvo lugar el 18 de febrero del 1546 en Eisleben.

7 Merece mención especial sus Comentarios sobre Isaías los cuales comienza cerca de mayo de 1527. Éstos fueron interrumpidos por la peste y otras situaciones. Los completa el 22 de febrero del 1530. Cf Martin Luther, *Luther's Works*, vols 15-16.

cruz de Lutero. Se sabe que Lutero desarrolla mayormente, aunque también llega a ser parte de toda su vocación teológica, su teología de la cruz entre 1517-1521. Ya se ha hecho mención cómo aparece la misma en sus 95 tesis. Pero su expresión más concisa y profunda ocurre en su presentación de sus 28 tesis teológicas durante la Diputación de Heidelberg, 1518, que tomó lugar en el gran atrio del monasterio agustino de dicha ciudad. Como nota Atkinson en su obra sobre Lutero: "Generalmente se otorga poca importancia a esa diputación." Pero el vacío es mucho más grande ya que la mayoría de los escritos sobre Lutero en castellano, y muchos en inglés, no solamente ignoran estas tesis, sino que ignoran completamente las *Operationes in Psalmos* de 1519-1521. Atkinson, por ejemplo, en su *Tabla Cronológica* menciona la Diputación de Heidelberg, como otros escritos significativos, especialmente comentarios sobre el Nuevo Testamento y tratados, pero ignora las *Operationes*, como también ignora los escritos de Lutero sobre los Profetas Menores, y otros escritos significativos de Lutero sobre el Antiguo Testamento.[8] Lo mismo hace Roland Bainton en su *Tabla Cronológica*, como lo hace también James Kittelson en su popular biografía en inglés sobre Lutero.[9] Ellos ignoran especialmente, para recalcar, los comentarios de Lutero sobre los profetas. Esta omisión es muy común entre los eruditos de la Reforma, tanto en inglés como castellano. Veamos cuáles son las consecuencias de ignorar las *Operationes*.

En las *Operationes* Lutero aclara y profundiza la teología de la cruz. Esta obra señala cómo la teología de la cruz es más que una aceptación de la muerte de Jesucristo por nosotros. Aunque lo es, es mucho más que esto. Lutero durante un tiempo muy difícil, esperando comparecer ante el tribunal en la Dieta de Worms, declara así en sus comentarios sobre los Salmos: "Viviendo, también muriendo, y siendo condenado, es como uno llega a ser teólogo, no por intelectualizar,

8 Atkinson, *Lutero*, 384-388.

9 Roland H. Bainton, *Lutero*, traducción de Raquel Lozada de Ayala Torales (Buenos Aires: Editorial Sudamericana, 1955), 13-17; James M. Kittelson, *Luther The Reformer* (Minneapolis: Augsburg Publishing House, 1986), 21-28. Entre las obras más significativas en castellano sobre Lutero tenemos la del sacerdote Ricardo García-Villoslada, *Martín Lutero* (Madrid: Biblioteca de Autores Cristianos, 1973), 2 vols. Esta obra sí toma tiempo en explorar la teología de la cruz de Lutero en sus tesis de Heildelberg (I:363-70), pero nada sobre las *Operationes*.

leer, ni especular."[10] Quiere decir que sin estas clases sobre los Salmos nuestro entendimiento sobre el lugar de la cruz en nuestras vidas carece de mucho. La cruz es la realidad del acompañamiento de Jesús en nuestra vida de discípulos. Ella es también la clave hermenéutica por la cual se confronta nuestro pecado y vivimos el camino de la cruz como discípulos.

Pero hay razones por la cual existe cierto vacío sobre el uso de las *Operationes* tanto en inglés como en castellano. En inglés la mejor serie sobre los escritos de Lutero es la American Edition de Concordia Publishing House.[11] Ésta contiene los comentarios de Lutero sobre los Profetas Menores, Isaías, Génesis, las primeras clases sobre los Salmos (la *Dictata*), otras sobre los Salmos, incluyendo una traducción de los dos primeros Salmos de las *Operationes*.[12] Sólo existe una traducción completa de la *Operationes in Psalmos* en inglés por Henry Cole.[13] Esta traducción es antigua y se encuentra agotado. Se puede ver el porqué de ese vacío.

En castellano el vacío es mucho mayor ya que las obras de Lutero son casi exclusivamente dedicadas hasta hoy a sus comentarios sobre el Nuevo Testamento y sus tratados. Solamente en las Obras de Martín Lutero, de diez volúmenes, publicados en Argentina muchos años atrás, el volumen 6 se dedica en parte a exponer algunos de los escritos sobre los Salmos. Aquí se encuentra las exposiciones de Lutero sobre los Salmos Consolatorios (1526), los Penitenciales (1517), y el Sublime Confitemini (1530).[14] Editorial Concordia ha producido también el libro *Leyendo los Salmos con Lutero,* donde se produce resúmenes de todos los Salmos, publicados para uso

---

10 Operationes in Psalmos, WA 5:163.29-10. Lee así en latín: "*Vivendo, immo moriendo et dammando fit theologus, non intelligendo, legendo aut speculando.*" Mi traducción del latín.

11 Martin Luther, *Luther's Works*, American edition, edited by Jaroslav Pelikan and Helmut T. Lehman (vols 1- 55); and Christopher Boyd Brown (vols 56-75) (St. Louis: Concordia; Philadelphia: Muhlenberg and Fortress, 1955-1986, 2007-).

12 Cf Luther's Works, especialmente vol 14.

13 Select Works of Martin Luther, traducido por Henry Cole, 4 vols (London: T Bensley, 1824-1826).

14 Cf Obras de Martín Lutero (Buenos Aires: Editorial Aurora y Publicaciones El Escudo, 1979), vol 6:177-370. Éstos aparecen traducidos al inglés en *Luther's Works,* vol 14. Cf. García, *Introducción a la vida y teología de Lutero*, 15-23, para una lista más completa de las obras de Lutero impresas en castellano.

devocional en 1531,[15] y el *Segundo comentario a Gálatas.*[16] Pero todo esto se va remediando con la publicación de este primer volumen sobre los Comentarios de Martín Lutero acerca de los Profetas Menores. Veamos pues la razón.

Ubicando a los Profetas Menores en la vida y el pensamiento de Lutero

Lutero comienza sus clases sobre los Profetas Menores temprano en el 1524 con Oseas, y completa sus clases con Malaquías en el 1526. Cuando Lutero comenzó su tarea de dictar clases sobre estos profetas ya estaba marcada su obra como reformador de la iglesia. La bula papal *Exsurge Domine* (Levántate Señor) había sido promulgada el 15 de junio del 1520 por el Papa Leo X. En ella censuró las 95 tesis y le dio un plazo a Lutero de sesenta días para retirarlas o sería excomulgado. Lutero quemó esa bula. Al comenzar sus comentarios sobre los profetas, ya había comparecido también ante la Dieta de Worms por Carlos V. Es allí donde se le demandó retractarse de sus escritos, y él se negó a hacerlo. Es allí donde pronuncia sus valientes palabras, que llegan a ser hoy como un lema de la Reforma, el 18 de abril de 1521: "Aquí estoy, no puedo hacer otra cosa." Se refería Lutero a su posición evangélica "cautiva a la Palabra de Dios."[17] Desde ese momento es pronunciado hereje, enemigo del estado y de la iglesia, y hasta el día de su fallecimiento lleva esa condena sobre su cabeza. Así lo declara el emperador Carlos V en su Edicto de Worms: "No quiero tener nada más sobre él y su falsa doctrina. Puede volver bajo su salvoconducto, pero sin predicar ni provocar tumultos. Procederé contra él como contra un hereje notorio y les pido que se pronuncien según me han prometido."[18] Es por eso que sus amigos lo secuestran y lo llevan al Castillo de Wartburgo para ampararlo.

Desde su exilio en Wartburgo, Lutero continúa sus escritos, especialmente creciendo en su arte de traducir las Sagradas Escrituras. Pero este periodo es marcado también por las controversias atribuidas

15 Leyendo los Salmos con Lutero (Saint Louis, Missouri: Editorial Concordia, 2008).

16 Segundo comentario a Gálatas (Saint Louis, Missouri: Editorial Concordia, 2009).

17 Cf García, Introducción a la vida, 121.

18 Bainton, *Lutero*, p 205.

a su colega Andreas Carlstadt, y los nuevos reformadores procedentes del pueblo de Zwickau. Quiere decir que Lutero ahora tiene que dividir sus esfuerzos entre los católicos y los movimientos reformadores de la izquierda. Entre esos temas predomina el Bautismo, la autoridad eclesiástica, la tradición de la iglesia, el uso de himnos en la iglesia, la manera cómo llega a nosotros el Espíritu Santo, y cómo debemos dirigirnos a la pobreza y a la justicia social. Durante ese periodo notamos pues que Lutero enfrenta temas explosivos. Y esos temas no son ignorados por Lutero cuando comenta acerca de los Profetas Menores, e Isaías, como lo hace también sobre los Salmos Consolatorios y El Sublime Confitemini, el Salmo 118, siendo éste su salmo favorito y el cual constituye de cierto modo un artículo personal de su fe.[19] Debemos destacar enfáticamente que todos estos escritos fueron producidos entre 1524 y 1530. Tomen en cuenta, pues, en sus lecturas futuras de los comentarios de Lutero acerca de los Profetas Menores estas controversias mencionadas aquí. Sobre estas controversias los historiadores de la Reforma usualmente sólo enfatizan los tratados para llegar a un entendimiento de su teología y pensamiento. En realidad los comentarios sobre los Profetas Menores ofrecen una vista más amplia de su obra reformadora ante tales controversias. Se ofrece ahora un cuadro cronológico de cómo los tratados de Lutero deben leerse de manera paralela con sus escritos sobre los Profetas Menores.

No tenemos todas las fechas exactas, pero aquí hacemos una lista de ese desarrollo histórico. Vamos a destacar también otros escritos que Lutero emprende durante este periodo de su vida. No todos los escritos y actividades son incluidos.

19 Wesley J. Fuerst en su Introducción sobre *El Sublime Confitemini,* señala cómo Lutero se dirige severamente contra los fanáticos celestiales en sus comentarios sobre Salmo 118:2 (Cf Obras Completas, vol 6:309). Así comenta Lutero: "Encontramos entre los campesinos, ciudadanos, los nobles, y señores, muchos pillos petulantes que tienen el placer de hurtar, mentir, de guerrear, dañar, y desgraciar que con inteligencia y poder humanos no sería posible tener paz un solo día, o conservar el gobierno, sin que Dios aquí con todo poder no defendiese, ayudase, y resistiese al diablo" (p 318). Pero al leer los Comentarios de Lutero sobre los Profetas Menores nos damos cuenta que Lutero a la vez que critica a éstos, también ofrece exposiciones bíblicas y criticas saludables a la iglesia y los gobiernos para preservar la vida y dignidad de los pobres y desamparados.

Tabla cronológica

Oseas	al principio de 1524
Joel	de mayo a agosto de 1524. Hace frente al reformador Andreas Carlstadt
Septiembre	1524 Sobre la Libertad de la voluntad de Erasmo
Amós	de diciembre a enero de 1524-1525 Contra los profetas celestiales (enero)
Abdías	de diciembre a febrero de 1524-1525
Jonás	de marzo a abril de 1525 Los doce artículos de los campesinos (marzo). Amonestación a la paz (abril)
Miqueas	marzo a abril de 1525. Contra la horda de ladrones y asesinos (mayo)
1525	Muerte del Elector Federico (5 de mayo)
1525	El Elector Juan el Firme comienza su reinado. Batalla de Frankenhausen; captura de Müntzer. Descanso mayo a junio de 1525. 13 de junio matrimonio de Lutero con Catarina
Nahúm	junio de 1525. Aplastamiento de los campesinos
Habacuc	julio 18 a agosto 2 de 1525
Sofonías	agosto 18 de 1525
Hageo	septiembre 11 de 1525
Zacarías	diciembre a marzo de 1525-26
Malaquías	después de Zacarías, 1526. Carta abierta sobre el libro duro contra campesinos

La traducción y comentarios de Lutero sobre los Profetas Menores

Lutero usa la Vulgata como texto principal para comentar sobre los Profetas Menores. La Vulgata es una traducción de la Biblia en latín lograda hacia el final del siglo 4, principalmente por Jerónimo. El papa Dámaso I comisionó al erudito San Jerónimo (347-419) a revisar la Vetus (antigua) latina. Hay que entender que la Vulgata es una revisión donde Jerónimo usa los mejores textos originales de los idiomas hebreos y griegos que tenía disponible durante esos días.[20] Por eso esa traduc-

---

20 Cf Justo L. González, "Jerónimo" en *Diccionario Ilustrado de Interpretes de la Fe*, Editor General Justo L. González (Barcelona: Editorial CLIE, 2004), 259-60.

ción remplazó ya para el siglo trece la Vetus latina (la antigua latina). La Vulgata es la traducción oficial, y el texto requerido y usado por los exegetas y teólogos del siglo 16 en sus obras teológicas. Pero Lutero usa la Vulgata condicionalmente, ya que usa su propio conocimiento profundo del texto hebreo para sus clases. Ya hemos visto que Lutero se había dedicado a comentar sobre otros libros del Antiguo Testamento antes de emprender esta obra. Por eso su lectura de la Vulgata es crítica. De por sí no estaba convencido que fuera la mejor traducción de los textos originales. Por lo tanto emprende una revisión de la misma en 1523. Ya para 1529, en colaboración con Felipe Melachton, publica una versión revisada de la Vulgata, la Biblia de Wittenberg. Esta clase de traducción e interpretación critica de los Profetas Menores la notarán en los comentarios de Lutero en este volumen.[21] Para Lutero, es propio señalar que traducir las Sagradas Escrituras es un arte que tiene que tomar en cuenta cómo se debe expresar la traducción en el idioma vernáculo del pueblo. [22] Este estilo lo emplea Lutero al traducir el Antiguo y el Nuevo Testamentos. Recomiendo al lector que para captar el estilo y práctica de traducir de Lutero lea su carta abierta "El arte de traducir".[23] Tomemos cuenta ahora de la perspicacia de Lutero en comentar sobre los Profetas Menores.

Primero, Lutero está consciente de la dificultad en traducir el hebreo bíblico a otra lengua. No lo encuentra imposible pero es cauteloso en notar que ciertas palabras o citas son difíciles en traducir.[24] A la vez se nota su perito uso del idioma hebreo.[25] En ese sentido lee

21 Por ejemplo, sus comentarios sobre Oseas 7:5 sobre "Su corazón es un horno".

22 En el comentario de Lutero sobre Amós 8:2, encontrarán un buen ejemplo de cómo Lutero, tomando el sentido original del texto en hebreo, lo traduce a la luz de su conocimiento del alemán vernáculo. Por lo tanto llega a esta conclusión: "Tenemos aquí la misma alusión en hebreo que no podemos traducirla al idioma latín." También nota sobre Amós 3:12 que el profeta usa su propio idioma vernáculo y vocación en los símiles que emplea.

23 "El Arte de Traducir", *Martín Lutero Intérprete Bíblico*, Versión castellana por Carlos Witthaus (Saint Louis: Editorial Concordia, 2008), 22-24. Lutero en su traducción de Romanos 3:28, que lee en latín *"Arbitramur hominem justificari ex fides absque operibus"* añade "solus" a "ex fides". Lee así en la RVC: "Llegamos a la conclusión que el hombre es justificado por la fe, sin las obras de la ley." Lutero añade "sólo" a por la fe para leer el sentido del texto en alemán. Y si fuéramos a traducir al castellano se puede interpretar "sin las obras de la ley" pues tiene que ser sólo por fe. Así lo proclamamos aunque el adjetivo "sólo" no aparece modificando "por fe".

24 Cf sus comentarios sobre Oseas 5:8; 7:1.

25 Cf sus comentarios sobre Oseas 2:14, 20; 3:2, 4; 4:1; Joel 1:6.

críticamente los comentarios de Jerónimo y Lira sobre los Profetas Menores.[26] Conoce bien a esos intérpretes pero comenta libremente sobre ellos usando su conocimiento del texto hebreo y su propio sentido de traducir.[27] Segundo, tiene en cuenta su audiencia. Sus alumnos son principalmente alemanes que conocen cómo habla el pueblo. Por eso Lutero, al comentar, toma seriamente lo que dice el texto en el idioma hebreo, pero busca palabras y definiciones que sus alumnos comprendan para explicarlas ante el pueblo. Es por eso que Lutero usa muchas veces en sus explicaciones expresiones coloquiales en alemán mezcladas con sus comentarios en latín.[28] Tercero, verán que Lutero tiene un gran dominio del arte de la retórica, y conoce muy bien los autores clásicos latinos de la antigüedad.[29] Sus correcciones y explicaciones de la Vulgata son iluminadas, por lo tanto, por su dominio de la gramática y de la literatura clásica latina. El comentario de Lutero sobre Joel 2:6 es un buen ejemplo donde se puede notar la aplicación de estos tres principios en su obra exegética.

Esta traducción de los comentarios de Lutero sigue ese estilo y espíritu de Lutero. La Reina Valera Contemporánea, la versión más reciente de las versiones Reina Valera, se usa como texto principal. Pero ya que Lutero traduce y comenta directamente de la Vulgata, de acuerdo a su conocimiento del hebreo, se substituye por la Reina Valera de 1960, o la versión por Cantera-Iglesias, cuando la traducción y explicaciones de Lutero sugiere esta acción. Cuanto estas versiones no hacen completamente justicia a la traducción de Lutero, se ha traducido directamente del latín el texto usado por Lutero.

---

26 Por ejemplo comentando sobre Oseas 5:11 y 6:9 aprueba lo dicho por Jerónimo y cita su obra sobre Oseas; pero corrige y critica a Jerónimo en sus comentario sobre Oseas 4:14, 19 y 7:16; Joel 2:1; 2:20; Amós 1:11. Cf sobre Lira sus comentarios en Oseas 9:12, donde comenta también sobre el comentarista Pablo de Burgos; y en Amós 1:5.

27 Un buen ejemplo de esto se encuentra en cómo Lutero difiere libremente de como Jerónimo traduce Oseas 8:6.

28 Cf sus comentarios sobre Oseas 4:1, 3, 8; 5:9; 7:14; Joel 1:19: 2:5; Jonás 2:1; 3:5.

29 Por ejemplo, al comentar Lutero sobre Oseas 8:5 se ve cómo emplea el arte de la retórica, y cita para apoyar su comentario la obra de Aristóteles, *Rhetorica ad Alexandrum*, capítulo 36 (cf también Joel 2:2). Vemos también cómo cita al poeta Juvenal al comentar sobre Oseas 1:5, y la *Georgica* de Virgilio al comentar sobre Joel 1:6-7.

Principios de interpretación bíblica usado por Lutero sobre los Profetas Menores

Se pueden identificar cinco principios clave de interpretación en los comentarios de Lutero sobre los Profetas Menores. Éstos son:

1. La Palabra es la guía y fundamento de todo lo relacionado con la fe y la vida cristiana.[30] Presten atención por ejemplo a sus comentarios sobre Oseas 1:2; 2:1, 20, 23; Prefacio a Joel; Prefacio a Amós, Amós 2:1, 8; 5:5, 24; 8:11; Abdías 4, 8; Prefacio a Jonás.
2. Nuestra lectura de la Palabra tiene que estar centrada en Jesucristo y la gracia de Dios. Presten atención a el comentario sobre Oseas 1:6; 2:1, 18; 10:12; 11:9; 12:9; Joel 2:28, 32; 3:2; Amós 6:10; 8:12; Abdías 17, 18, 21, Prefacio a Jonás; Jonás 1:1, 11; 4:11.
3. Existe una unidad de propósito y pensamiento entre el Antiguo y el Nuevo Testamentos. El Espíritu Santo es el que ofrece esta coherencia al relacionar el reino de Israel al reino de Cristo. Existen numerosas citas de esta relación entre los dos testamentos en estos escritos. Por ejemplo presten atención a Oseas 1:6; 2:16; 5:8; Prefacio al Profeta Joel; Joel 2:13; 3:2, 4, 9.
4. Las miras de los profetas son dirigidas hacia adelante esperando el reino de Cristo. Así comenta sobre Oseas 1:7: "Todos los profetas miran hacia adelante esperando el reino de Cristo con dulces palabras." Vean también: Oseas 2:2, 18; 3:5; 6:3, 9; Joel 2:28; Amós 4:24; 6:4.
5. Lutero le presta atención al contexto histórico de los Profetas Menores y comenta también cómo la palabra profética de Dios se aplica allí en ese lugar y tiempo. Oseas 1:2, 2:3, 5; 7:16; 12:14; Prefacio al Profeta Joel; Joel 2; Amós 1:6; 2:1; 3:1, 12; 7:1.

Reflexiones teológicas de Lutero en sus comentarios sobre los Profetas Menores

No cabe duda que Lutero reflexiona y desarrolla temas importantes para la Reforma y la vida de la iglesia y el cristiano en sus comentarios

30 Lutero usa con equilibrio la relación que existe entre la ley y el evangelio para proclamar la palabra de Dios. Existe juicio y misericordia. Un ejemplo extenso de esto se encuentra en sus comentarios sobre Joel 2:13 y 3:2.

sobre los Profetas Menores. No todos esos temas pueden ser mencionados ni discutidos en esta introducción. He seleccionado tres temas importantes para destacar aquí. Éstos son: la justificación por la fe, la obra del Espíritu Santo, y el problema de la idolatría. Estos temas son clave para la vitalidad de la iglesia de la Reforma en el siglo 21.

La justificación por la fe

No cabe duda que para Lutero la justificación por la fe ocupa el lugar central en su pensamiento teológico como reformador. Es más, la justificación por la fe es la clave de su interpretación y lectura bíblica. En la lista ya compartida sobre los principios de interpretación bíblica empleados por Lutero, la justificación toma parte integral del segundo principio citado. Nuestra lectura de la Palabra tiene que estar centrada en Jesucristo y la gracia de Dios. En la vida confesional de la Iglesia Luterana la justificación por la fe es la guía principal de nuestro entendimiento evangélico. Así aparece, pues, en la Confesión de Augsburgo (1530), bajo el Artículo IV.[31] Así observa C. H. Little, en unos de los textos clásicos usado por pastores en seminarios luteranos para estudiar las Confesiones Luteranas: "Éste es el Artículo más importante de toda la Confesión... [V]a directamente al punto y establece esta doctrina como la doctrina fundamental; así [es] pues como Lutero la llama, "bajo la cual la iglesia se establece o se derrumba."[32] Observemos, por lo tanto, lo que observa Lutero sobre la justificación por la fe en sus comentarios a los Profetas Menores.

Lutero capta excelentemente la profecía de Oseas contra la idolatría y la corrupción que vive el pueblo de Israel durante el próspero reinado del segundo y último Jeroboán. El pueblo no quiere regresar a Dios y vive complaciendo sus propios deseos. Sobre el significado e impacto de esta idolatría vamos a dirigirnos para concluir esta introducción. La cuestión es que el pueblo vive completamente corrupto y en pecado. Para que Dios pueda mostrar su fidelidad, misericordia, y gracia de una manera concreta e impactante hacia su pueblo y familia,

---

31 La Confesión de Augsburgo, *Libro de Concordia* (Saint Louis, MO: Editorial Concordia, 1989), 29.

32 C. H. Little, Lutheran Confessional Theology (Saint Louis, MO: Concordia Publishing House), 25. Little hace referencia aquí a Los Artículos de Esmalcalda (1537), de Lutero, *Libro de Concordia*, 300-01.

le pide a Oseas que se case con una prostituta y tenga hijos con ella (Oseas 1:2). Es una imagen impactante, pues Dios le pide a Oseas que legítimamente se case con Gomer, para ofrendar legalmente, formalmente, su justicia, benignidad, y misericordia. La intención de Dios, y una expresión clara de lo que la justificación por la fe significa, la ofrece Oseas 2:19: "Y te desposaré conmigo para siempre; te desposaré conmigo en justicia, juicio, benignidad, y misericordia. Y te desposaré conmigo en fidelidad, y conocerás a Jehová". Este versículo fue citado de la Reina Valera del 1960. Ésta en realidad capta el lenguaje e impacto mejor de esta justificación que la Reina Valera Contemporánea, la cual pasa por alto el lenguaje de justicia, y juicio afirmado aquí paralelamente con benignidad y misericordia.[33] Lutero capta claramente el sentido de esta justicia y juicio en su comentario. ¿Cómo define esa justicia Lutero?

Lutero explica en su comentario sobre Oseas 2:19 que la justicia de Dios no es como un pacto. En un pacto dos personas se ponen de mutuo acuerdo. Sin embargo, la justicia de Dios es un regalo de amor incondicional de esposo a esposa. Esta justicia, (*mishat* en hebreo) procede de Dios, y es un hecho de amor incondicional, libre de prejuicio o favoritismo al ser pronunciado por Dios a favor de nosotros. Dios es el que justifica basado en su pura gracia, y no por nada bueno que encuentre en nosotros. Y Dios tendrá siempre misericordia de nosotros. Lutero explica esa "justicia" (*iustitia*) así: "Ésta es la justicia que nos justifica a nosotros." Es Dios por nosotros, el que actúa y crea esa relación de ser llamados hijos de Dios. Aclara Lutero qué clase de juicio o acto jurídico toma Dios con y por nosotros al comentar sobre el concepto "juicio". Es un juicio en el que son condenados nuestros errores y pecados, pero que resalta la justicia de Dios por nosotros. Por lo tanto señala Lutero: "[Y] por medio del mismo [refiriéndose al juicio] tenemos dominio sobre todas las cosas así que ni el propio pecado nos pueda acusar después de esta justicia." Se ve claramente aquí el concepto forense y jurídico que encuentra Lutero en este versículo. La justicia de Dios que extiende y explica Lutero aquí no

33 La RVC traduce: "Para siempre te tomaré por esposa, y serás mi esposa ante Dios y los hombres, con toda misericordia y compasión."

es una justicia de retribución sino que es una declaración de perdón y compasión incondicional hecha por Dios. Lo que predomina aquí, de acuerdo al texto, y el comentario de Lutero es la compasión (*ră·ḥămîm*) de Dios. Esta compasión significa un profundo conocimiento y simpatía de Dios por nosotros. Esta compasión es de pura gracia y bondad por cuenta de los hechos de Dios por nosotros. Así pues, comenta Lutero lo que esta compasión significa: "La imperfección quedará con ustedes, pero no la contaré (imputaré) contra ustedes. Cargaré con sus debilidades. Les ayudaré y les consolaré". En otras palabras, Dios nos ha declarado justos por su propia acción y misericordia, y en ese hecho somos abrazados y nutridos por el amor de Dios. Aquí vemos dos imágenes sobre la justificación de Dios que se encuentra en el tratado de Lutero sobre *La libertad cristiana* de 1520.

En *La libertad cristiana*, Lutero compara también la relación de amor y justicia de Dios hacia su pueblo y toda persona, así como es el amor de un esposo con su esposa: "De esta suerte dispone el alma una justicia tan superabundante por su esposo que es capaz de resistirse contra todos los pecados, aunque ya estuviera recargada de ellos." [34] Esta unión nos dota de la gracia, libertad, y bienaventuranza de Dios. Se logra bajo un "trueque gozoso". Lutero pinta un maravilloso cuadro de lo que este matrimonio significa para el creyente: "Esto es, lo que a Cristo de por sí pertenece, pasa a pertenecer también al alma, y lo que ésta posee pasa a ser posesión de Cristo. Así, Cristo posee todos los bienes que pertenecen al alma. De la misma manera no dispone el alma de maldad y pecado los cuales los transfiere a Cristo. ¡Aquí comienza el trueque gozoso y la alegría porfía! Cristo es verdadero hombre y Dios, pero jamás ha cometido pecado; su justicia es invencible, eterna, y omnipotente. Al apropiarse Cristo del pecado del alma creyente en virtud del anillo de bodas de ésta, es decir, por su fe, es como si Cristo hubiera cometido el pecado, de donde resulta que los pecados son absorbidos por Cristo y perecen en él; que no hay pecado capaz de derrotar la invencible justicia de Dios."[35] De esta relación y

34 Obras de Martín Lutero, I:155.

35 Obras de Martín Lutero, I:154-55.

entendimiento parte la afirmación de Lutero que somos *simul justus et peccator* (somos simultáneamente –a la vez– justos y pecadores). Somos pecadores, pero nuestro pecado no es contado bajo la justicia de Dios, pues Cristo, bajo su propia justicia, toma nuestro pecado y hace resaltar en nosotros la presencia de su justicia que nos declara verdaderamente justo y amados por Dios. Lutero destaca también este cuadro de la justicia de Dios en sus comentarios sobre Oseas 10:12 y 13:14. Lutero enfatiza que esta justificación se afirma y se desborda en nuestras vidas bajo la eficacia del evangelio y la presencia del Espíritu Santo. Tomen también nota sobre esto en los comentarios sobre Joel 2:32 y 3:9; y Amós 5:24. Lutero enfatiza en su Prefacio al profeta Jonás la sobreabundante gracia de Dios hacia todos pueblos y naciones. Es allí donde radica su justicia y misericordia. Aquí se ve también esa dimensión de ser pecadores y justos (santos) al mismo tiempo. Dios bajo su justicia divina no hace de sus hijos de acuerdo a sus pecados (o débil fe), sino de acuerdo a su misericordia. Así se puede observar también en sus comentarios sobre Jonás 1:5; 2:1-2, 8; 4:3.

La obra del Espíritu Santo

Durante el "exilio" de Lutero en el Castillo Wartburgo (4 de mayo 1521 - c 1-6 de marzo 1522) la situación religiosa en Wittenberg se desequilibró debido a la influencia de los llamados profetas celestiales de Zwickau. Tres de esos profetas visitaron Wittenberg por primera el 27 de diciembre 1521, mientras Lutero se encontraba en Wartburgo. Se presentaron primeramente en la casa de Melachton. Los que se presentaron allí fueron Nicolás Storch, un tejedor con muy poca educación pero que era muy hábil en interpretar las Escrituras a su manera. Creía Storch que podía completar las Sagradas Escritura en los lugares que consideraba que lo que se decía era insuficiente. Creía poder hacerlo bajo la inspiración privada que clamaba tener del Espíritu Santo. Visitó a Melanchton acompañado de Tomás Drechsel, otro tejedor sin educación formal, y de Marcos Tomé Stübner, antiguo estudiante en Wittenberg.

Estos profetas de Zwickau habían sido influenciados por la predicación de Tomás Müntzer, considerado el líder de esos llamados profetas celestiales. Ese movimiento se le ha identificado como el ala izquierda de la Reforma. Müntzer predicaba violentos mensajes contra los frailes y las autoridades. Entre estos profetas celestiales de Zwickau se fomentaba una nueva espiritualidad. Ellos atrajeron para su causa un sinnúmero de laicos humildes. Su meta y visión era cambiar violentamente el cuadro religioso y social en sus alrededores.[36] Se creían ungidos de manera muy especial y directa por el Espíritu Santo. El discípulo predilecto de Müntzer era Nicolás Storch. Ellos influenciaron enormemente a Andres Carlstadt. Esto se puede apreciar al leer el tratado de Lutero *Contra los profetas celestiales acerca de las imágenes y los sacramentos.*[37] Es necesario tomar nota aquí que a veces se representa mal la gran admiración que tenía Lutero sobre la obra del Espíritu Santo. Estas críticas contra Lutero usualmente parten de la posición polémica tomada por Lutero en esta obra. Allí por ejemplo, critica en tono de burla a Carlstad por asumir esa postura de esos profetas celestiales. Por lo tanto en esa burla critica también a los profetas de Zwickau: "No obstante, lleva un saco gris y sombrero de fieltro por gran humildad y no quiere que le llamen doctor, sino vecino Andres. Ahí habita Dios y el Espíritu Santo con todas sus plumas y huevos."[38]

Lutero en su tratado *Contra los profetas celestiales* definitivamente critica a Carlstadt constantemente por asumir la postura de los profetas celestiales. Al criticarlo tiene en cuenta a Storch sin mencionarlo. Storch en sus sermones se oponía a un cristianismo que le da énfasis a cosas externas como los sacramentos, y las imágenes de los santos. La verdadera cristiandad, argumentaba Storch, procede de escuchar la voz interna de Dios, que nos llega directamente del Espíritu Santo.[39] Estos profetas clamaban tener frecuentes visiones directas del Espíritu Santo. Clamaban por una cristiandad utópica donde los verdaderos creyentes forjados por el impulso directo del Espíritu Santo reformarían la iglesia y la sociedad. En esa visión no había lugar para el sacerdocio, las leyes, la jerarquía o propiedad individual. De aquí parte esa

36 García-Villoslada, *Martín Lutero*, II:79-80; David C. Steinmentz, *Taking the Long View: Christian Theology in Historical Perspective* (New York: Oxford University Press, 2011), 82-85.

37 Obras de Martín Lutero, V:249-366.

38 Obras de Martín Lutero, V:315. Las plumas son una alusión drástica a la representación del Espíritu Santo en forma de paloma.

39 Steinmentz, *Taking the Long View*, 82; cf por ejemplo, Obras de Martín Lutero, II:253; 303-315, 341-349, 365.

visión revolucionaria para transformar la iglesia y la sociedad.[40] Sus argumentos aquí son precisos y polémicos. Aunque clarifica aquí el rol del Espíritu Santo en relación a la proclamación de la Palabra, no desarrolla una teología del Espíritu Santo como dador de vida. Este tema es central en su *Comentarios sobre los Profetas Menores*. Allí podemos percibir una teología formativa de cómo el Espíritu Santo vivifica y dirige la labor de la iglesia cristiana. Veamos.

No cabe duda que Lutero al comentar sobre Oseas tiene presente condiciones similares entre su pueblo y la iglesia. En el medio de una situación difícil llena de pecado, así todo, Oseas y Lutero concuerdan, Dios ofrece misericordia y vida para su pueblo. Lutero destaca esa presencia de vida y consolación bajo la presencia y obra del Espíritu Santo. En esas situaciones difíciles e intolerables, el Espíritu Santo, el Espíritu consolador de Dios, se encuentra intercediendo por nosotros. Así comenta Lutero referente a Oseas 2:21. Destaca en relación a este texto Romanos 8:26. En este mismo capítulo Lutero señala el Bautismo, como el medio por el cual la iglesia, el pueblo de Dios, tiene presente la misericordia de Dios y se encuentra unida. Es así como destaca la vitalidad y vida del Espíritu Santo en Oseas 2:23. La presencia y la labor del Espíritu Santo es una donde exhorta al pueblo a seguir adelante a pesar de la idolatría y la persecución (Oseas 8:1). El Espíritu Santo crea y mantiene vida entre el pueblo de Dios. "[E]s el Espíritu Santo quien inflará nuestro corazón, y secará los manantiales de la muerte, la fuente, con esta medicina", así comenta Lutero sobre Oseas 13:15.

El profeta Joel ofrece numerosas enseñanzas sobre la obra del Espíritu Santo. Lutero comenta en su introducción al capítulo 2 de Joel: "De qué forma el Espíritu Santo estrecha entre sus brazos a todo el pueblo y todo reino de Dios." Lutero enfatiza también la vitalidad y presencia del Espíritu Santo entre nosotros en este comentario. El Espíritu Santo se encuentra activo en la palabra de Dios, ofreciendo claridad al texto y coherencia (Joel 1:1), aconsejando al pecador a que reconozca su pecado (2:13) para que experimente una verdadera

40 García-Villoslada, *Martín Lutero*, II:79.

conversión, esa "donde primero el corazón se arrepiente verdaderamente" (2:12) bajo la influencia del Espíritu.

Joel 2:28-32 es un texto esencial en la historia de la iglesia ya que Pedro lo cita en su primer sermón después de la manifestación del Espíritu Santo el Día de Pentecostés (Hechos 2:16-21). Es importantísimo declarar bajo este texto y discurso que el Espíritu Santo obra sin acepción de personas. Así se expresa también el apóstol en 1 Pedro 2:1-10. La vitalidad del reino de Dios y su crecimiento dependen de este hecho. Lutero, en sus comentarios sobre Joel 2:28, concuerda con esta interpretación. En su comentario Lutero destaca también que el Espíritu Santo ha confirmado el evangelio como la palabra clara y visible de Dios. Por lo tanto comenta Lutero aquí: "Nosotros, entonces, no requerimos signos para confirmar la Palabra, la cual ha sido evidentemente exhibida y confirmada al mundo." Aquí rechaza de forma más sutil los intentos de esos profetas celestiales en traer una nueva interpretación, o nuevo poder o señal del Espíritu Santo. Lutero opta por afirmar aquí en dónde radica la vitalidad y presencia del Espíritu Santo: "Los signos que Dios otorga no lo hace a favor de una sola persona sino para el beneficio de muchas personas, así como el apóstol Pablo dice en 1 Corintios 12:7: 'Pero la manifestación del Espíritu es dada a cada uno para provecho (de todos)'." En la comunidad centrada en el evangelio, la palabra de Dios, es donde se ve evidentemente la vitalidad y la vida bajo el Espíritu Santo. Lutero aquí quiere enfatizar algo que los profetas celestiales habían confundido. Ellos creían en una revelación interna, especial, dada a los hijos de Dios para su obrar en la iglesia. Lutero claramente expresa que esto no es lo que aconteció el Día de Pentecostés (Joel 2:28). "Esta profecía de Joel es", comenta Lutero, "una profecía sobre la revelación pública del Espíritu Santo". Esto hecho es importante para demostrar la vitalidad del Espíritu Santo. Lutero comenta sobre esto al destacar las palabras "sobre esta carne" en Joel 2:28. Es importante que toda carne vea la salvación de nuestro Dios. Lutero se expresa claramente sobre esto: "No es suficiente tener el Espíritu infundido (derramado interiormente). Ciertamente esto te beneficia. Pero debes presentar y ofrecer amplia evidencia de esa efusión y manifestación del Espíritu para que así toda carne la vea."

Esencial también a la vitalidad y vida del Espíritu Santo entre nosotros es que, continua comentando Lutero sobre Joel 2:28: "No habrá solamente profetas, sacerdotes, levitas, como anteriormente, sino que también los hijos y las hijas profetizarán y enseñarán sin alguna diferencia." Note que Lutero, contrario a los profetas celestiales, no desvaloriza los oficios de profeta o sacerdote. Pero sí valora la vitalidad y el poder del Espíritu Santo entre todo su pueblo. Extiende su aclaración sobre este tema comentando sobre Joel 2:29. Aquí Lutero enfatiza el real sacerdocio de todos los creyentes bajo la obra del Espíritu Santo: "Cristo dice que todos sus creyentes van a ser sacerdotes. Pues qué cosa más es requerida al sacerdocio que la de anunciar las obras (los hechos) y la palabra de Dios. Nadie puede negar aquí que esto es concedido a todo cristiano. Pues Cristo dice que él dará sin ninguna discriminación de personas su Espíritu Santo a los hijos como las hijas, a los siervos como a las siervas." En este contexto (Joel 2:28) Lutero también nos hace saber que aunque la manifestación del Espíritu Santo "fue hecha sobre toda carne", "el don no es el mismo". Alude aquí a lo dicho por Pablo en 1 Corintios 12 sobre dones espirituales en 1 Corintios 12 pero no desarrolla el tema.

Lutero en sus comentarios sobre Joel 2:32 enfatiza el evangelio, la palabra de Dios, como medio de gracia, donde se encuentra vitalmente presente el Espíritu Santo para nuestra salvación. Lutero destaca este punto en sus comentarios sobre Joel 3:2, 9. Al comentar sobre Joel 3:2 destaca la importancia de la predicación del evangelio a todas las naciones. Lutero nos ofrece aquí el valor del Espíritu Santo en esta acción: "Esto ha ocurrido y ocurre diariamente desde que el Espíritu Santo fue enviado del cielo, del cual él habló anteriormente en el capítulo 2 (:28-29), para que así las naciones que fueron llamadas a juicio reconozcan su pecado y rueguen por el perdón." Comentando sobre Joel 3:9-10, Lutero insta a todos los cristianos a unirse a esta proclamación. Bajo el evangelio la vitalidad del Espíritu estará presente para unirnos a esta tarea y batalla. Los débiles serán poderosos testigos del evangelio bajo la guía del Espíritu. Lutero expresa similares ideas expresadas aquí en su comentario sobre Jonás, especialmente en su Prefacio al profeta.

El problema de la idolatría

Unos de los textos más reconocidos y citados de Lutero es su reflexión concerniente a lo que es la idolatría en su *Catecismo Mayor* publicado en 1529. Esta cita aparece en su explicación del Primer Mandamiento. Dice Lutero:

> Comprenderás ahora fácilmente, qué y cuánto exige este mandamiento. Esto es, todo el corazón del hombre, toda confianza depositada únicamente en Dios y en ningún otro. También comprenderás que "tener un dios" no consiste en atraparlo con los dedos y retenerlo entre las manos, ni quiere decir que pueda guardárselo en una bolsa o encerrárselo en un armario...[41]

Lutero nos explica aquí lo que realmente es la idolatría. Es un gran error creer que la idolatría es únicamente adorar a otros dioses en lugar de adorar al Dios de las Sagradas Escrituras. Lutero expresa que la idolatría es algo más sutil y peligroso. Podemos creer que somos fieles creyentes de Dios al afirmar las Sagradas Escrituras pero en realidad somos idolatras. ¿Cómo es esto? La verdadera creencia en Dios se vuelve idolatría cuando nuestro Dios es aquel que sólo sirve a nuestros propios intereses creados. Es, cómo dice Lutero "cuando lo guardamos en una bolsa o armario". Lo hacemos nuestro para nuestros propósitos. Así lo aclara en el próximo párrafo:

> Te será, por otra parte, fácil ver y juzgar que el mundo practica un culto divino falso y se entrega a la idolatría. En efecto, no ha habido jamás un pueblo tan perverso como para no levantar y mantener un culto divino, pues cada uno ha erigido un dios particular, del cual esperaban los bienes, la ayuda, y el consuelo.[42]

Lo impactante de Lutero en este comentario es que desenmascara lo que es la idolatría. La idolatría puede tener lugar entre un pueblo que usa cultos correctos, y menciona al verdadero Dios. Así todo, puede ser

41 Catecismo Mayor, Parte I:14-15, *Libro de Concordia*, 383-84.

42 Catecismo Mayor, Parte I:17, 384.

un culto y adoración idólatra si la intención de adorar a Dios es esperar solamente por su propia ayuda, consuelo y disfrute de bienes. Noten que aunque estas críticas pueden ser aplicadas a individuos, Lutero lo aplica aquí a un pueblo, una comunidad de personas que toman esta postura en adorar y proclamar el nombre de Dios. Es en los comentarios de Oseas y Amós que Lutero primeramente desarrolla estas ideas. En ellos encontramos también otros detalles impactantes que Lutero hace sobre la idolatría.

Oseas y Amós son contemporáneos. Los dos atacan la misma idolatría o falsa santidad que existía durante el reinado de Jeroboán. No cabe duda al leer los comentarios de Lutero que él encuentra situaciones similares de idolatría en la iglesia. Él quería exponer esa idolatría y criticarla también por medios de estos comentarios.

Lutero tiene pendiente cómo Oseas desenmascara la idolatría desde el comienzo de sus profecías. En Oseas 2 el profeta revela que "la tierra se ha prostituido". Para Lutero esta prostitución significa idolatría. No es Gomer solamente la que se prostituyó. Es el pueblo de Israel "al pecar con infidelidad contra el Primer Mandamiento". Lutero va al punto y expresa claramente lo que esto significa: "Propiamente dicho, la fornicación es actuar contra el Primer Mandamiento en el nombre de Dios. Esto es, hacer sin fe lo que finges hacer para adorar a Dios." Para Lutero la más horrenda idolatría es la idolatría que el pueblo de Dios comete cuando finge adoración al verdadero Dios pero lo que se está haciendo en realidad es adorar su propio interés y deseo. En Oseas 2:5 recalca este punto: "Las Escrituras reprochan a los malvados maestros, a los adoradores de sus propias barrigas, quienes enseñan cosas malvadas a fin de obtener lucro."[43] Y aquí compara la situación de Israel con la situación de su iglesia, y declara esta idolatría bien presente en su iglesia. Sobre Oseas 2:8 se escuchan palabras similares expresadas en el *Catecismo Mayor*: ¿Qué estás, entonces, adorando, a menos que sea un ídolo de tu propio corazón? Lutero critica principalmente a los maestros y líderes de esos pueblos al promover esa idolatría.

43 Dice Lutero algo parecido al comentar sobre Oseas 7:5: "El amasar pan es vivir de tal forma que el corazón se inflama con la falsa doctrina." Lutero también ofrece varios comentarios sobre la idolatría en Oseas 7 (vv 1, 13, 14).

Lutero señala en sus comentarios sobre Oseas 7:5 y 11:1 que la idolatría ocurre cuando el lugar de Dios es usurpado por el ser humano. Se puede ver en estos comentarios una alusión a Génesis 3 donde Adán y Eva usurparon el lugar de Dios. Predomina esta interpretación en sus comentarios sobre Oseas 11 [:1]. Nos explica Lutero: "El sentido de este capítulo es éste: La idolatría es el mal fundamental de este pueblo. Fueron formados pecadores en el mismo vientre..." Es por lo tanto que comenta lo siguiente sobre Oseas 7:5: "El libre albedrío no crea más que un ídolo, porque quiere dirigir todas las cosas divinas. Dios quiere formar, no ser formado..." Pasemos ahora a ver como Lutero comenta sobre la idolatría en Amós.

En Amós Lutero va directamente al grano concerniente a cómo impacta la idolatría al pueblo de Dios. Lutero comenta así sobre Amós 2:4: "Reprende a Judá [el profeta], comenzando con la fuente de sus pecados, siendo la idolatría, la cual abandona el verdadero culto y la palabra de Dios, ya que ha batallado perpetuamente con esta maldad." La idolatría no sólo abandona la palabra de Dios sino también su verdadero culto. El verdadero culto no consiste solamente en repetir las palabras sanas y correctas de las Sagradas Escrituras. Es recibir y mostrar la misericordia de Dios entre su pueblo. Nota Lutero que eso no fue lo que hicieron los sacerdotes de ese tiempo ni en su día:

> **En la casa de sus dioses.** Es como si dijera aquí: "No era el verdadero Dios ni tampoco la verdadera casa de Dios." Pero ya que ellos pensaban que servían al verdadero Dios pero no lo hacían, actuaron vilmente. Por lo tanto su negligencia de ese culto fue tan vil como si la hubieran presentado al verdadero Dios. Es lo mismo pues si uno fuera a decir sobre nuestros sacrificados sacerdotes y monjes: "Ellos han tomado votos de castidad y pobreza, y quién sabe de qué más, y así todo, no existe nadie que sea más entregado a la lujuria que ellos. Son excesivamente ricos, y viven con extremados lujos.

Lutero comenta a través de este capítulo que se rompe el verdadero culto a Dios cuando los líderes se aprovechan de ese culto para servir a su propio interés en vez de ofrecer la misericordia de Dios y todo lo que implica esa misericordia. Considera ese culto falso y contrario a la palabra de Dios. Lutero hace similares referencias a este punto en sus 95 tesis, especialmente tesis 43 a 45. La creación de la venta de indulgencias, no solamente era contraria a la palabra de Dios, sino que también injuriaba la verdadera comunidad de Dios, esa comunidad centrada en la misericordia y gracia de Dios. Así declara Lutero:

> Debe enseñarse a los cristianos que el que ve a un indigente y, sin prestarle atención, da su dinero para comprar indulgencias, lo que obtiene en verdad no son las indulgencias papales sino la indignación a Dios (Tesis 45).[44]

Lutero declara en esta tesis el verdadero culto a Dios. No es por obras sino por la gracia de Dios. El comprar indulgencias significa vivir bajo las buenas obras, buscar cómo comprar nuestra salvación. El verdadero culto a Dios es uno donde la gracia, la misericordia de Dios se desborda por nosotros pobres pecadores. Por lo tanto no buscamos nuestro beneficio sino servir a Dios. Y por lo tanto notamos al indigente necesitado y no a nuestro propio interés. De lo contrario es pura idolatría e indignación de Dios.

Esperamos que esta introducción motive al lector a estudiar más detenidamente estos comentarios de Lutero sobre los Profetas Menores. Se encuentran muchos más tesoros que los que se pueden destacar en una breve introducción. Les deseamos una buena y sana lectura de estos comentarios.

Rev. Alberto L. García, PhD
Profesor de Teología Emérito
Concordia University Wisconsin

44 Obras de Martín Lutero, I:11.

COMENTARIO SOBRE OSEAS

Clases impartidas en latín por el Dr. Martín Lutero en La Universidad de Wittenberg, 1524

OSEAS[1]

Capítulo Uno

LA PALABRA DEL SEÑOR

Es bien conocida la costumbre de los hebreos y de los profetas de comenzar sus libros con títulos. Dios siempre anuncia el arrepentimiento antes que llegue su ira. Así es como uno puede percibirlo en el caso de Jonás en relación al pueblo de Nínive y en el caso de Cristo con los judíos.

Este profeta, así todo, comienza la Palabra ridículamente, en el mismo tiempo en que el reino de Israel, rico y opulento, florecía enormemente bajo Jeroboam. El resultado fue, pues, que la gente pensaba que Oseas estaba loco. Además esas palabras "Ve y toma por mujer una prostituta", eran extremadamente tontas entre un pueblo tan sabio y prudente. No cabe duda, entonces, que lo consideraban a él un tonto y un hereje. Ésta es, pues, la naturaleza de la Palabra, la cual se dirige

1 Traducido del texto de Zwickau, tomado de D. Martin Luthers Werke. Kritische Gesamtausgabe, Vol XIII:3-66.

como una aparente locura a los más sabios. Otra característica de la Palabra es la cruz que él no podía escapar. Parece que sólo él lucha contra todos los profetas y hasta con Moisés. Moisés dice que Israel es el pueblo de Dios. Moisés les promete un Dios propicio; pero Oseas dice que el pecado de Israel es imperdonable. Consecuentemente, los sacerdotes y los jueces tenían que declarar que él era un hereje.

Aparentemente el anciano profeta todavía vivía durante el cautiverio que él predijo.

Aquí la gente incita tremendas preguntas por cuenta de la fornicación, sea porque el profeta cometió la fornicación por la dispensación de Dios o porque tomó a una prostituta como su esposa. Lo que algunos dicen no me complace, ni siquiera las palabras de Jerónimo.[2] Por cuenta de sus nombres, los hijos prefiguran de aquí en adelante qué clase de pueblo van a ser los israelitas. Me parece que podemos decir lo mismo de la prostituta, pues ella fue llamada "la esposa prostituta" para señalar que el pueblo ahora estaba cometiendo fornicación y que haría lo mismo al engañar a Dios en el futuro. También, pues, los hijos nacidos de ella serían llamados "hijos de una prostituta". No entiendan esto, pues, como si la prostitución ha sido atribuida a la esposa, esto es, no lo tomen en ese sentido activo, sino entiéndanlo como que la esposa ha permitido que ella, y sus hijos, y su esposo sean llamados así por cuenta del pueblo y contra el pueblo. Es como si dijera: "Me llaman prostituta y mi marido es llamado amante de prostitutas, pero ustedes son las prostitutas y los amantes de las prostitutas." ¡Oh qué inmensa cruz sufrieron por llevar esos nombres insultantes por causa de la palabra de Dios! No solamente profetiza con palabras sino también con cosas que los sentidos sienten.

2. Por primera vez. Mejor dicho: "La primera vez cuando el Señor comenzó a profetizar por medios de Oseas."

Porque la tierra se ha prostituido. Se expresa usando un vocabulario común. La verdadera semilla que purifica nuestra alma es la palabra de

2 Jerónimo, *Commentaria in Osee, prophetam*, Patrología, Series Latina, XXV, 823: "El profeta no perdió su castidad porque se unió a una prostituta, sino que la prostituta obtuvo la castidad que no poseía anteriormente; especialmente porque Oseas hizo lo que hizo no por cuenta de codicia, o de lujuria, o por su propia libertad, sino porque obedeció la voluntad de Dios."

Dios. Cuando te apartas de ella, cometes fornicación. Transfiere aquí una comparación carnal a un plano espiritual. Cometer fornicación significa practicar idolatría. La idolatría es la plena confianza en las obras. La prostitución es pecar con infidelidad contra el Primer Mandamiento. Propiamente dicho, la fornicación es actuar contra el Primer Mandamiento en el nombre de Dios. Esto es, hacer sin fe lo que finges hacer para adorar a Dios.

4. **Jezreel.** En un tiempo ésta era una metrópolis del reino.[3] Debemos tomar esto en cuenta para poder entender la historia bajo muy simples términos, por la cual solamente uno puede llegar a entender la gran fe que tenía este profeta. Pues Jehú se había convertido a la maldad, después de haber hecho lo bueno. Esto comenzó bajo Zacarías, el tataranieto de Jehú, y la aflicción del reino duró hasta el inicio del cautiverio.

5. **Cuando llegue el día.** Aquí él profetiza la palabra de fe la cual debió amonestar a los que estaban arrepentidos. Predice devastación, y Dios ofrece una bendición: consecuentemente es él un hereje. ¡Que sea él consumido en la hoguera! Pero así todo perdura la palabra de Dios.

4. **La casa de Jehú.** No podemos entender si esto es algo activo o pasivo. Las historias no nos ayudan tampoco en determinar si la casa derramó sangre o si permitió que su sangre fuera derramada. Jehú fue un buen rey. Pero ni él ni ninguno de los otros reyes de Israel abandonaron los becerros de oro ni sus cultos, pues pensaban que sin ellos su reino no podía prevalecer. Por lo tanto, su sentido debe ser éste: Jehú derramó su sangre por cuenta de los becerros de Jezreel. Esta profecía era increíble, de que el reino fuera arrastrado de allí por causa de los reyes impíos, ya que Dios había prometido el reino a Jehú. El pueblo no podía creer esto hasta que comenzaron a sentirlo. Así todo, dices: ¿No le dio Dios el reino al mismo Jeroboam? Respondí: Si es verdad, pero siempre con una añadida condición, "si haces mi voluntad". El reino de Judá es el reino de David, el cual vino a Cristo eternamente. El reino de Israel, así todo, fue trasladado a los asirios y nunca fue restaurado.

3 Cf 1 Reyes 21:1.

6. No volveré a compadecerme [tener misericordia]. Debieron dejarles los nombres en hebreo. Esto es, él estaba señalando a un pueblo que no tenía misericordia. Anteriormente dice que devastaría al reino, y aquí dice que no lo va a restaurar. Salmo 28:5: "Hazlos caer, Señor, y no vuelvas a levantarlos." Por lo tanto, no habla aquí de la misericordia del evangelio, sobre la cual hará referencia luego. Sino, pues, dice él que no restaurará al reino. Lo que le sigue se refiere al reino perpetuo: "tendré misericordia de la casa de Judá". Esto iba a permanecer hasta que Cristo fuera a establecerla eternamente. Pero por el hecho de que diez tribus fueran llevadas y que los asirios no pudieron llevar a dos, claramente demuestra la eficacia del poder de Dios y su Palabra. Esto es algo que él dice claramente de esta manera:

7. Y no los salvaré.[4] Todos los profetas miran hacia adelante esperando el reino de Cristo con dulces palabras. Noten también que debe ser cierto que Israel nunca regresará y así todo Israel será en el futuro un reino con Judá.

8. Después de que [Gomer] destetó. Quizás sea un misterio que todo el pueblo, en relación al culto externo, sea abandonado y no solamente Israel cuando haya madurado a persona adulta. El tercer hijo conecta, entonces, la profecía del reino temporal con la del reino eterno. "No me ocuparé más de la sinagoga, levantaré a otro pueblo. Si mi pasado pueblo se une a éste, será salvo, pero si no lo hace, no será mi pueblo." Este pueblo tiene que ser rechazado y otro nuevo pueblo afirmado, para que así todas las profecías que parecen contradecirse, o que aparecen aquí así, sean ciertas. Él dice que éste no será su pueblo y así todo:

10. Los hijos de Israel serán [tan numerosos]. Vemos aquí pues lo que Pablo dice en Romanos1:2: "Que él ya había prometido por medio de los profetas en las santas Escrituras." Noten la interpretación de Pablo sobre este pasaje en Romanos 9:26. El reino de Judá

4 Esta traducción de la RV 1960 se aproxima mejor a la traducción de la Vulgata. La RVC lo traduce: "No lo haré."

nunca fue destruido sino transformado en uno mejor. El reino de Cristo es la preservación del reino de Judá.

Serán tan numerosos. Isaías dice algo similar [Isaías 10:22]. La historia testifica que en el tiempo de Cristo este pueblo se había multiplicado y hecho numeroso. Su propia región fue completamente repleta y se encontraban judíos en casi todas las ciudades de los gentiles, inclusive hasta en Roma.

Y allí donde se les dijo. Este lugar no es ni Jezreel ni Judá sino un lugar que hasta ahora no habitaba pueblo de Dios, esto es, allí el reino de Dios, la victoria sobre la muerte, el pecado y el infierno será proclamado. De otra manera no podrán ser llamados pueblo de Dios en un lugar que era de gentiles y no de judíos. Habrá pues otro pueblo de Dios, no limitado a un lugar o a cosas externas.

11. Un solo jefe. Es necesario entender esto como el reino de Cristo. Después de la división del reino después de Salomón, no tuvieron ellos un solo jefe, esto es, un solo rey temporal. Estas verdades no pueden ser afirmadas a la misma vez: que ellos serán completamente rechazados y que serán el pueblo y los hijos de Dios, a menos que ustedes entiendan que las cosas materiales han sido desechadas y las cosas espirituales han sido resucitadas.

Y volverán a levantarse. Él no sitúa este reino en la tierra. Más bien será levantado de la tierra día a día, de cosas terrenales a cosas celestiales. ¡Sepan pues cuales cosas son las elevadas!

Será grande. Creo que esto fue añadido para opacar la profecía a los incrédulos, para que ella no sea evidente hasta que sea cumplida, así como son todas las profecías.

Porque el día... será grande. Será un día grande cuando Dios ilumine el corazón de la humanidad para que ellos lleguen a ser hijos de Dios. Nunca más será Jezreel terrenal sino que será celestial. No será conducida corporalmente. Es así como él señala frecuentemente, no a una Israel carnal ni a Sion, sino a una espiritual. Pocas veces reconocemos nombres entre los hebreos que no incluya el nombre de Dios, "EL' o 'IA', como vemos con Miguel, Isaías, y Jeremías. Así pues Jerusalén es "la visión de paz", esto es, donde uno puede ver paz y abundancia de todas las cosas. Así también Jezreel es "la semilla de Dios", ya que todas las cosas abundaban allí. Cualquier cosa que la "semilla de Dios" sea, se conoce como el lugar de donde proceden los hijos de Dios, así como nos declara Lucas 8:11.

Capítulo Dos

Entiendo que todo el capítulo es dirigido a todos aquellos que han recibido misericordia, tanto gentiles como judíos. Entiendo que la hermana rechazada son los judíos incrédulos. Así pues esta es la palabra de los profetas y los cristianos, que el profeta les ordena proclamar a sus hermanos. Es la palabra del evangelio. La sinagoga es la madre de la iglesia. "Tú, madre mía, no eres la esposa de Dios, mi Padre." El evangelio condena las obras de la ley y la confianza de la madre. Cualquier cosa que la madre use como excusa por su impiedad es en vano. Ella es una ramera.

2. Repróchenle. Eso es, condenar, todos aquellos que dicen que creerán de la misma manera que sus padres. La certeza de ellos es impiedad, sus tradiciones van en contra de la palabra de Dios. Pablo escribe (Romanos 9:8): "No son hijos según la carne."[5]

[De entre sus] pechos.[6] Éstos son los impíos doctores, quienes, como los pechos de una madre, alimentan al pueblo. Pero ellos son hijos de una madre impía, quien los concibió en adulterio.

3. Le arrancaré la ropa. "Les arrancaré el sacerdocio, el reino, la ley, sí, todo lo terrenal." Como vemos, estas cosas ya han sucedido.

5 RV 1960 usada aquí pues se aproxima mejor a la Vulgata. La RVC lo traduce: "Los hijos no son descendientes naturales."

6 La traducción de la RV 1960 se aproxima mejor a la Vulgata pues traduce *"et adulteria sua de medio uberum suorum"* así: "y sus adulterios de entre sus pechos." La RVC lo traduce: "que no cometa más adulterio."

[Como estaba] el día en que nació. Esto es cuando no tenía ni reino ni sacerdocio.

Como un desierto. Esto es donde no tienen maestro, profeta o la palabra de Dios. Leemos en Isaías 5:6: "Ordenaré a las nubes que no derramen lluvia sobre ella." Cristo dice: "El reino [de Dios] será quitado entre ustedes" (Mateo 21:43).

De sed. Cf Juan 7:37. Todo esto es una advertencia por si no quisieran regresar.

5. Voy a seguir. No vemos que esto se refiera a la fornicación (prostitución) después del adviento de Cristo. La lengua hebrea es rica. A veces expresa con una palabra lo que nosotros apenas podemos expresar con muchas palabras. Otras veces expresa con muchas palabras lo que se pudiera haber dicho con dos, así como aquí.

Me dan... agua. Las Escrituras reprochan a los malvados maestros, a los adoradores de sus propias barrigas, quienes enseñan cosas malvadas a fin de obtener lucro. Esto es lo que él dice aquí. Los papistas vivían en plenitud pero hoy en día los predicadores del evangelio tienen necesidad. Una esposa no puede nutrir al del presente pero muchas rameras solían nutrir al del pasado. Así que en un tiempo eran muy malvados muchos entre los hombres judíos. ¿Qué tengo que ver yo con la ley y la doctrina de la ley? Que otras cosas nos den el pan, etc. Esto es lo que la gente común y los príncipes decían a Jeremías: "Derramar libaciones... a la reina del cielo" (cf Jeremías 44:17). Miren también la narrativa en Macabeos [1:11]. El vientre no puede depender en Dios. Si escuchas al mismo vientre caerás en el adulterio. Los "amantes" fueron los gentiles, los asirios, los moabitas, etc., cuya amistad no pudieron tener sin estar relacionados con sus dioses. La impía doctrina se satisface plenamente; la doctrina devota tiene que sufrir escasez. "La virtud es laudada pero así todo congela."[7]

6. Voy a plagar su camino. Ella misma dice: "Yo iré", pero no obtuvo lo que ella quería. Quería estar amparada de los asirios, amonitas,

7 Cf Juvenal, *Satires*, I, 73: "*Probitas laudatur et alget.*"

etc. Deseaba asociarse con sus dioses, pero fue usurpada, así como el mismo rey dijo: "yo también voy a ofrecerles sacrificios" (cf 2 Crónicas 28:23).

El Señor se detiene aquí, hasta que ellos puedan decir, como uno lee en el Libro de los Jueces: "Clamaron al Señor."

7. Me iba mejor que ahora... "porque anteriormente solamente tenía tribulaciones en la carne pero ahora, tanto la carne como el espíritu son humillados".

8. Y es que ella no ha reconocido. Ella ignoraba la mano del dador. Los malvados dicen y confiesan que ellos sirven al verdadero Dios. Las cosas buenas que tienen ellos dicen que la tienen de ese Dios a quienes ellos sirven y adoran. "Soy un monje. Sirvo a Dios con votos y con ceremonias. Por motivo de esto, Dios me dará la vida eterna. ¿Pero, quién te dice que es así que estás adorando al verdadero Dios, cuando él no te ha requerido estas cosas? Por lo tanto has creado para ti un Dios que manda estas cosas, aunque no hay tal Dios que requiere estas cosas o que desea dar la vida eterna por cuenta de esto. ¿Qué estás, entonces, adorando, a menos que sea un ídolo de tu propio corazón? ¿A quién crees que la justicia de tus propias obras complace? Entonces, aquellos que sobre todo mantienen que conocen la mano del dador no la conocen en realidad. Toda la Escritura urge esto, que uno conozca verdaderamente al verdadero Dios. Donde ese conocimiento no exista, la prostitución y el falso conocimiento de Dios tienen que existir. De aquí procede también la idolatría exterior. Esos gentiles y judíos no decían que ellos adoraban a demonios sino a Dios. "Ese Baal de ustedes es el Dios, quién los condujo fuera de Egipto, esos becerros de oro son dioses, etc." Los impíos no escuchan: "Confía en Dios y serás salvo", ellos escuchan: "Vayan al monasterio y hagan esto y lo otro." El pueblo quiere también ser seducido. Ellos atribuyen todo lo que obtienen a ese impío culto de un dios.

Baal. Éste es el nombre propiamente usado del marido y del Señor de una mujer y de una casa. Ésos adoran a Baal cuando sueñan que una vida que sirve a Dios en fe y caridad es imperfecta pero una vida que sirve con castidad, pobreza, y obediencia es perfecta.

9. Haré que me devuelva. Yo destruiré el trigo y otras cosas con calamidades del cielo y la tierra. Los obligaré a que regresen a mí. Ellos se glorifican con las obras y las ceremonias que abundan con los sacerdotes y que fomentan la impiedad, como si fueran casi de Dios, cuyos regalos los engordan. Ésos se los arrebataré Yo. Si careciera el vientre del papa hoy, no tendríamos tantos papas.

10. A la vista de sus amantes. Ellos han sido agraviados por los mismos enemigos a quienes acudieron. Seducidos por sus seductores serán ellos confundidos.

12. Mi salario son.[8] Las Escrituras repiten esto con desdén.

Ella. Más bien "ellos".

Bestias. Los gentiles adversarios.

13. Con sus joyas (anillos).[9] Ésta es una metáfora tomada de vírgenes o esposas. "Anillo" es una palabra mala entre los malvados, [y] una palabra piadosa de Dios entre los devotos.

Ofreció incienso, esto es cuando ella oraba... pues incienso significa oración en las Escrituras.

14. Sin embargo. Como ya he dicho, éstas son palabras que se han depositado en los labios de los apóstoles. También las palabras precedentes en el tiempo futuro deben ser tomadas en el subjuntivo.

Volveré a cortejarla. "Por medio de mis apóstoles te enseñaré una doctrina dulce que es diferente a esa de la Ley."

Al desierto. "No la voy a llevar a una tierra donde en este momento florece, esto es, donde uno pueda ver cosas carnales."

8 RV 1960, la RVC traduce: "la paga que le dieron sus amantes."

9 "*Inure*", anillo.

15. Viñas[10] **o vinos.** Aquí habrá una necesidad de fe para que el padre pueda conquistarla con las gentiles palabras del evangelio. Pues de otra manera, ¿quién puede sospechar de que hay viñas o vinos en abundancia en el desierto?

14. Y hablaré a su corazón.[11] Ésta es una frase hebrea que significa "hablar tiernamente". Cf Isaías 40:2.

15. [Desde] allí. Esto es, en el desierto.

Del valle de Acor. Cf Josué 7:24: Acor, esto es, "el valle de la confusión". El valle de Acor parece haber sido usado como un proverbio entre los hebreos. Así que se le llama el valle de Acor cuando alguien es oprimido por males. Esto es lo mismo que hablar del valle de lamentaciones o lágrimas. Él dice: "Yo conversaré con ella, y convertiré su miseria a una buena esperanza."

Esperanza. Se debiera leer "expectación" o "paciencia". El sentido correcto aquí parece ser: "Yo le daré el valle de Acor, esto es, la cruz y los golpes de la maldad, para que así por medio de la paciencia se prepare para ser mi esposa. El valle de Acor será más provechoso para ella que las riquezas de Baal.

Y allí volverá a cantar. Ésta es la alabanza de Dios en el Nuevo Testamento pues nos ha librado de la muerte y de toda tribulación.

16. Cuando llegue el momento [día]. Se refiere aquí al Nuevo Testamento y a la predicación evangélica. Aquellos que no conocen lo que es el Evangelio, no entenderán estas cosas.

En aquel día [momento]. Eso será obvio: "Cuando la conquiste y la conduzca al desierto, cuando haya cambiado un reino carnal a un reino espiritual, etc."

---

10 La Vulgata usa aquí *vinitores*, pero la palabra en hebreo es כֶּרֶם (*kĕrĕm*), la cual significa "viñas".

11 RV 1960. La RVC traduce: "me ganaré su corazón."

Baali. Esto es: "Mi esposa [nunca más me llamará así]. Le arrebataré ese culto y esa confianza, por medio de los cuales ella cree que por las obras yo soy su marido separado de ella, etc. Le arrebataré toda confianza extraña, toda opinión perversa y me revelaré verdaderamente." Noten aquí que un culto externo no fue exhibido a madera, piedra, etc., sino a Dios. Pues Dios dice claramente aquí que a él lo llamaron "Baal".

Baal y Baales. Un marido o personas casadas usaron estos nombres. Acab y Jezabel fueron muy prudentes de acuerdo a la carne. Comparándolos a ellos, nuestros príncipes son tercos. Antes que otros reyes, ellos establecieron un culto externo de Dios. Emplearon sacerdotes para confirmar este culto de acuerdo a la ley de Moisés. Jehú tuvo que poseer una luz muy brillante de Dios cuando eliminó esas cosas.

17. Yo te quitaré de la boca. Esto es: "Les mostraré a ellos esta gracia, para que ya no enseñen una ficción de su imaginación, sino mi verdad. Esto es ciertamente una gran promesa, etc.

18. Haré por ti un pacto. [12] Esto es, me ocuparé para que nada la dañe a ella. Hasta las mismas bestias se sentirán en armonía con nosotros, y todo estará bajo nuestros pies. Éste no es un pacto externo pues el creyente lo poseerá todo. Si digo a esta montaña, etc., si digo a esta bestia, "ven", ésta vendrá, etc. Todas las cosas serán nuestras. Todas las cosas sirven para nuestra salvación. Consulten Isaías 2:4. Un salmo (Salmo 46:9) hace referencia a poner fin a las guerras, etc. Entendemos que esto se refiere al reino de los cristianos entre ellos. Leemos en Romanos 5:1: "Justificados por la fe tenemos", etc. Si tenemos paz con Dios, la tenemos aunque el diablo y todo el dominio del pecado y los infiernos no estén dispuestos a brindarla.

[Te haré dormir] confiadamente. [13] En realidad "segura", como vemos seguidamente.

12 La palabra usada aquí en la Vulgata y el v 19 es: *"paciscor"*. Puede ser traducida como convenio, contrato, o pacto.

13 Traducido del texto de la Vulgata que lee: *eos faciam fiducialiter*. La RV 1960 traduce "segura" y la RVC traduce "tranquila".

19. Te tomaré por esposa. Éstas son magníficas palabras. Él no dice: "Haré un pacto" como le dijo a los padres, sino le dice: "Te tomaré por esposa." No existe en la tierra un amor tan intenso como el que existe entre el esposo y la esposa. El esposo no ofrece a la esposa un regalo sino que se ofrece a sí mismo, el afecto más íntimo de su corazón y todo lo que le pertenece; la busca a ella, etc.

En justicia. [14] Ésta es la justicia (*iustitia*) que nos justifica a nosotros.

En juicio. [15] Éste es el juicio (*judicio*) bajo el cual condenamos todo lo que es nuestro y también nuestro errores, y por medio del mismo tenemos dominio sobre todas las cosas, así que ni el propio pecado nos pueda acusar después de esa justicia.

Con toda misericordia. [16] Esto es, en gracia o bondad. En griego esto es χάρις (*járis*). Consecuentemente él ha sido dotado de gracia. También derivado del griego es ἐλεημοσύνη (*elenmosúne*), las bondades hechas por un prójimo.

Y compasión. [17] "La imperfección quedará con ustedes, pero no la contaré (imputaré) contra ustedes. Cargaré con tus debilidades. Te ayudaré y te consolaré."

20. [Yo te tomaré como esposa] con votos de fidelidad. El hebreo es un idioma rico. Repite muchas veces la misma cosa. Por lo tanto se está explicando a sí mismo aquí: ¿Será ésta una boda corporal? ¿Será ésta una

---

14 RV 1960. Esta traducción se asemeja mejor al texto hebreo y la Vulgata, la cual traduce *in justitia*. La RVC traduce "con todos los hombres" y omite, "en justicia, y juicio". No obstante ofrece una nota de explicación: "Lit. en derecho y justicia." La palabra "justicia" en hebreo es מִשְׁפָּט (*mishpat*). Se usa jurídicamente y significa encontrarse libre de prejuicio, o favoritismo al pronunciar un juicio.

15 Cf nota 14. Esta palabra juicio, que es parte del texto de la Vulgata y del texto original en hebreo, también es omitida después de "con todos los hombres" en la RVC.

16 La palabra en hebreo es חֶסֶד (*ḥěsĕḏ*), significa un amor firme, sin reproche, leal, basado en el amor de Dios hacía su familia y pueblo.

17 La palabra usada en hebreo es רַחֲמִים (*răḥămîm*). Esta compasión significa un profundo conocimiento y simpatía, que nace desde nuestras propias entrañas, por los sufrimientos de nuestro pueblo y familia.

justicia carnal? No. Esta boda y el reino serán asuntos de fe. En el evangelio escuchamos (Mateo 22:2): "Un rey que hizo una fiesta de bodas para su hijo." En hebreo es: "en verdad."[18] Ésta, en realidad, significa la misma cosa, aunque los judíos hoy en día, como muchos de los nuestros también, nos place entablar batallas en el uso de palabras. Esto ocurría también durante el tiempo de los apóstoles. Opongan todas esas cosas de las obras. Ella llega a ser la novia por medio de la justicia, misericordia, compasión, por fe, y no por medio de las obras.

Y tú conocerás a tu Señor. Éste es el progreso de la fe, día a día; la clase de progreso que Pablo nos invoca en todo lugar.

21. Cuando llegue ese momento. Pablo también toma esto de Isaías (cf Isaías 49:8), donde se refiere al "momento oportuno" (2 Corintios 6:2). También vemos esto: "Antes de que me pidan ayuda, yo les responderé" (Isaías 65:24). Es la gloria de los cristianos que cuando invocamos en necesidad somos escuchados y el Espíritu "intercede por nosotros" (Romanos 8:26). "Pidan y recibirán, etc." (Juan 16:24). Oremos por la Palabra, contra los herejes, contra Satán, por las necesidades de esta vida, etc.

Yo les responderé. "No orarán en vano." Debemos entenderlo aquí en el sentido más simple, a menos que usemos indebidamente las Escrituras. "Jezreel deseará trigo, aceite, etc. El trigo deseará estar allí. La tierra escuchará los deseos del trigo. La tierra deseará la lluvia de los cielos. Los cielos la desearán de mí. Todas las criaturas servirán a los fieles, y yo serviré a los fieles en todas las criaturas". Es más, será la voluntad de Dios, de acuerdo a 1 Pedro 1:6, que suframos necesidades, pero así todo Dios no nos abandonará para que sus criaturas no sean las que nos sirven, etc.

22. Y ellos le responderán a Jezreel. Esto es añadido para oscurecer la profecía, como ya he dicho.[19] Así como las iglesias son nombradas

18 En hebreo la palabra אֱמוּנָה (*'ĕmûwnâh*) significa honestamente, firmemente, fielmente, diríamos coloquialmente "sin vacilar".

19 Cf arriba comentario sobre Oseas 1:11.

en honor a Jerusalén, ella es nombrada como la metrópolis Jezreel, como ya he dicho anteriormente.

Yo les escucharé (v 21).[20] Sería más claro traducir: "Yo les responderé, la tierra responderá",[21] etc.

23. Yo la sembraré... "para que ella sea mi tierra". Pueden notar que el Señor está aludiendo al nombre de Jezreel. Es como si él dijera: "Ella será para mí la verdadera Jezreel, la semilla, o siembra de Dios", esto es, en ella la verdadera palabra de Dios residirá. Por lo tanto, estarán muy acertados en seguir esta alegoría acerca del nombre. Hasta el Señor la usa para interpretar a la iglesia. Mas él dijo anteriormente: "No tendré misericordia con Jezreel sino con la casa de Judá." Consecuentemente Jezreel aquí es algo espiritual, así como al final del capítulo anterior. De los dos pueblos[22] la iglesia fue congregada, la cual no había recibido misericordia anteriormente. Cuando Cristo dijo: "El que crea y sea bautizado se salvará" (Marcos 16:16). ¿Qué más vamos a decir a los creyentes: tú eres mi pueblo?

Capítulo Tres

Hemos escuchado la profecía de Cristo. A través del libro el profeta habla contra los hipócritas de su tiempo, con la excepción del capítulo 4 donde trata sobre profecías de eventos que van a acontecer.

1. El Señor volvió a decirme, etc. Explica aquí lo que precede. Es una narración figurada hasta "Porque durante mucho tiempo los hijos de Israel estarán..." (v 4), donde él se explica. Algunos toman esto como el cautiverio de Babilonia, y otros como el cautiverio romano. Es

20 Traducido del texto de la Vulgata que lee: *exaudiam, dicit Dominus, exaudiam cælos.* Exaduiam, de *exaudiō*, que significa en latín "escuchar o entender".

21 Así lo traduce la RVC.

22 Esto es, la Jezreel carnal y la espiritual.

evidente que no debemos tomar esta referencia como lo anterior, ya que no está hablando él sobre los hijos de Judá, los que estaban en ese cautiverio. Yo ya he demostrado que debemos entender esto como el cautiverio del cual habló el profeta anteriormente. Es en ese cautiverio que los israelitas fueron conducidos fuera de allí y que nunca regresaron con la excepción de una manera espiritual. Los judíos regresarán a Cristo. Como Pablo indica, esto llega a ser un hecho por medio del evangelio (cf Romanos 11:25). Me parece a mí que nuestro texto tiene que ver con esto. No tomen a mal que ese mismo concepto está indicado bajo varias figuras. Después de todo, ésta es una costumbre de los profetas, así como de la misma manera Jeremías indica lo mismo con yugos y copa (cf Jeremías 27:2; 25:15). Sobre esto, parece pertinente en lo que dice:

Ve (de nuevo), etc. El Señor le ofrece de nuevo una verdadera adúltera, pero él no se acuesta con ella.

Ama. "Conquístala." El Señor explica cómo hacerlo.

Como ama el Señor. Así, toda ella es una adúltera que confía en dioses extraños.

Pasas (uvas). No sé lo que éstas son. Tienen que ver algo con el vino. Creo que son lo que sobra después que las uvas fueron prensadas. Estas sobras son echadas a los cerdos. Son sobras de lo genuino, y pasan a ser las tradiciones y doctrinas para las panzas.[23] Tienen la apariencia de uvas, pero ya se le ha exprimido su jugo. Esto es, son sólo comida para los puercos. Otros toman esto como que son vasijas de vino, así que su sentido figurado puede ser: Estas son vasijas vacías que se deleitan en su apariencia, pero desprecian al verdadero vino, etc.

2. Yo la compré para mí. Mejor dicho: "Yo establecí un contrato con ella, esto es: "Entré en un convenio (pacto) con ella." Basado en un

23 La Vulgata lee *"ventris doctrinas"*. En otras palabras, estas son las sobras que solamente se usan para engordar nuestras panzas (*ventris*).

precio, acordamos que ella me esperaría y se abstendría del adulterio y de otro matrimonio.

Homer. Es una palabra hebrea (חֹמֶר) que significa sólo un modio (medida de grano). Esta palabra ocurre también en el evangelio.[24]

4. Mucho tiempo.[25] Él explica la figura.

Estarán. Mejor dicho, "quedarán".

Los hijos de Israel. Consecuentemente, no se refiere al cautiverio de Judá. Pues la frase "sin rey" no concuerda con Judá. Tampoco habla aquí del *efod* que Dios constituyó. Ése estaba en Jerusalén. Sino que habla aquí de rey, sacrificio, y *efod*,[26] que fueron rechazados en Israel y no por cuenta de Dios. A esto es pertinente el hecho de que él dice "*terafim*".[27] Éstas propiamente significan imágenes, así como uno lee sobre los ídolos de Raquel (cf Génesis 31:34). Esto tampoco concuerda con Judá. Las imágenes para los israelitas significan becerros de oro u otras cosas sobre las cuales uno no puede leer que fueran ellas constituidas por Dios. Él dice, pues: "Todas las cosas que ustedes han elevado para sus cultos religiosos serán destruidas."

5. Después de eso. Se entiende aquí que esto necesariamente sucedió después del cautiverio de Asiria. Pero ustedes no leen pues de otro regreso de Israel con la excepción de aquél que ocurrió por medio de Cristo.

Y a David. Está claro que entendemos que este regreso es, por medio del evangelio, de Cristo, hijo de David, etc. Él no dice: "Regresarán

---

24 La palabra en hebreo es וְלֶתֶךְ que equivale a 1/2 homer. Homer significa medida de capacidad. Cf Lucas 16:7: "Cien sacos de trigo."

25 "Muchos días" se lee literalmente del latín.

26 Efod (אֵפוֹד) era una vestimenta sacerdotal usada durante los cultos de alabanza (cf Éxodo 28:4; 2 Samuel 6:14).

27 Terafines, palabra hebrea (תְּרָפִים) aparece solamente en plural en la Biblia (*terafim*). Éstos eran dioses primitivos y caseros de la cultura semítica. Eran estatuas que los creyentes adoraban como dioses para recibir socorro de ellos. La adoración de ellos cayó en ruina al ser los terafines elevados al mismo nivel que Yahvé (cf Génesis 31:30 y Jueces 17:5).

a su propio rey de Israel, a sus propios sacrificios, etc.", sino que dice pues, que "regresarán al rey de Judá, a David".

Al. Esto es, "ante la presencia de".

Y en los últimos días. Esto es, "en los días que siguen". Fallan ésos que son ignorantes del sentido figurativo de las Escrituras y toman estas cosas para referirse (señalar) a los días finales del mundo.

Y su bondad. Éstas son palabras clarísimas. Ellas obviamente se refieren a cosas espirituales. Pablo dice: "No permitan que se hable mal del bien que ustedes hacen" (Romanos 14:16). Este "bien" es el evangelio. Por el regocijo llegarán con pavor a este bien. Bajo la ley también llegaron con miedo, pero al mal. Aquí llegan con miedo pero al bien. La expresión "vengan con miedo" estorba la seguridad de la carne. Noten que él dice que le ha dado a la (mujer) adúltera bienes materiales así como Dios también se los da a los hipócritas, pero también describe la medida. En cosas espirituales no existe la medida. Es solamente llamado "bondad". No tenemos nada más sobre el capítulo 3.

Capítulo Cuatro

En este capítulo el profeta comienza a censurar los pecados manifiestos, los frutos de la incredulidad, después de haber tratado sobre la fe. El profeta está seguro de que está predicando la palabra de Dios, etc.

[Ha entablado] un pleito.[28] Dicho más claro, el Señor tiene algo en contra de la humanidad.

Misericordia. Una buena obra [*ein wolthat*], sea que Dios la demuestre a la humanidad o la humanidad lo demuestre a la humanidad.

28 La palabra usada en latín es *iudicium,* la cual significa juicio, litigio, o pleito. En hebreo la palabra que se usa es ריב [*riyb*], que significa contienda, litigio, o pleito. Por lo tanto es un pleito, un juicio que Dios les presenta por su falta de misericordia.

Verdad.[29] Pablo traduce frecuentemente esto con "fe". אֱמֶת, *ʾěmět*, (como Dios es verdad) es activo; אֱמוּנָה es pasivo cuando Dios infunde la verdad en nuestros corazones. "Él justo por la fe vivirá" (Romanos 1:17). Esto es, él vivirá en la verdad que él ha recibido, por la cual él es hecho verdad; esto es, la verdad por la cual él mismo se adhiere a la verdad. La verdad le pertenece a pocos, la fe le pertenece a muchos.[30]

Misericordia.[31] Esto es amistad. Nadie hace el bien por otro.

Ni conocimiento (*scientia*). Conocimiento (notitia) sería mejor. Es un acto pasivo "aprendiendo" (*cognitio*). Así es como Isaías 11:9 lo expresa: "La tierra está saturada del conocimiento del Señor." Cf también Isaías 53:11. Conocer a (*cognoscere*) a Dios como Dios, conocer que hemos recibido toda cosa buena de él, esto es, aprender a conocer (*cognitio*) a Dios.

2. **Abundan.** Esto es vagan o abundan por dondequiera.

Homicidio tras homicidio. Esto es derramamiento de sangre sobre derramamiento de sangre. Esto es, el testimonio o llanto del derramamiento de sangre o la venganza por ella.

3. **Por eso.** Éste es el castigo.

La tierra está de luto. Ésta es una metáfora idiomática. Significa que "será desolada. Será reducida a una gran pobreza". La tierra tomará un aspecto deprimente; sufrirá miserablemente.[32]

---

29 Es diferente el término en la Sagrada Biblia: Versión crítica sobre los textos hebreo, arameo y griego por Francisco Cantera Burgos y Manuel Iglesias González (Madrid: Biblioteca de Autores Cristianos, 1975). Esta versión se asemeja mejor al texto original en hebreo. Citaremos desde ahora en adelante esta obra como Cantera-Iglesias. Lee así: "no existe ni fidelidad." Varias traducciones en inglés usan también fidelidad en vez de "verdad". La RV 1960 usa "no hay verdad".

30 El editor de la edición de Saint Louis en alemán, traduce *"Treue is bei wenigen, Untreue bei vielen"*, pues asume que "la mala fe" es lo que Lutero quiere expresar en la segunda parte de esta frase. Pues no cree que concuerda decir en el pensamiento de Lutero, "la fe pertenece a muchos", sino "la mala fe pertenece a muchos".

31 De nuevo Oseas usa la palabra חֶסֶד (*ḥěsěḏ*).

32 Su observación es ofrecida aquí en alemán: *ein jemmerlich ansehen gewinnen, wirt ubel zcugehen.*

Y desfallecen todos sus habitantes. Se refiere a una venganza sobre la tierra. Esto es la tierra será empobrecida, debilitada. Morirá el ganado al ser infértil o al perecer por la pestilencia. El domino de los habitantes será quebrantado.

Serán congregados [las aves del cielo, los peces].[33] Mejor dicho, "serán arrebatados de allí". Así pues, ni peces, ni animales, ni aves permanecerán en la tierra. En hebreo se usa "arrebatará". En el Salmo 26:9 leemos: "No me arrebates la vida junto con los pecadores."

4. Que, etc. "¡Que nadie contienda con nadie!"[34] Sería mejor dicho: "Que nadie entable pleito con nadie."[35] Así es como lo expresa Isaías (30:10): "Mejor digan cosas halagüeñas."

Por eso. El profeta responde. Son las clases de gente que denuncian al acusado como al acusador. Te reprochan con tus mismas palabras.

5. Durante el día… durante la noche. Esto es, en un breve momento. "Hoy o mañana caerás, y nadie estará para socorrerte."

El profeta. Él entiende que este es el hijo que caerá, etc. No solamente enlutará. No habrá ayuda para aquel que no escucha.

Y a tu madre la destruiré. "He hecho callar a tu madre." Esto es, la he forzado a mantener silencio, a no moverse. Virgilio habla sobre los umbrales silenciosos, los lugares cayados. Esto significa reducirla a la nada. Lo que se encuentra atado no puede moverse de nuevo. Por madre se refiere a la sinagoga.

33 Traducido literalmente de la Vulgata que lee: *"sed et pisces maris congregabuntur."* La RV 1960 se asemeja mejor a la traducción de la Vulgata: "…con las bestias del campo, y las aves del cielo, y aún los peces del mar morirán." El comentario de Lutero es dirigido a ese verbo "morirán". Nota Lutero que la palabra en hebreo (אָסַף; *'āsăp̄*) es mejor traducida como "arrebatar". Es cierto que puede significar en hebreo "arrebatar, quitar, retirar", pero también puede ser "recoger, juntar" o "congregar" (*congregabuntur*), así como la traduce la Vulgata.

34 Traducido de la Vulgata.

35 Así lo traduce la RVC.

6. Le faltó conocimiento. Esto es, por ignorancia. Ya que la gente no quiere ser acusada, ni quiere entrar en argumentos, guardará silencio ante la humanidad.

Puesto que tú. Entiendan esto así: "Así como tú repudiaste el conocimiento, etc." Es como si dijera: "Te rehúsas a aprender de Dios, pero así todo te enalteces de tu propio sacerdocio, etc. Te quitaré tu maestro y tu discípulo. Haré para que tú no me conozcas. Te entregaré a juicio." El sacerdocio de Dios radica allí donde existe verdadero conocimiento de Dios. Aquí tenemos una advertencia sobre el presente y futuro castigo.

7. Conforme a sus números, etc. Ésta es una frase hebrea que significa "cometieron tantos pecados cuanta gente había". Leemos en Jeremías 2:28: "¡Tienes tantos dioses como ciudades!" Así también es con nosotros.

Su gloria. Esto es lo que "él llama a sus ídolos y sus cultos, de los cuales ellos dicen que fueron establecidos por el verdadero Dios, etc. Leemos en el Salmo (106:20): "¡Cambiaron la gloria de Dios [por la imagen de un buey que come yerba]!" Esto es en lo que nos gloriamos y confiamos. "A estas ostentosas sectas las reduciré a la nada." Así es como sucede con el papado, cuya gloria ha sido cambiada a la ignominia. Es como si él dijera: "Todo esto se está haciendo mucho para mí."

8. Con el pecado, etc. Ostentan su propia gloria y se sacian de ella. Se alimentan muy bien de los pecados del pueblo, etc.[36] (*Sie mehren sich von den sünden*). Son alimentados muy bien pues el pueblo vive en la impiedad. Noten la mala interpretación de los papistas: "Mientras el pueblo más daba, mucho más ellos devoraban."

Levantan su alma.[37] Leemos en el Salmo (cf Salmos 25:1; 86:4; 134:8): "A ti, Señor, elevo mi alma". Esto significa mantener en

36 Lutero repite esta frase en alemán pero por "*nähren*" (alimentar) el texto cita equivocadamente "*mehren*" (aumentar).

37 La traducción fue tomada de la RV 1960, la cual se asemeja literalmente a la de la Vulgata. La RVC lo traduce: "Sacian su apetito" [con su maldad].

suspenso, mirar con la boca abierta, etc. Pablo dice (Tito 1:14), "y no atiendan a fábulas judaicas". Ellos mantienen al pueblo en suspenso y les hacen que pongan atención a sus impiedades e injusticias porque ellos creen que son obras y hechos justos. Así es el culto de los sacerdotes.

9. Yo los castigaré. Ahora continúa aquí con la vindicta (su merecido). Esto era y sigue siendo como un proverbio. "Todos son iguales para mí." "Les arrebataré el pueblo asimismo como los sacerdotes. Les trataré por igual".

Por su conducta... sus acciones [su manera de pensar]. Comerán y no serán satisfechos, fornicarán pero no se multiplicaran. No tendrán sucesores. Desaparecerán. Así se puede comprender mejor lo que sigue:

10. Comerán, [pero no se saciarán; se prostituirán, pero no tendrán hijos]. Esto es: "Los reduciré a la pobreza, a la indigencia, y a la hambruna. Los reduciré a ustedes a la penuria." Es como si dijera: "Ahora que se están alimentando de los pecados del pueblo, se jactan ustedes de ellos. Haré pues que no tengan ni la costra ni las migajas de éstos." "No podrán fornicar tanto como desean. Se quedarán solamente con el deseo de hacer la maldad pero no podrán ponerla en práctica."

11. La prostitución, el vino, y [el mosto] hacen que se pierda el juicio. Creo que este proverbio se emplea para todos los pueblos a través de todas las regiones. Es como si dijera: Es verdaderamente cierto que la prostitución, el vino, y la borrachera, hacen verdaderos marranos. Observen a nuestros papas y monjes. ¿Quién es más insólito y torpe que ellos? Ellos se interesan solamente por sus panzas, como unos verdaderos glotones. Se lee en hebreo "vino y mosto".

12. Mi pueblo le pregunta a su ídolo de palo, y ese palo le responde. Esto es mejor. Leemos en la ley (Deuteronomio 18:11) sobre no consultar a los muertos, etc. Es como si él dijera: "¿No son ellos unos tontos locos? Ellos consultan a un ídolo de palo, y ese palo le responde, etc." Ellos buscan por una respuesta. Él les responde con desprecio y desdén: "su palo". Tomen nota del versículo en Isaías 44:9. Tomen nota también de la comida y ropa en las cuales confiamos. Nada ha menguado nuestro espíritu como la prostitución, la opulencia, el vino y el mosto, la sobreabundancia de todas las cosas. Nosotros mismos hacemos esas estatuas en las cuales confiamos. Ahora dime, ¿somos más sabios que ellas, etc.? No creo que el profeta se refiera aquí a la adivinanza por el uso de una vara, sino simplemente de ídolos hechos de madera que brotaron en sus jardines y de ellas pudieron formar sus varas.

Su espíritu de prostitución los hizo errar. Así es como deberían leer esto: "Este mismo viento les hace errar, etc." Es así como Pablo se expresa en Efesios [4:14]. En vez de "espíritu", emplea una palabra mejor "viento", ya que no existe una constancia allí presente. Usa la prostitución carnal como una metáfora para la prostitución espiritual.

13. Sobre las cimas. Pues, "hicieron ofrendas" él lee, "hacen ofrendas",[38] "ellos corren a los ídolos", esto es, sobre las colinas y los montes. Así es también como Jeremías los acusa. Les reprocha sus deseos y sus buenas obras, aquellas que ellos han elegido para sí mismos. Es por esto que luego dice (Oseas 6:6): "Lo que yo quiero es misericordia y no sacrificio." En vez de "hicieron ofrendas" lean "quemaron incienso". No conocemos con certeza esos nombres de árboles con excepción del primero.

Que tenían buena sombra. Esto es, eran placenteros. Ellos acostumbraban a buscar lugares placenteros y verdes para también cosquillear sus sentidos, etc. En el lugar de "sus esposas" debe de decir "sus nueras".[39] Esto es castigo. En el medio de su prostitución habían

38 Esto es, Lutero leyó *"accendunt"* en vez de *"accendebant"*. Aquí vemos una corrección hecha por el alumno que tomó notas de estas clases.

39 Así es como se encuentra en el texto hebreo y como es traducido correctamente en la RVC, la traducción que usamos como texto para esta obra. La Vulgata, la traducción que usa Lutero aquí para sus clases, lo traduce incorrectamente *"filiæ vestræ, et sponsæ"*, "sus hijas y sus esposas" [en vez de nueras].

servido a sus panzas. Como consecuencia de esto, la lujuria carnal y la prostitución se propagaron, así como ahora vemos entre el clero.

Por eso se prostituyeron sus hijas.[40] "Será así pues yo las desterraré."

14. Pero no castigaré, etc. "Obraré para que todo esto no sea castigado", así como está sucediendo ahora. ¿Cuál es la causa? Éste es el castigo de Dios, etc. Pues no tenemos príncipes prudentes.

Ellos mismos se van. Sería mejor decir "ellos fueron dispersados, separados a varias partes", aquí patrocinadores de prostitutas, allá patrocinadores de prostitutas.[41] "Porque ustedes han sido repartidos entre muchas rameras." Estar con prostitutas o rameras es mejor que estar [...][42]

[Sacrificios] con mujeres de mala fama [prostitutas del templo].[43] Jerónimo entiende que éstas eran eunucos pero no creo lo que dice Jerónimo aquí. Es como si él dijera: "Así como viven en consorte con rameras y prostitutas, también sus hijas vivirán bajo el mismo consorte."

Por eso tropieza el pueblo, etc. Éste será su castigo: "Azotaré al pueblo con la ceguedad."

15. Si tú... te prostituyes. Ahora dirige su mensaje hacia Judá: "Tú que tienes el verdadero reino, el verdadero sacerdocio, y el verdadero templo, mira pues que no te prostituyas. Esto ocurrirá si haces pues las cosas que siguen." Es como si dijera: "Quédate en tu templo." En

---

40 Este texto pertenece al v 13 pero la edición Weimar lo cita como parte del v 14.

41 Esta frase la expresa en alemán: *hie ein hurenwirt, dort ein hurenwirt.*

42 Aquí no se concluye esta oración así que se ve inconcluso lo que quería decir Lutero.

43 Jerónimo lo traduce del hebreo: *"et cum effeminatis sacrificabant"* (con afeminados ellos sacrifican). Lutero rechaza esta traducción, aunque entiende que Jerónimo traduce aquí *"effeminatis"* para referirse a eunucos. En el hebreo se usa la palabra קָדֵשׁ que significa una prostituta de culto, dedicada a la prostitución de templo. Esta práctica era muy común, por ejemplo, entre los paganos que asistían al templo de Venus en Corinto.

vez de Bet Avén sería mejor que Jerónimo lo tomara como "Betel", ya que nunca hemos leído algo sobre el establecimiento de un culto en Bet Avén. Era costumbre establecer cultos solamente en esos lugares donde Dios hizo algo significativo con los patriarcas. Bet Avén significa: casa de iniquidad.

Ni juren: "¡Vive el Señor!" Esto es, "no tomen el nombre de Dios en vano", pues él no radica en esos lugares. Aunque Dios se encuentra en todas partes, él no quiere que lo adores en la manera que comenzaste. Por lo tanto "ni juren", etc.

16. Israel se apartó del camino [como una vaca rebelde] como una novilla indómita. Siendo indómita no camina por la vía recta y regia. "Indómita" es mejor [descripción] que lascivia, ya que ella no continua en el camino sino que se desvía en sus propios caminos.

¿Y ahora quieren que el Señor los cuide en amplios pastos, como si fueran corderos? "Alimentando a las ovejas" no conlleva el mal significado que le rinde Jerónimo de manera tan extremadamente forzada. No podemos tomar esto como si fuera el cautiverio por los asirios. Es como si dijera: "Si continúan en sus caminos, el Señor los alimentará a ustedes en gozosos pastos así como si fueran ovejas."

17. Efraín se inclina por los ídolos. No pongas tu vista en Efraín. Mantente alejado de él, pues participa con los ídolos. Él ha hecho un pacto con Israel.[44]

18. Se corrompe con sus bebidas.[45] Es mejor [traducirlo]: "Dejen que la banda [grupo] de ellos se mantenga apartada." Es como si dijera: "Que el convivir de ellos con el culto de los ídolos sea apartado de entre ustedes. Dejen que coman y beban ellos; pero ustedes no participen en esto."

44 Lutero muchas veces se expresa mezclando frases en alemán con el latín. Aquí aparece una de ésas: *"ist in bundt getreten* (ha hecho un pacto) *cum Israhel* (con Israel).

45 En latín: *"Separatum est convivium eorum"* (El convivir de ellos –su banda o comunidad– es separada).

Se prostituye [sin descanso]. Déjenlo pues. Déjenlo fornicar como les parezca. Sería mejor traducirlo: "Dejen que se entreguen a la prostitución, y dejen que sean amantes de su vergüenza." *Clipei* (escudos) es como el pueblo nombra a sus "grandes líderes". Dios también es llamado "escudo" [*scutum*=escudo cuadrado] o "escudo" [*clipeus*=escudo redondo]. Cf 2 Samuel 22:31; Proverbios 2:7).

Aman. Esto es: "Dejen que se deleiten por lo vergonzoso de sus protectores o por sus protectores." Dejen que se esmeren unos con los otros en obtener lo vergonzoso para todos ellos.

19. El viento los atrapó. Aquí Jerónimo ha cometido un error:[46] "Sus altares serán avergonzados." Es mejor traducirlo como lo traduce la LXX. Usa "viento" en vez de "espíritu".

En las alas de Israel.[47] El viento los atrapó en sus alas. Esto es, son atrapados por el viento de la misma manera que un ave es capturada por esa fuerza. Ellos navegan, impulsados por el ímpetu de su prostitución, etc. Éste es un modo figurado de hablar. Las alas de Israel fueron los profetas y reyes, a quienes él llamó "escudos", etc. Señala con esto la confederación de profetas, reyes, y pueblo. Pero así todo, sus altares se convertirán al pecado y bochorno. Hoy también vemos esa alianza de clero y pueblo. Están todos ligados unos con los otros.

Capítulo Cinco

En el capítulo 5 él tratará sobre un solo culto. El profeta no escribió todo de una vez, ni predicó todo en el mismo año. El cautiverio por

46 Jerónimo traduce este verso así en latín: *"Ligavit eum spiritus"*, que deber ser traducido: "El espíritu los atrapó." Lutero, como vemos, corrige esta traducción usando la palabra "viento". Traduce, por lo tanto: "El viento los atrapó." Su traducción concuerda con la de la RVC.

47 Mi traducción del texto dado aquí en latín. Aquí Lutero hace una traducción interpretativa, ya que el texto dice "en sus alas" pero él lo interpreta "en las alas [de Israel]". Así que añade "Israel" a su traducción del texto.

los asirios tomó lugar mientras Oseas todavía vivía. Él profetizó por largo tiempo, unos 40 años o aún hasta mucho más. Si puedes tener esto presente, se puede entender mejor la profecía.

Escuchen esto. Esto es, "así no será entre ustedes". Éste es un magnífico sermón. Requiere atención de sus oyentes. Esta historia no se encuentra en ninguno de los Libros de los Reyes. Aparentemente ellos habían iniciado un programa para instituir un nuevo culto idólatra para aplacar la ira de Dios contra el rey de los asirios, el cual residía ahora en la tierra de ellos. Ellos querían presentarse como personas piadosas cuando lo que debieron hacer fue cumplir con la ley y la palabra de Dios, y no debieron emprender un nuevo culto, etc. Cuando el profeta observó esto, fue motivado, etc. Este sermón del profeta está lleno de espíritu y audacia. Es un sermón que censura.

Pues en Mispá fueron una trampa. Éste debe ser el nombre propio de un lugar, pero así no lo han entendido los intérpretes. ¿No es eso una tentación? Mispá es un lugar bien conocido, una ciudad bien célebre (famosa). Lo leen así: "Pues en Mispá fueron una trampa y en el Tabor una red." Tenemos que adivinar acerca de esta narración ya que nadie ha escrito sobre ésta. Donde algo extraordinario sucede, elevamos un ídolo. Los judíos y los israelitas hicieron lo mismo. "Porque Samuel ungió en Mispá a Saúl, elevaremos allí un nuevo culto." Concerniente a la celebrada Tabor, vean Jueces 4. Ellos establecieron allí un culto. El profeta dice: "Ustedes se volvieron una trampa y un escándalo para todo el pueblo al establecer un nuevo culto." Es como si dijera: "No les era suficiente iniciar un culto en la cumbre de la montaña, sino que levantan ahora un nuevo culto, etc."

2. Con tantas víctimas.[48] El profeta se expresa con palabras de odio. Por cuenta de su indignación, lo llama una matanza, un matadero. No se refiere a víctimas sacrificadas, etc. El texto hebreo lee: "Siendo ellos rechazados, descendieron a lo profundo."[49] Lo entiende él como la máscara y el disfraz con el cual engañaban o querían engañar al pueblo y a

48 La palabra hebrea שְׁחִיטָה (*šăḥᵃṭāh* significa "matanza de las víctimas del sacrificio" (2 Crónicas 30:17).

49 Aversi profundastis se expresa en el texto hebreo así: שֵׂטִים הֶעְמִיקוּ.

los verdaderos profetas, etc. Nota: Si los pontífices hubieran querido una reforma, ellos consecuentemente hubieran "bajado hasta lo profundo". ¡Ay de los que se esconden [del Señor!]", dice Isaías (29:15).

Siendo ellos rechazados (virados), han hecho las víctimas de sacrificios bajar hasta lo profundo.[50] Esto es, han escondido a sus víctimas bajo el bellísimo disfraz de vuestra reforma, etc. y creen así pues que nos pueden engañar. Esto no ocurrirá, ni podrán engañar a Dios. Consecuentemente Dios dice:

Por lo tanto [yo].[51] Es como si dijera: "Ustedes van a poner una trampa para el pueblo pero yo seré el vindicador. Ustedes no ocultarán esto de mí."

3. **Pero ahora resulta que Efraín se ha prostituido.** Ellos están haciendo algo peor.

4. **Sus pensamientos.**[52] Sería mejor traducirlo "sus intereses". Ellos permanecían entre sus ídolos, y no deseaban volver a Dios.

5. **La arrogancia de Israel lo desmiente.** Profetiza sobre un mal futuro. Esto es, la conciencia tomará acierto y avergonzará a Israel. La aflicción nos trae el entendimiento. "Me merecía esto. Era mi pago". Efraín es la tribu, la región.

Judá caerá también. Por medio de una sinécdoque, debemos entender esto no como todo Judá, sino como gran parte de ella, que caerá. Anteriormente, en el capítulo 1, dijo que no caería.

6. **Pero no lo encuentran.** Debemos leer esto "con sus ovejas", como dice él, y no "con sus ofrendas". Son solamente ovejas y vacas.

50 Mi traducción sigue el texto de la Vulgata que dice: *Et aversi victimas fecistis profundas.* La RV 1960 se acoge mejor al texto en hebreo: "Y haciendo víctimas han bajado hasta lo profundo." La RVC lo traduce: "Con tantas víctimas que han hecho se han rebajado por completo."

51 Aparece ese énfasis de "yo" en la Vulgata, al expresarse así: *"et ego."* No aparece este énfasis en la RVC.

52 Creo que mejor se rinde así el texto en latín: *Cogitationes.* La RVC lo traduce: Ni piensan.

Él se ha apartado de ellos. Es por cuenta de los falsos profetas y sus falsas doctrinas.

7. Hijos extraños. Estos son hijos idólatras. No le complace al Señor que críen a sus hijos no en el temor de Dios, sino en la idolatría y la ignorancia sobre Dios.

Ellos con sus partes. Mejor dicho: "con sus campos."[53]

En un solo mes. Ofrece un tiempo definido por un tiempo indefinido. Es como si dijera: "Es en cierto tiempo del mes, entonces ellos serán consumidos." Esas "partes" son llamadas propiamente la distribución de sus herencias. Es como decir: "El rey de asiria arrebatará a sus ciudadanos y a sus posesiones en un solo mes, etc."

8. ¡Toquen la bocina en Gabaa. Aquí el profeta no se expresa claramente. De la geografía de la Tierra Santa se sabe que Benjamín se encuentra en el medio de las tribus de Israel y Judá. Entre las ciudades de Benjamín se cuenta las dos ciudades de Ramá y Gabaa. Consulten a Josué concerniente Bet Avén, etc. (Josué 7:2). No sé si el profeta se quiere hacer entender así aquí, etc. Me parece a mí que él se refiere aquí a la total y general destrucción del pueblo de Israel al igual que el de Judá, etc. Debería haber iniciado un nuevo capítulo aquí si hubiera querido que todo esto concordara.[54] El profeta ve ante sus ojos que los asirios y los babilonios van a destruir al pueblo de Israel y finalmente van a oprimirlos para llevarlos al cautiverio. Será así hasta que en el medio de sus pruebas ellos recapaciten y busquen la cara de Dios, etc. Así que él pasa del reino temporal de Israel al reino espiritual de Cristo.

Bet Avén! y tú, Benjamín. Esto es, Bet Avén se encuentra detrás de ti [Benjamín], dentro de los confines de Judá. Es como si dijera: "¡Llama a las armas, lo vas a necesitar! Comienza él con una magnífica

53 Traducido del texto latín en el comentario que lee: *"cum partibus suis...cum agris."* La RVC lo traduce así: "y sus propiedades."

54 La sintaxis de las tres últimas palabras en esta oración, *usque consonare vellet*, no es muy clara.

convocación del pueblo, como si fuera a anunciar algo importante como: "Vuestras (sus) muertes o destrucción y la institución del Reino de Cristo." El pueblo acostumbra a recibir la señal para la batalla con bocina o trompeta.

9. Efraín será asolado. Ésta es la conclusión:[55] ¡Nada pueden hacer! Lloren, chiflen, pues, etc... pero todo pronto ya estará perdido [concluido]. ¡Nada pueden hacer! ¡Nada pueden hacer!

Yo daré a conocer... entre las tribus de Israel. "Yo declaro" en vez de "yo demuestro".[56]

La verdad. Esto es, lo que es la certidumbre, lo que es cierto. "Quiero probar que mis profetas han proclamado la verdad. Ellos van a percibir por medio de la experiencia que soy honesto con mis palabras. Finalmente tendré la verdad."

10. Los príncipes de Judá se parecen a... etc. Ahora él habla sobre Judá.

Como si derramara agua. Esto es, de manera muy abundante.

Los que traspasan los linderos.[57] Esto es, "los que los reducen". Consulten el versículo en Deuteronomio 19:14 donde se expresa que los linderos de las viudas[58] no deben ser reducidos. No deben mover sus linderos hacia afuera y la de sus prójimos hacia dentro. Judá e Israel acostumbraban a discrepar bajo un odio mortal y batallaron cruelmente. Judá deseaba que Israel fuera exterminado. La causa de esto fue que tenían fronteras, las cuales uno, y luego el otro ocuparon,

55 Lutero usa constantemente frases en el alemán de su tiempo para comentar sobre sus textos. No he señalado ni citado todos esos textos en esta traducción. Pero en su comentario de este versículo podemos apreciar que comenta mayormente en alemán sobre este texto. Así se expresa aquí: *"eß ist auß, möget schreien, pfeiffen etc. eß wirt bald auß sein, wirt nicht mehr widderkomen, auß, auß."*

56 La Vulgata expresa en latín: *"ostendi fidem"* que literalmente se traduce "demostrar la fe". Creo que la palabra usada en la RVC "conocer" incluye "demostrar" y "declarar".

57 RV 1960. La RVC traduce: "Los que no respetan los linderos."

58 Dice en realidad: "los linderos... de tu prójimo."

etc. Hasta hoy mismo nuestros príncipes batallan sobre pueblo y territorio.

Por eso derramaré mi ira. Éste es definitivamente el mismo juicio final sobre Israel.

11. Efraín es ultrajado. Parece que esto se debe entender como un pueblo que se lleva al cautiverio y que allí sufre. Ahora involucra a los dos pueblos. Es evidente que fueron maltratados como extranjeros. Tuvieron que sufrir la opresión. Efraín experimenta la opresión de todos los humanos.

Y quebrantado. Esto es, "destruido". Esto significa que ningún ser humano juzga su sentencia (juicio). Es así, aunque tenga una causa justa. Tiene que ser quebrantado, así como sucede hoy en el caso de los pobres. Así es hasta en causas justas.

Porque prefirió seguir. "Porque comenzó a seguir un precepto". Así es como los judíos lo interpretan. Peo yo aquí sigo a Jerónimo quien lo lee: "seguir vanidades".[59] Su sentido es este: "Sufre la calumnia sin tener procesado su caso ni tener juicio". Es así pues siguen ellos sus propias inmundicias y vanidades. "Tras los preceptos de hombres" es un duro decir, pero mejor es "lo vano". Ellos se convertirán en paganos.

12. Por eso yo seré. "Como la polilla consumiré diariamente a ésos que diariamente se convierten en paganos."

13. Entonces Efraín verá. Sentimos el castigo pero raramente la culpa. Efraín ve su enfermedad pero no siente su vanidad. No sabe dónde puede recibir consuelo por su dolor. En vez de "vínculo" es mejor decir "dolor".

Entonces Efraín recurrirá, etc. Efraín ve su miseria y acude al rey asirio, diciendo: "Misericordioso señor, haré lo que quieras." Tenemos

59 Se expresa así en la Vulgata: "*cœpit abire post sordes.*" Otra traducción: "Comenzó a seguir lo vano (bajo)."

que adivinar aquí. Al rey de Asiria lo llaman el rey Jareb, siendo la ciudad o fortaleza, etc. Mandó a delegados para ser auxiliado, cuando nosotros hubiéramos pedido por un vengador. Es como si dijera: "Aunque él no te pueda auxiliar, voy a picarte hasta consumirte y no vas a recibir auxilio."

14. Ciertamente yo seré. Es como si él dijera: "El castigo es mío. Yo, que aunque soy un tierno y misericordioso Salvador, con ustedes seré un león y un joven león, y los castigaré con ímpetu."

Yo, hasta yo, seré. En el hebreo se repite el "yo".

15. Después de eso volveré. Esto es: "Yo estuve con ustedes. Tuvieron mis profetas, mi ley, y todas las cosas. Pero ahora voy a partir de entre ustedes. No tendrán mis profetas hasta que Cristo venga; no los tendrán ni en el cautiverio ni después. Los abandonaré." Entonces, pues, las tradiciones comenzaron a reinar.

Hasta que ellos reconozcan su pecado. "Serán ustedes condenados y juzgados por largo tiempo; esto es, hasta que sientan su pecado. Entonces pues, sus propios pecados los llevarán a buscar mi rostro." Las cosas que siguen ahora son concernientes al reino de Cristo. Ahora pasa del cautiverio al reino de Cristo.

Capítulo Seis

1. Ellos se levantarán temprano.[60] "Estaban ellos buscando por mí temprano." "Él me buscó temprano", (*manicabat*) es una palabra única.[61] "Este pueblo solamente me buscará a mí en su tribulación."

60 Mi traducción del texto de la Vulgata. Ésta es la última oración del capítulo 5 en las versiones RVC y RV 1960: "Porque en su angustia me buscarán" (*In tribulatione sua mane consurgent ad me*). Pero en la Vulgata aparece como parte del primer versículo.

61 Lutero crea una nueva palabra en latín: "*manicabat*" (de *mane*, "en la mañana").

"Temprano" (*mane*) significa rápidamente y sin demorarse. Ésos que se levantan temprano se encuentran ansiosos por partir.

Ciertamente él nos arrebató. Así se debe leer: "Porque él destroza, pero sana, etc." Es aquí donde el reino de Cristo comienza. La ley no nos enseña esto, pero sí lo enseña el conocimiento de la nueva doctrina. La ley no le enseña a uno que se vuelva al Dios que castiga sino que uno se fugue del Dios de ira, etc.

2. Nos dará vida. Está hablando sobre la resurrección de Cristo. Así lo afirma, y así lo recibiremos. Pablo se gloría de este pasaje cuando afirma que Cristo "resucitó al tercer día" (1 Corintios 15:4). Esto es tan grandioso que no puede ser una referencia al reino temporal de Judá. Él no dice: "Él resucitará después de..., etc.", sino dice: "Él nos resucitará." Su resurrección logrará esto.

Para que vivamos en su presencia. Para vivir, vivir una verdadera vida.

3. Entonces conoceremos. El conocimiento estará presente.

Lo iremos conociendo.[62] Esto no es lo que a la ley le interesa, ni a la sinagoga, pero sí al nuevo pueblo. Vemos en el Salmo [34:14] "busquen la paz". Continuaremos para conocer al Señor más y más.

Vendrá a nuestro encuentro como la luz del alba. Es mejor traducirlo "como el amanecer" o "como un claro amanecer". En 2 Samuel 23:4 leemos: "Será como la luz de la mañana, como el sol brillante de un claro amanecer." Leemos también en el Salmo (19:5): "Como si fuera un poderoso guerrero [el sol] se levanta alegre para hacer su recorrido." Nos quiere decir: "El conocimiento de él [Cristo] se levantará por medio del evangelio como un amanecer, el cual no se puede ocultar." Su venida, esto es, la venida de Cristo, será como un amanecer que progresa. Su amanecer ya está afirmado y dirigido. Es seguro y abre camino.

62 Lee en la Vulgata: *Sequemur* (Lo seguiremos o iremos tras).

Vendrá a nuestro encuentro, etc. ¡Esto es algo tan grande! Ocurre al transmitir el evangelio por medio de cual conocemos a Dios.

Como... las lluvias tempranas: matutinas. No se puede entender esto de otra manera de que corresponde a la predicación del evangelio. La palabra del evangelio es [también] como la lluvia por la tarde porque es la palabra de cruz. Es [a la vez] como la lluvia matutina porque es la palabra de consolación y recreación. Éste es el misterio de las lluvias en la tarde y en la mañana.

4. ¿Qué voy hacer contigo, Efraín? Él todavía conecta esas dos tribus. Es como si dijera: "Yo predico el evangelio a ustedes, sino, no llegarían a ser devotos. Si no les predico, permanecerían ustedes como son, etc."

La piedad de ustedes. Esto es, "la bendición que ha sido prometida a ustedes, ahora ha sido revelada".

Como una nube matutina. El sol lo disipa de esta manera. Esto es el rocío que el sol evapora. Es como si él dijera: "Permiten que la gracia sea predicada a ustedes en vano. Ella [la gracia] le pertenece a ustedes, pero no le prestan atención."

5. Por eso los hice pedazos[63] por medio de los profetas. Es como si dijera: "Lo que yo he hecho por medio de los profetas es juzgarlos a ustedes para que sean aniquilados y para hacerlos pedazos, para así reducirlos de estatura. Esto lo hago para enseñarles que son ustedes pecadores y para hacer que ustedes recapaciten.

La sentencia. Éstas son leyes o doctrinas. Es como si dijera: "Él quería hacer esto por medio de los profeta, para que sus sentencias, las cuales deberían recibir por medio de los profetas, brotan como la luz, etc." Leemos pues en Isaías 40:5 que su juicio se declarará por todo el mundo."

63 La RV 1960 traduce: "los corté". La Cantera-Iglesias traduce: "los he golpeado fuerte". La palabra usada en hebreo es חָצֵב (*ḥāṣēḇ*). Esta palabra significa: cavar en la roca, tajar, golpear a una piedra para labrarla o despedazarla.

6. Lo que yo quiero es misericordia y no sacrificio. Con una sola palabra abroga él todas las ceremonias, así como también hizo Isaías (1:11). Esto se puede tomar por la misericordia concedida [por Dios sobre nosotros] y sobre ésa que será otorgada [sobre todos los seres humanos por nosotros].

Conocimiento. Sería mejor decir "nota".[64]

7. Todos ellos, etc. "Dejan todo esto pasar, hacen como sus padres hicieron. Transgredieron el pacto que yo les di. Ellos transgredieron mi pacto; esto es, pues ellos no creyeron. Ellos fueron falsos al adulterarse con sus ídolos."

8. Tú, Galaad. Éste es un texto difícil. Ha sido adulterado. Esta traducción no tiene valor.[65] En vez de "llena de huellas de sangre" debe ser traducido "manchada de sangre" y "la sociedad o banda de sacerdotes es como la mandíbula de los ladrones".[66] También "en camino de" se ha omitido. Galaad no es el nombre de una ciudad sino el de una región entera. El profeta usa este nombre para referirse a toda la sinagoga. Se refiere aquí a todo el reino y el sacerdocio. Consulten Jeremías 21 o 22.[67] Es esa porción del pueblo, los reyes y sacerdotes, a los que los profetas llaman Galaad. Allí es donde se congregan ellos, donde se encuentra el testimonio pues de los gobernantes y maestros; el trono del testimonio, esos que deben enseñar a los otros. Él entiende que éstos son los sacerdotes, etc.

Ídolos. Lean pues, "malhechores". Él acusa a los príncipes de derramar la sangre. Por lo tanto les atribuye este hecho de derramar sangre. Por lo tanto "manchada en sangre" es mejor traducción, así como vemos adelante.

64 Esta línea se encuentra después del v 7 en la edición de Weimar.

65 Se refiere aquí al texto de la Vulgata: *"Galaad civitas operantium idolum."*

66 Esto debe ser leído en el contexto del v 9. En vez de lo que dice el texto de la Vulgata *"participens sacerdotum"* debemos leer *"societas vel foedus sacerdotum est quasi fauces latronum"*.

67 Cf Jeremías 22:6.

9. Así como, etc. Vean lo que dice Jerónimo aquí.[68] Tenemos lo mismo en Jeremías (23:9 y ss). "A Siquén", entonces, etc. Entre Siquén y Jerusalén creo que se encontraba una cueva y un bosque donde solían esconderse los ladrones. El evangelio de Cristo confirma esto en Lucas sobre un hombre que fue dejado casi muerto (Lucas 10:30). Se entiende esto por medio de un ejemplo de cómo los ladrones solían obrar, etc. "Así son pues mis sacerdotes, quienes siguen cosas perversas, etc." Ellos tomaron este texto del tiempo después de la resurrección de Cristo, cuando los apóstoles sufrieron mucho por causa de Cristo por medio de sus perseguidores. Este es también otro ejemplo. Los cristianos fueron asesinados al tratar de seguir al verdadero Dios.

Ladrones. Lean en vez "soldados". La palabra significa en hebreo "banda armada de militares".[69] Vemos en otro lugar "bandas armadas de Siria" (cf 2 Reyes 6:23). Ellos son soldados de infantería. Él dice mandíbulas (fauces),[70] prestas a devorar y atrapar violentamente a los cristianos, etc.

11. Pero también para ti, Judá. Este texto sería muy oscuro si siguiéramos la interpretación de Jerónimo.[71] Entendemos que se refiere al regreso del nuevo cautiverio espiritual, etc. "Pero tú también, Judá", esto es, "tendrás la gloria del evangelio y convertirás a muchos a ti, etc."

Capítulo Siete

Éste también es un capítulo oscuro. En breve, su sentido es éste: Parece que hace este comentario cuando ya ha reprobado al rey y al

68 Jerónimo, *Commentaria in Osee prophetam*, *Patrologia*, Series Latina, XXV, 871: "Los sacerdotes de Betel… plantaban ladrones [entre Siquén y Jerusalén] para desviar a los peregrinos [que viajaban hacia Jerusalén] para que ellos adoraran a los becerros de oro en Dan y Bet Avén en vez que al Dios del templo de Jerusalén.

69 Lee en hebreo: גְּדוּד (*gᵉḏûḏ*).

70 Aparece como "acecho" de sus víctimas en la RVC.

71 Jerónimo, *Commentaria in Osee prophetam*, *Patrologia*, Series Latina, XXV, 872: "Judá, esto es la iglesia, se le dice que por medio de sus pecados se prepara a recibir su propia cosecha, ya que la hora del juicio se acerca."

pueblo, y quizás los ha llevado al arrepentimiento. Los falsos profetas, pues, van allí para irritar al pueblo contra el buen profeta. Influyen para que la Palabra no tenga provecho, así como ocurre hoy en día. Después de esto pinta el cuadro de un panadero. Se vuelve un hornero o panadero. Es como si él dijera, pues: "Con vuestras doctrinas van a lograr que el pueblo irrite a Dios a la ira, y que se conviertan en un Efraín, a los cuales los asirios van a masticarlos, etc."

1. Mientras yo sanaba. Esto es, "de la idolatría por medio de los profetas". Él ha sanado casi todo su querido pueblito, pero los príncipes de Samaria precipitaron una catástrofe nueva, esparciendo una nueva falsedad. Instruyen a su pueblo de qué modo deben comportarse con su Señor y cómo deben buscar paz con los asirios. Pero no le enseñan al pueblo cómo tener fe en mí, etc."

Los ladrones, etc. Me parece que el profeta se refiere aquí a los maestros idólatras. Ellos se convierten en ángel de luz, etc. Entran como ladrones y salen como salteadores. Hasta los acusa de ser bribones y ladrones. Puedo hablar hoy de la misma manera de nuestros sacerdotes. Nos amonestan ellos para ofrendar contra los turcos, etc. No menciona él aquí a los adversarios que entran de otra manera. Doctrinas impías ellos destruyen en la conciencia y en lo esencial. "Ni piensan, pues, que tengo todas sus maldades presentes ante mis ojos." Actúan tan satisfechos de sí mismos y profesan todas sus mentiras, etc., como si el Señor estuviera muerto, y como si él nunca los hubiera tenido presente.

2. Y ni que por casualidad digan en su corazón.[72] Debemos borrar "por casualidad", esto es, "Ellos nunca consideran que [y]o guardo en mi memoria toda su maldad".

Pero ahora quedarán atrapados por sus malas obras. De vuelta en vuelta de nuevo, esto es, "En todos los lugares esas acciones se ven entre ellos, y yo las tengo presentes ante mis propios ojos. Con esas

72 Mi traducción del texto de la Vulgata:"*Et ne forte dicant in cordibus suis.*" Las traducciones de la Cantera-Iglesias (Y no reflexionan en su corazón) y de la RV 1960 ("Y no consideran en su corazón") se asemejan mejor al texto hebreo y el de la Vulgata que la RVC ("No se pusieron a pensar").

bellas mentiras ellos empalagan asquerosamente las bocas de los reyes y los pueblos, como se puede percibir en el caso de las indulgencias, etc." Todos ellos tienen nombre, títulos, y pretextos para juzgar a los turcos y liberar a los hermanos. Esto es una falsedad.

3. Con su maldad, etc. Esto es, el rey quizás no se encuentre adolorido por sus pecados y quiera cambiar su parecer para arrepentirse. Los malos profetas rehúsan al rey. Ellos consuelan a esas personas, los hacen duros de corazón, para que los reyes no reconozca sus pecados. Los príncipes son también objeto de sus burlas. Ellos adulan a los príncipes y los príncipes se contentan al escucharles, etc. Esto ocurre para que sea aparente que la palabra de Dios es protegida por el poder de Dios y que subsiste bajo su propio poder, para que ellos no vayan a vanagloriarse de que son los que la preservan por medio de sus propias virtudes.

4. Todos ellos son, etc. Éste es un texto muy difícil.

Un cocinero.[73] Mejor dicho un "hornero". Vamos a ver si podemos dar en el blanco. Esto es, todo el mundo, los príncipes como el pueblo, se oponen. Ellos cometen adulterio, esto es, en un sentido espiritual.

Son como. Éste es un símil.

Un horno. Un horno encendido por un hornero. Éste es el símil empleado para describir su adulterio. Esos impíos maestros (doctores)[74] encienden este horno, esto es, preparan, y avivan el corazón de este pueblo, para que se afinquen (endurezcan) en sus necias mentiras, las cuales ellos han propuesto contra el profeta Oseas.

5. En las fiestas de nuestro rey, los príncipes se encienden con copas de vino. Noten el modo y forma de preparar para hornear, etc. Todo este símil es sobre un hornero. Él está hablando de pan que se

73 Lutero traduce y hace referencia a la palabra usada aquí en la Vulgata: *"a coquente"*, un cocinero. Pero en nuestro texto de la RVC aparece correctamente como "un hornero".

74 Casi siempre Lutero hace referencia a los "doctores" cuando habla de los "maestros" de la iglesia.

come en vez del pan para reyes. Habla de pan común, uno para comer, y no del pan de lujo. Los malvados maestros son los horneros.

Su corazón es [como] un horno. Está encendido para cometer adulterio con ustedes. El amasar pan es vivir de tal forma que el corazón se inflama con la falsa doctrina. Dejar de amasar el pan y permitir que se hinche, es esperar por el rey de asiria, hasta que todo el pueblo sea capturado por las mentiras y por las persuasiones falsas. Esto es, el pueblo los cree a ustedes, y viven así hasta que sean todos ellos fermentados. Por un poco de tiempo (*paululum* no aparece en el texto hebreo).[75] Esa inflamación es la causa que ustedes se hinchan y se enorgullecen.

En las fiestas de nuestro rey. En realidad está diciendo: "Ustedes hornean en el día solemne del rey. Esto es, ustedes hacen todas estas cosas en el día de nuestro rey, cuando los príncipes se enferman por el ardiente vino, de hecho, cuando se inflaman por causa de ustedes."

Y el rey le extiende la mano a gente blasfema. Esto es, con los falsos profetas que seducían al pueblo.

6. Toda la noche duerme el hornero, etc.[76] Esto es: "Mis falsos profetas no se encuentran tan confiados como el hornero que ha amasado el pan."

Pero a la mañana [se aviva]. Esto es, en el siguiente tiempo, cuando todos hayan sido persuadidos, etc. El significado es claro, etc. El rey de asiria devora la torta y el pan.

7. Todos ellos arden como un horno, etc. Oseas, ese mentiroso allí, ha dicho que vamos a perecer. Eso significa nada.

Sus jueces. Éstos son aquellos que juzgan correctamente. Tiene que recibir las consecuencias por sus acciones.

---

75 Lutero hace referencia a esta frase que aparece en el v 4: *"quievit paululum civitas a commistione fermenti, donec fermentaretur totum."*

76 RV 1960. La RVC traduce: "Durante la noche languidece el fuego."

Todos sus reyes. Es como si dijera: "¿No es una calamidad que sus reyes fracasan? Ellos bien claman bajo mi nombre pero no a mí, etc."

8. Efraín. Ésta es la aplicación del símil: Efraín se ha mezclado con otros pueblos. Todos lo devoran, y él es regado por todos lugares. "Comida" sería mejor decir que "torta". Esto es, Efraín se ha vuelto la comida de todos los pueblos, especialmente del rey de Asiria.

Fue torta no volteada.[77] Esto es, la situación no cambia, etc. Siempre [Efraín] sigue siendo devorado.

9. Devoraron extraños su fuerza.[78] Esto es, todo lo que pudo hacer [Efraín] con su fuerza, etc. De su vino, tierra, y grano, otros pueblos se alimentaron.

¡Y él ni cuenta se ha dado![79] Deberíamos leerlo: "No se da cuenta él de esto." Esto es, se encuentra cerca de su destrucción. Ya todo termina. Ya ha tenido su hora.

10. La arrogancia de Israel lo desmiente en su propia cara. Se encuentra esta misma expresión anteriormente. "La arrogancia de Israel testifica en su propia cara" (cf Oseas 5:5).[80] Las dos traducciones son aceptables. Me complace mejor: "testifica" [en vez de desmiente]. Decir una cosa después de la otra alternadamente. Ésta es la expresión hebrea. Una humillación seguirá a la otra.

¡Y ni así vuelve [a mí]! Los profetas hicieron todas las cosas por cuenta del Primer Mandamiento y por cuenta de la fe. Los profetas notan, como ahora, que el más enorme de los pecados es la incredulidad.

77 RV 1960. La RVC "es como una torta a medio tiempo". La Vulgata traduce mejor el texto hebreo original, al igual que la RVC. Lee en latín: *"panis, qui non reversatur"* o "fue pan no volteado".

78 RV 1960. La RVC traduce: "Gente extraña ha acabado con su fuerza."

79 En latín lee: *"Nescit Ignorat."* La traducción de este texto en la RV 1960 es: "y él no lo supo." Este sentido se encuentra mucho más cerca al sentido en latín. Pero Lutero prefiere una traducción que se aproxima a la de la RVC.

80 Ésta es la misma expresión en la Vulgata. Este pasaje lee en la Vulgata: *"Et humiliabitur superbia Israel in facie eius*. Lutero comenta aquí sobre los verbos usados en latín para traducir la palabra en hebreo עָנָה (*ʿānâh*), que significa "dar testimonio como testigo", o "cantar de manera responsiva", "alzar la voz".

¡Ni me busca! [con todo esto].[81] Aunque Israel era mutilado y su maldad era contestada ante su propia cara, así todo, no regresó al Señor, etc. Tomen nota del impío Rey Acaz.[82] Cuanto más que era castigado, tanto más aún multiplicaba sus altares, etc. Ocurre así también en el caso de los nuestros, etc. Hemos pecado aún más, pecado sobre pecado, cuando queríamos repudiarlos y orar para disipar nuestros infortunios.

11. Efraín es como una paloma. Esto es, es fácil de seducirla y persuadirla, y sin mucho discernimiento. Es seducida por los falsos profetas y no pasa juicio sobre sus falsas doctrinas. Miren pues, ésta es la causa de todo error. Nosotros somos todavía como una paloma que cree muy fácilmente. Creemos a los seres humanos pero no creemos a Dios, etc. Añade "ingenua" [sin sentido]. En otras circunstancias, esto sería una laudable persuasión. Pero de esta forma, nuestros pontífices han quitado el sentido. Nos han quitado el juicio y lo han tomado para sí mismos. Un pueblo con buenas intenciones es Efraín.

¡A Egipto le pide ayuda...! Esto es obviamente el consejo de los impíos profetas, bajo la guía de sus propias infidelidades y sus maldades. ¿Pero por qué no claman al Señor? Es pues que así es como los han persuadido los falsos profetas, etc. Esto es, confían en consejo humano, y esto va en contra del Primer Mandamiento, etc.

12. Cuando vayan allá, etc. Todas estas cosas han sido dichas en un sentido figurado. "Dejen que se vayan, ya que se sentarán tan seguros de sí mismos y aparentarán gobernar. Los arrastraré a todos ellos, etc." El pájaro cae inesperadamente. "Haré descender rápidamente sobre ellos el reino de los asirios. Los conduciré a un lugar de donde no podrán escapar."

---

81 La RV 1960, de acuerdo al texto original, incluye "con todo esto". La RVC excluye esta frase. La Vulgata lee: *"et non quæsierunt eum in omnibus his"* ("y ni lo buscaron en todo esto").

82 Cf 2 Reyes 16. Isaías 7-9, donde se ataca la idolatría de Acaz.

Los castigaré como ya se ha anunciado[83] **en sus congregaciones.** Éstas son exageraciones y repeticiones de la misma profecía. Él profetiza contra el regreso del pueblo en casi todo el capítulo 4.

13. Porque se apartaron de mí. Apartarse de Dios, es adorar a Dios con otro culto que el verdadero. "Mientras y cuando permanezca el pecado de la idolatría, los destruiré a ellos. Soy la redención de Israel. Redimo a ese pueblo, y lo redimo frecuentemente. Ellos deberían de destacarse por cuenta de mí, pero ellos me engañan y me fallan. Ésta es la manera, pues, que el Espíritu Santo es impulsado a ser el autor de muchas cosas en concilios, etc.

14. No claman a mí [de todo corazón]. "Debo ser yo el Dios que los haga regresar y al cual deben invocar, pero ellos se fugan en otra dirección." "Ustedes Me gritan lamentando, pero no claman, pues, en sus propios corazones. No hay fe. Claman por medio de vuestras obras, las cuales son solamente un tumulto bullicio, *Geplärr, Getümmel*, cuando la santa palabra de Dios se entona sin inspiración del corazón." Esto solamente le es evidente al Espíritu profético, etc.

Para el trigo y el grano. Noten que este texto es bien conocido por motivo de ser aplicado al Sacramento del Altar[84], pero tomen en cuenta su sentido de justicia, etc.

Se juntan [pensando lentamente sobre esto].[85] Quiero que ésta sea la lectura de "juntar trigo", etc. Esto es, ellos se interesaban solamente en buscar cosas terrenales. "El impío, incrédulo clamor de ellos, no

83 El texto de Basel añade: Esta palabra "anunciar" se puede tomar en un sentido activo o pasivo. Jerónimo la toma en un sentido activo, por lo cual su significado es: "Los castigaré pues ellos prefieren escucharse unos a otros en vez de a mí." Pues dirían: "¿Por qué no podemos hacer esto y esto? El rey, el príncipe, el sacerdote, y toda la multitud hacen así." Dios contesta: "Castigaré igualmente tanto a los que escuchan como a los que enseñan." Pero su significado puede ser pasivo: "Los castigaré a por lo que ha sido escuchado, esto es, de acuerdo a mis palabras, por medio de las cuales los he amonestado." Siendo pues su significado: "He dicho por medio de los profetas de que llegarían al dolor, y así será. Nada cambiaré de mi decisión ya que ellos no llegan a cambios en sus vidas."

84 El texto de Basel añade: "Este versículo ha sido mal interpretado por los sofistas para aplicarlo al Sacramento del Altar; cualquier texto que mencione "vino" y "pan" así lo aplican inmediatamente."

85 La frase lee en latín: *super triticum et vinumruminabant* ("*ruminanbant*" significa, "masticar, o pensar algo lentamente" ellos en conjunto).

busca mi gloria, sino solamente su propio vientre, para que así puedan florecer en la tierra. En el Salmo 4:7 leemos: "Cuando abunda su grano y mosto (vino)."[86] Esto es, cuando tienen mucho para comer y beber. "Tú pusiste en mi corazón más alegría."[87] "Adoran sus propias panzas como si fuera Dios, y me abandonan."

Pero se rebelan contra mí. Sería mejor traducido: "Se fugan[88] de mí."

15. Yo los he entrenado. Éstas son amplificaciones de la misma incredulidad. Hago esto y debo hacer esto, pero se adiestran ellos con nuevas doctrinas y leyes. Buscan auxilio humano con el faraón y con otros reyes.

Pero ellos sólo intrigan contra mí. Lo que traman contra el profeta lo traman también contra Dios. Nada más hacen ellos pues que condenar la enseñanza del profeta y establecer sus propios estatutos. "Estoy listo para entrenarlos, redimirlos, y protegerlos, pero ellos están prestos para adiestrarse [enseñarse] a sí mismos, etc. Ellos me rechazan."

16. Pues se vuelven pero no hacia mí. Sin un yugo o libre.[89] Esto es, "se vuelven contra mí de su propia voluntad, y no se encuentran bajo mi control, y por lo tanto no cargan con mi Palabra". Por lo tanto son hijos de Belial,[90] niños majaderos. Esto es, no quieren someterse a mi consejo o a mí en fe.

Arco engañoso. Ésta es una frase de las Escrituras. Se encuentra frecuentemente en los profetas que el Señor llama a su pueblo "un arco", así como

86 RV 1960. Esta traducción se presta mejor al texto en latín.

87 Este texto es parte del Salmo 4:7.

88 La palabra usada en la Vulgata es: *recesserunt*, que significa apartarse, retirarse. La palabra usada en hebreo סוּר (*sûr*), significa "apartarse" o "retirarse" del camino.

89 Lutero comenta aquí la frase en latín de la Vulgata: *"ut essent absque jugo"* que aparece inmediatamente después de *"Reversi sunt"*. Esta frase no aparece en ninguna de nuestras versiones en español. Es traducida al ser parte del comentario de Lutero.

90 "Hijos de Belial" es una frase usada en hebreo para indicar "hijos de la maldad".

vemos en el Salmo 7:13.[91] Somos las flechas[92] del Señor cuando encendidos en su Palabra somos su arma. Cuando él batalla por medio de nosotros contra los infieles y los impíos, entonces somos llamados su arco [Editor: mejor dicho "sus flechas"]. Lucha usando mi Palabra. Por lo tanto somos las dos cosas, su arco y flecha. "Ellos se convierten en un falso arco contra mí. Debería yo luchar contra la impiedad por medio de ellos, pero ellos tornan sus intereses contra la piedad. Son un arma falsa. Debería usarlo contra la impiedad, pero su buena apariencia la tornan contra la piedad."

Sus príncipes caen [a filo de espada]. "Obviamente, pues, ya que me dejan llorar en vano y porque ellos batallan contra la piedad, no solamente el pueblo caerá, sino también los elegidos, los reyes, etc."

Por la soberbia de su lengua. Relacionen esto a Dios; esto es, por la maldad que sus lenguas les castiga, etc. O, la ira de los príncipes se enfrenta contra sus propios pueblos, etc.

Y eso será su escarnio. Esto se volverá una burla, así como lo declara el Salmo [79:4]. Esos que no han puesto su esperanza en Dios son caballeros de escuadra que han puesto su confianza en Egipto. Se burlarán de ellos por todas partes. No me convence aquí la interpretación de Jerónimo.[93] Predica [el profeta] aquí para regresar al pueblo a la fe, y para que se retiren de su culto vano. Esta apariencia falsa crea hipócritas.

Capítulo Ocho

Aquí, una vez más el Espíritu exhorta al profeta para seguir y continuar adelante, ya que el pueblo vivía en la impiedad y ostentaban un gran culto.

91 Este salmo habla de que nosotros somos las flechas (saetas) del Señor.

92 En el latín aparece "arco" pero la oración se presta mejor para hablar de "flecha".

93 El texto de Basel indica que Jerónimo interpreta que este "escarnio" es el pecado de Egipto.

A los labios. En Isaías (58:1) se encuentra la frase: "¡Levanta la voz como una trompeta...!" "¡Corran! ¡Denuncien! ¡Clamen en alta voz! ¡Clamen en alta voz! ¡Mientras más sean impedidos, clamen aún más alto!

Como águila.[94] No sé lo que es esto. Lo que dice Jerónimo es frígido, distorsionado, y hasta violento.[95] Si pudiera ofrecer un sentido coherente, yo lo tomaría así: Sé una trompeta y clama sobre todo el pueblo como un águila sobre la casa del Señor, etc.". No sé lo que es. Lo dejo así pues.

Traspasaron mi pacto.[96] Hicieron esto al invocar a ídolos.

3. Israel [clama a mí]. Esto es: "nosotros, tu pueblo, etc." El Señor ofrece una alegoría con sus palabras, etc.

Israel desechó el bien.[97]¿Por qué es que me invocan a mí solamente con tantas palabras? ¿Por qué lo hacen? Están desechando las cosas buenas. Están rechazando lo que yo enseño. Lo repudian. Están tan distanciados para escuchar. Ésas son mentiras. Por lo tanto clamen vigorosamente contra tal engaño.

4. Los reyes [príncipes] que establecen, yo no los he escogido. "Han surgido príncipes y no sé nada sobre esto; un rey estrangula siempre al otro." Consulten 2 Reyes 15:10 y ss. De los cinco reyes, ninguno tuvo una muerte sin violencia. Fue así pues entre los últimos reyes, uno asesinó al otro. "Yo soy Dios. Yo soy Rey de este pueblo, y

---

94 RV 1960.

95 Jerónimo, *Commentaria in Osee prophetam*, Patrología, Series Latina, XXV, 883: "Su sentido es: Nabucodonosor con todo su ejército llegará tan rápidamente, tan de prisa, que será como un águila descendiendo sobre su presa; y no llegará a otro lugar sino a Jerusalén, donde reside el templo de Dios, para derrumbarlo y destruirlo."

96 RV 1960. Esta traducción se asemeja mejor al texto en latín y hebreo. El texto hebreo usa la palabra עָבַר (*'āḇăr*) que significa traspasar o agredir. La RVC lo traduce así: "no respetaron mí pacto."

97 RV 1960. La RVC asume que el v 2 se refiere a Israel y omite la mención de Israel en su traducción del texto: "Pero en realidad rechaza mis bondades." El texto hebreo y la Vulgata nombran a Israel en el v 2.

ellos se imponen como reyes y príncipes. ¿No voy yo, pues, a saber acerca de esto?

Con su plata y su oro, etc. Esto es, buscan la manera de caer en la ruina.

5. Samaria, tu becerro te hizo alejarte. Creo que él está llamando a Bet Avén el "becerro". Tomen nota de lo que yo dije anteriormente sobre Jezreel,[98] la ciudad de Israel. Samaria era la capital del reino donde los dos estados se encontraban. No creo que ellos plantaran un nuevo becerro.

Te hizo alejarte. Profetiza que el reino será destruido. Ese culto, toda Samaria, los reyes como el pueblo, todos son destinados al garrote. La palabra "becerro" es usada para expresar desprecio.[99] No la hace digna él con el nombre de dios, es como si dijera: Este dios va alejarte de tu destino. Este dios va a tener que pagar por esto".

Purificarse. Esto es, poder llegar a ser inocentes, sin mancha. "¿Cuándo llegará la hora que ellos no tengan mancha ni culpa (Salmo 19:13: ¡Nadie podrá culparme de nada!) para que ellos sean de buena fama y reputación? Ellos me obligan a enfadarme y a destruirlos, porque quieren continuar eternamente en su maldad."

6. Y este. Esto es, el dios que ellos han inventado para sus propósitos. Su dios no hizo a Israel, sino Israel hizo a ese dios. Ese dios es una criatura y no el Creador. Consecuentemente la criatura tiene que perecer con su creador. A la obra de nuestras manos se le llama ídolo. Cualquier cosa que instituimos como culto en esa divina adoración lo fabricamos y lo imaginamos con nuestras propias manos, etc. El libre albedrío no crea más que un ídolo, porque quiere dirigir todas las cosas divinas. Dios quiere formar, no ser formado, eso es, nacer como un dios. Pero aquí dice: "Israel creó ese dios."

98 Cf Oseas 1:4-5.

99 La palabra usada es *tapinosis*, la cual se deriva del griego, y era usada como un término para expresar desprecio en forma retórica. Cf Aristóteles, *Rhetorica ad Alexandrum*, capítulo 36.

6. Un artífice. Se expresa claramente. Habla de esos asuntos con palabras de desprecio. Nota el interés de ellos y su corazón y los acusa, esto es, por su fidelidad a ese culto que ellos crean. Donde se encuentra su confianza allí se encuentra su dios, su tesoro, y su corazón, etc. Así es como es con la capa, los ayunos, etc., de los monjes. Él llama a este culto "dios". El oro fue su culto. Por lo tanto el oro es su dios.

Y este otro becerro de Samaria también... será hecho pedazos.[100] "Por eso", etc., lo traduce diferente.[101] La palabra en hebreo es שְׁבָב, *shabab*, hacerse pedazos o astillas de madera. Es basura. El dios de Samaria es שְׁבָב. Se vuelve basura. Será reducido a la nada.

7. Han sembrado vientos, etc. Esto es expresado en sentido figurado. La siembra como la cosecha requiere un buen clima. Ellos están sembrando los vientos. Cosecharán, entonces, también el torbellino o tormenta. Éste fue quizás un proverbio muy común entre el pueblo. Podemos nosotros decir lo mismo proverbialmente sobre nuestros monjes; ellos siembran el viento y cosechan el torbellino. El fruto de su labor es el pavor y el temor de conciencia. Ésta es una labor de necios con un premio o fruto inútil. Honran a Dios malamente y lo adoran también malamente. Por lo tanto serán malamente premiados. Esto significa: Vuestra esperanza será falsa. Ustedes esperan adorar a Dios y esperan recibir por eso beneficios de Dios, etc. Pero ustedes serán destruidos.

Lo germinado no hará harina.[102] Sería mejor decir "el trigo que está brotando". Cualquier fruto que esperan, perecerá. Esto también es una metáfora. Se puede entender también sin usar una metáfora. Es mejor decir que: "El de Asiria vendrá y se llevará todo lo sembrado", etc. Esta bella metáfora nos ayuda.

100 La palabra usada es *aranearum*, que significa "telaraña".

101 Lutero traduce al latín *"Ideo in frusta comminuetur vitulus Samariae."* Jerónimo traduce en la Vulgata: *"quoniam in aranearum telas erit vitulus Samariae."*

102 Cantera-Iglesias. La RVC traduce: "Ni su trigo producirá harina."

8. Israel será devorado. Esto es, el rey de Asiria vendrá. Él lo devastará y devorará todo. Esto es una palabra profética de lo que va a suceder.

Como una vasija sin valor alguno. Como una vasija de cuarto, la cual no la valoramos con dignidad. En hebreo indica una vasija vacía, sin valor, y suena mejor así. Así es como Pablo lo escribe a Timoteo (2 Timoteo 2:20).

9. Porque ellos subieron a Asiria.[103] Esto es, fueron guiados y forzados en ascender.

A la manera de obstinado asno montés. Entre sus características se conoce que camina solitariamente, como observa Job.[104] Ama la solitud, y encontrarse lejos de la esclavitud humana. Los asnos del monte son conocidos por su sed. Él describe aquí las costumbres del pueblo y dice también: El noble joven Efraín no es mi heredado asno. Pues quiere ser libre. No quiere someterse a mi ley. Cuando he sido rechazado y no considerado su Dios, ellos marchan solitariamente, y yo los dejo sin pasto, etc."

Y Efraín se compró amantes. Esto es, les paga salario. "Ellos me abandonan y se forjan dioses para sí. Hacen alianzas con los paganos. Les dan a ellos suficiente dinero. Creen que van a mantenerse firmes y prevalecer, etc. Quieren armarse con su propio dinero."

10. Aunque se compren amantes. Esto no se encuentra en el texto, pero sí se encuentra "también entre los paganos".[105] "Amantes" llama a sus aliados con los cuales van a conducir sus cultos idólatras.

Pero ahora voy a juntarlos. "Realmente los voy a juntar cuantas veces conspiren congregados. Les voy a cocinar un pastel para que los asirios lo coman."

103 RV 1960. La RVC traduce: "Porque ellos... recurrieron a Asiria."

104 Cf Job 24:5; 39:6.

105 Se refiere al texto en hebreo.

Para que cesen dentro de poco.[106] Este verbo significa estar con el dolor de parto. Vemos esto a menudo en los Salmos: "Retuerce las encinas."[107] Pablo dice lo mismo en Romanos 8:22.

Se encontrarán abrumados por un tiempo por cuenta de las demandas y persecuciones de los príncipes, hasta que, pues, llegue el rey asirio. Esto es, serán oprimidos. Primero, dejen pues que los expriman con sus impuestos, los debiliten completamente y los opriman hasta la muerte con sus impuestos. Entonces, pues, los llevaré fuera de la presencia de ustedes, etc., de cuerpo y vida. Así es como nos sucede también a nosotros.

11. Efraín multiplicó sus altares, que acabaron siendo altares de pecado. Lean esto así: "Efraín usa sus altares para pecar." Mientras más predico, edifican más altares. "No solamente edificas altares pecaminosos sino tú también pecas." Así es como, pues, ocurre.

12. Si fuera a escribir por él.[108] Esto tampoco es claro. Se puede leer así: "Si fuera a escribir mi ley por él frecuentemente. Esto es, si se lo fuera a dar a él todo por escrito, así todo, no logro nada. Más bien lo entendería él como algo extraño.

13. Ofrecieron sacrificios.[109] Consulten Jeremías 7. "No me molesten con sus sacrificios. Dejen que me traigan sus sacrificios. Dejen que sacrifiquen sus carnes y que se la coman."[110] Pero esto no le complace

---

106 Cantera-Iglesias. Lee en la RVC: "Durante un tiempo sufrirán la opresión." La RV 1960: "Serán afligidos un poco de tiempo."

107 Cantera-Iglesias. La RVC: "Desgaja las encinas." Cf Salmo 29:9.

108 Mi traducción del latín. La RVC lo traduce así: "Le escribí las grandezas [de mi ley]."

109 Hostias es la palabra usada en latín, la cual denota sacrificios de animales. Por lo tanto se usa en el idioma eucarístico de la Iglesia Católica la palabra hostia para hacer referencia al cuerpo de Cristo ofrendado allí. Es preferible no usar esta palabra en nuestro contexto evangélico católico para hacer referencia al cuerpo de Cristo durante la eucaristía, ya que no es un sacrificio sino una ofrenda de su verdadero cuerpo. Ya en la cruz Cristo se sacrificó por nosotros una vez y por todas (Hebreos 10:12).

110 Cf Jeremías 7:21.

al Señor. Este asunto de los sacrificios vale nada ante el Señor a menos que ellos oigan su voz.

Ahora se acordará de su iniquidad.[111] Recordará que se volvieron a Egipto, esto es, para el auxilio, y abandonaron a Dios y confiaron en su propio brazo carnal.

14. Israel olvidó a su Creador. Es así como leo este texto.

Y Judá. Se debe leer así y no Judas.

Ciudades fortificadas. Estos palacios reales, templos, etc. Significa en hebreo que ellos edificaron bellos palacios, etc. Ellos, pues, intentaron hacerlo por sus propias fuerzas. "Pero yo voy a quitarles las dos cosas, su templo y a ellos mismos, el uno con el otro."

Capítulo Nueve

Aquí tenemos un nuevo capítulo. El profeta persiste en su advertencia sobre el futuro cautiverio mientras les arrebata toda confianza en sí mismos. Noten a los cinco reyes, Salún, etc., quienes mutuamente se asesinaron, etc.[112] El profeta ataca la seguridad que ellos contemplan después de hacer la paz con el rey de Asiria y con el rey de Egipto, etc. Ninguna nación puede cambiar a su Dios. Noten también Jeremías 2:11. Podemos captar esto también en las historias de Roma. Solamente la piedad es la que cambia, la impiedad persiste. Es como si dijera: "Solamente tú has obrado ante tu Dios como la ramera. Otros pueblos no hacen esto."

111 RV 1960. Esta traducción se encuentra más cerca a la palabra usada en latín por la Vulgata (*recordabitur*: recordar) y al verbo usado en hebreo זָכַר (*zāḵăr*), que significa recordar, acordarse de algo. La RVC lo traduce: "Voy a tomar en cuenta su iniquidad."

112 Cf Oseas 8:4.

1. No te alegres, Israel, ni saltes de gozo como los otros pueblos, etc. Así es como lo leo.

Porque te has prostituido. Ver arriba el capítulo 2.[113] Esperabas por el pago.

Amaste [salario de ramera].[114] En latín, y en nuestra forma de expresarnos,[115] nos insta a usar "preferiste", etc. "Amar", "tener afección por", es lo que el hebreo indica.[116] "Pero tu esperanza te defraudará."

2. La era y el lagar [no lo mantendrán].[117] En otro lugar mencionan: "Ni hay tampoco aceitunas en los olivos" (Habacuc 3:17). Les brindan mucho menos de lo que esperaban. Esto es lo que quiere hacer entender cuando dice: "Ni vino suficiente para vivir, etc." Dios maldecirá su trigo. Su cosecha no será como se esperaba.

3. Efraín... volverá a Egipto. Es mejor traducir: "Sino pues Efraín será residente de... Ésta será tu recompensa, por la cual esperabas en tus viñas y prensas."

Y a Asiria. Es como si dijera: "Llegará a esto: ni tendrán abundancia y también todas sus cosechas estarán contaminadas."

4. No ofrecerán libaciones. Describe lo que ocurrirá durante el cautiverio en Asiria. Las libaciones, ofrendas para tomar, probablemente es vino. No ofrecerán libaciones al Señor. Esto es, no ofrecerán libaciones, y no darán ofrendas. Esto es: "Comeremos comida contaminada", y no habrá lugar para ofrendar sacrificios, porque ellos no se

113 Oseas 2:12 es evidentemente la referencia, pero esta referencia no nos ofrece ninguna otra explicación. El texto de Basel sobre este pasaje explica: "La paga", como en el capítulo 2 arriba, significa la abundancia y la riqueza de cosas temporales, esto es, "Esperaste por una rica recompensa por tu culto... pero tu esperanza fracasará y te defraudará."

114 RV 1960. La RVC lo traduce: "Preferiste recibir la paga de una prostituta".

115 Aquí hace referencia a frases usadas en alemán.

116 La palabra usada en hebreo es אָהַב ('āhăḇ). La misma significa "amar" en términos de afección, romance, proximidad de relación.

117 RV 1960. La RVC traduce: "Por eso no tendrán trigo ni vino."

encuentran en la tierra del Señor. En la tierra que no es del Señor, cesan todas las cosas que son gratas a Dios, y todas las cosas que Dios prescribe. Le presenta el cautiverio ante sus ojos. Éste es el gran sumario.

Sus sacrificios, etc. Consulten Deuteronomio 26:11-14. A nadie le era permitido ofrendar un sacrificio estando de luto. Él demanda regocijo y fiestas como sacrificios, etc. El sacrificio se contamina si se ofrece estando de luto o a favor de los muertos.

Su pan... de luto. Es así, pues se contamina pronto por el mismo luto y el dolor. El Señor odia el sacrificio triste de tales personas, esto es, los que están de luto (es mejor decir "tales personas"). Ellos pueden comer de ese pan que será su alimento, pero no será un sacrificio aceptable al Señor, etc.

5. ¿Qué van a hacer, etc.? Él dice: "nada." מוֹעֵד (*môʿēd*) son días solemnes del año[118] como Pentecostés, la Pascua, la Navidad, etc. Éstos son diferentes de los días festivos. La luna es la fuente y madre de esas temporadas. En Gálatas 4:10, Pablo lo traduce "los tiempos". Tenemos la misma palabra en Génesis 1:14. En el día de la fiesta del Señor tal como Pentecostés y la Pascua de Resurrección, etc.

6. Egipto (Los egipcios), etc. Ellos estarán allí, pero no serán audaces para hacer estas cosas allí.

Ortiga. Esto es cardo, espina.

Su plata más deseable. Éstas son cosas bellas o preciosas hechas de su plata, etc. "Hasta ahora han podido hacer allí sus sacrificios y fiestas, etc."

7. ¡Ya vienen los días del castigo! Esto significa que llegará el día de la retribución.

118 La RV 1960 traduce correctamente en Oseas 9:5, "día de la solemnidad", mientras la RVC lo traduce como "fiestas solemnes".

¡Entérate, Israel! Este texto no es muy claro, y para nuestros traductores es aún menos claro. Lo explico así: "Sepan, entonces pues, cuando esos días vengan, etc., ustedes lo reconocerán", esto es, entonces los israelitas lo sabrán, "qué profeta tan necio y tonto he sido yo".

8. **Un vigilante.** Esto es, "ustedes me reconocerán". Es así como esto deber ser leído:[119] "Ustedes condenan mis profetas, personas piadosas y santas. Ellos deben ser tontos en vuestras estimaciones ya que ustedes los odian." Éstas son las palabras que el pueblo habla de manera insultante contra los profetas. Es como si él dijera: "En esa hora yo también voy a comportarme insolentemente. Entonces ustedes van a ver qué clase de tonto era realmente yo." Lo que dicen los judíos aquí no es muy agradable, ya que ahora ellos tienen falsos profetas como su castigo. Contra ellos Oseas profetiza. "El 'profeta insensato' se refiere a mí, porque me tocaba aparentar el ser insensato." "Por cuenta de vuestras iniquidades" le pertenece a "insensato" y no al verbo "reconocer". "Por cuenta de vuestras iniquidades, tengo que ser el insensato."[120] La palabra "profeta" puede ser también una palabra insultante. La palabra es ambigua. Puede ser un título de honor, siendo su uso así raro, o puede ser usada como un insulto, así como se usa ahora aquí. Por lo tanto, lo llaman a él una persona loca o tempestuosa, una persona que se ocupa de cosas irresponsables y sin sentido. Virgilio le llama así "una lengua dada al viento".[121] Así pues, una persona puede ser llamada "dada al viento". Por lo tanto lo que sigue (v 8) "un vigilante" (todo en voz activa), tiene un buen significado en las Escrituras, así como podemos notar en Ezequiel 3:17. En griego,[122] éste es un obispo, un superintendente, un vigilante, un supervisor.

---

119 Lutero explica que debemos leer aquí la palabra *"speculatorem"* en vez que la que usa la Vulgata, *"speculator"* y la hace un objeto del verbo *"cognoscetis"*. Lutero está exponiendo todavía el v 7, pero toma prestada una palabra del v 8 para señalar el contraste que existe entre la opinión popular y la posición expresada como la verdad por el profeta.

120 La frase lee en el original: *"muß ich stultus sein."* Éste es uno de los tantos ejemplos presentes en los escritos de Lutero, donde mezcla en una frase, palabras o dichos del alemán usado en su época con sus comentarios dictados en latín.

121 Cf Virgilio, Aeneid, XI, 390. La frase en latín es: *ventosa lingua* (lengua del [al] viento). En otras palabras, que cambia de parecer dado a las circunstancias o el momento.

122 La palabra usada en la LXX es: "σκοπὸς", *scopós*. De esta palabra procede la palabra telescopio.

Una trampa [de cazador]. "Éste es el que ustedes tienen por trampa por cuenta del tan grande odio de ustedes, ya que yo fui la trampa de ustedes en todas sus caminos, etc." Él habla del castigo aquí y no sobre la culpa. También tomamos aquí profeta (*prophetam*) de un modo objetivo y no de un modo subjetivo (*propheta*).

Los caminos. Esto es, los del profeta.

Insano (loco). [123] Esto es, odiado el profeta.

En la casa de Dios. Esto es, "del pueblo de Dios". Aquí tienen un sumario: "En el día de vuestra visitación, conocerán quién era yo, etc."

9. **En su corrupción han llegado a lo más bajo.** O pueden leerlo así: "Se han perdido tan profundamente (completamente)". Es como decir: "Ustedes han sido tan rebeldes que han resistido al piadoso profeta. Él fue digno del amor de ustedes pero ustedes lo odiaron. Él quería explicarles a ustedes, pero ustedes lo llamaron una trampa.

Como en los días de Gabaa. Tomen nota de la historia de la mujer del levita que fue violada, etc., en Jueces 19. Esto es un grave pecado, donde no solamente se encuentra la debilidad, sino también se encuentra la mera maldad. Los profetas citan esas historias, así como hace Isaías (Isaías 13:19) sobre Sodoma. El pueblo de Gabaa defendió su pecado, etc.

Ahora se acordará de su iniquidad. [124] Ahora él vendrá también. Es como si dijera: "Miren qué ejemplo. Dios permite una gran victoria sobre Israel. ¿Por qué la permite? Para que el pueblo de Gabaa se endurezca y se vuelva jactancioso.

---

123 Traducido del texto en latín (*insania in domo Dei ejus*). Lee en la RVC: "Odiado en la casa de Dios."

124 RV 1960. La RVC traduce: "Tomará en cuenta su pecado". La palabra usada en la Vulgata es "*recordabitur*". El texto hebreo emplea זָכַר (*zākar*) que puede significar: recordar, mencionar, o hacer presente en la proclamación. Así que "recordar" o "tomar en cuenta" son los dos significados aceptables.

10. Como las uvas, etc. Compara a los hijos con sus padres. Repite la historia antigua, diciendo pues: "La naturaleza humana será siempre la misma. Si la madre es una ramera, así será su hija; y una cabra nunca se alejará por sí misma de su jardín. Los primeros frutos eran los más amados por su rareza. Ellos son llamados primogénitos. Los primeros frutos deben ser ofrendados al Señor al ser los mejores frutos. Jacob le dice a Rubén "Tú, Rubén, eres mi primogénito", etc. (Génesis 49:3).

Vi a sus antepasados. Esto es, a mi pueblo. "Éste fue mi primer pueblo."

Vergüenza. "Vergüenza" es lo que llama las Escrituras a los ídolos, los paganos, y a la gloria de la idolatría, etc.

Y se hicieron [consagraron] tan odiosos como los dioses. Así es como lo leo yo.[125] La gloria por la cual nos gloriamos es la vergüenza que nos avergüenza ante Dios, porque avergonzamos a Dios.

11. La gloria de Efraín se escapará como las aves. Aquí comienza a comentar sobre la plaga de la esterilidad entre los seres humanos, ya que no se están multiplicando como lo habían hecho hasta ahora. La gloria de Efraín que llegaba por medio del parto, del embarazo, de la concepción, voló como las aves. Es así como lo interpreto. En la forma de expresarse en hebreo, "ellos" es superfluo.[126] No niega él la ocurrencia de todo nacimiento, sino la abundancia de pueblo (población) en su reino. Es así, pues, al ser ellos dispersados, tuvieron hijos en el cautiverio. Noten la profecía de Jacob sobre Efraín (Génesis 48:19; 49:22). La generación de la prole sería reducida a la miseria. Felizmente no cesó para este pueblo la concepción, los embarazos, o los partos. Debemos entender esto como una advertencia o promesa que ocurriría solamente a una porción de ellos. Los castigos ocurrirían así también. Debemos entender esto como una sinécdoque.

125 Quizás quiere indicar aquí Lutero que al leer el texto en latín con el verbo reflexivo *"abalienaverunt"* en vez de con el verbo pasivo *"abalienati sunt"*, así como es usado en la Vulgata, se puede indicar mejor en dónde radica la falta. Esto es, ellos son los que se hicieron odiosos o abominables por sus hechos.

126 Lutero se refiere aquí al versículo de la Vulgata que lee: *Ephraim quasi avis avolavit; gloria eoruma partu, et ab utero, et a conceptu.* Nos aclara que en la frase "la gloria de ellos", el "ellos" es superfluo en el texto hebreo.

"Yo mataré también a los hijos que ustedes han criado y nutrido, pero así todo no los mataré a todos" (v 12). Él siempre deja un remanente. Pero mata a la mayoría de ellos.

12. ¡Ay de ellos! Éste es un texto de mucha controversia. Aparenta señalar la encarnación de Cristo, así como opina Lira. Pero no sé. Pablo de Burgos[127] aporta también esta idea. A mí me parece algo forzado. Ésta es mi interpretación: "Sus hijos, borraré de la tierra, serán infelices en su prole y también por el hecho de que yo me apartaré completamente de ellos. Los mandaré entre todos los reinos. No estaré con ellos. Dejaré a ese remanente que no he eliminado vivir muy miserable y desgraciadamente. Vemos esto con los judíos.

13. Según veo, Efraín se parece [a Tiro]. Se declara más abiertamente sobre la destrucción de los descendientes.

Que fue fundada en lugar bello.[128] En vez de "bello" sería mejor decir "en casas o habitaciones". Tiro se encuentra bien poblada y sus esposas son fértiles y han re-llenado sus casas [con sus hijos]. A una fecunda esposa con sus hijos se le llama "el esplendor del hogar". Noten lo que leemos en el Salmo (68:12): "En la casa las mujeres se repartían los despojos." También noten al Salmo 128:3: "Será como una vid con muchas uvas."

Según veo. "En ese momento que lo vi." Porque "fue fundada", lean "fue plantada". Pero esa gloria fue preservada para esto: Que Efraín sea dirigido fuera y lleve a sus hijos al verdugo.

14. Señor, ¡dales lo que tienes que darle! Concluye con la pérdida de la gloria. En vez de "secando" lean "está seca". Esto es, no se encontrará él en el poder.

127 Pablo de Burgos (c 1351-1431) era un judío español convertido al cristianismo y bautizado en 1391, tomando para sí el nombre Pablo de Santa María. Llegó a ser obispo, apologista, y exegeta. Burgos es frecuentemente mencionado con Nicolás de Lira ya que sus comentarios de textos bíblicos (*Additiones*) son amplificaciones o interpretaciones de la *Postilla* de Lira.

128 Mi traducción del latín: *erat fundata in pulchritudine*. La RVC traduce: "Ahora se encuentra en un país delicioso." La RV 1960 se asemeja mejor al texto en latín: "situada en un lugar delicioso."

15. Toda su maldad. "Toda su maldad la cometieron en Gilgal." Éste es el lugar que eligieron por cuenta de Samuel, etc., así como vimos arriba. Allí, allí se encuentra toda la maldad de ellos. Y por eso él los odia. Como resultado de esto dice: por "toda su maldad, etc."

Y no volveré a amarlos. Nunca más los amará. Todo ya ha terminado para ellos. Ya no hay una esperanza plena donde este reino florezca de nuevo. Juan [el Bautista] usa este modo de expresarse en Lucas 3:9: "El hacha está lista para derribar de raíz [a los árboles].

16. [Dar más] fruto. Esto es, el reino nunca más regresará a su estado y administración anterior. Sus príncipes serán tiranos, etc.

Lo más amado de su vientre. [129] Esto es, sus hijos, en los cuales tienen grandes esperanzas. Si llegan a recuperar alguna vez una persona de gran mérito, en el cual puedan depositar la esperanza de restituir el reino, esto no sucederá. Lo dejaré que viva.

17. Entre las naciones. Entre los paganos; esto es, entre los asirios, en un hogar incierto, como también es así ahora.

Todo este capítulo 9 pone ante sus ojos el cautiverio y cómo impacta el mismo a cada persona. Ellos serán reducidos en su prole (herencia de hijos).

Capítulo Diez

El sentido no es claro, pero las palabras sí lo son. Éste [es] un profeta curioso. Aparenta todavía estar hablando sobre el cautiverio, etc. Aunque algunos aparentan vivir de otra manera y pretenden ser penitentes, no intentan enmendarse con un celo genuino, etc. Son ellos,

129 Mi traducción del latín: *"amantissima uteri eorum."* La RVC traduce: "Los hijos que tanto desean." La RV 1960 se asemeja al texto en latín: "lo deseable de su vientre." Pero el latín captura esa gran sentida emoción en que el ser más amado en el vientre de la mujer no dejará que viva.

pues, como los obispos de Roma. Cuando un necio quiere esquivar sus faltas, corre en la dirección opuesta.

1. Frondosa. En hebreo se lee: vaciada.[130] Me gustaría concordar que permanece "frondosa", y no se entendería esto como una antífrasis,[131] etc. Frondosa, esto es, difundida por todas partes y multiplicada en la tierra. Es como si dijera: "La viña es espléndida pero inútil y Dios no se complace con ella. Así como tan esparcida se encuentra, tan esparcido se encuentra su pueblo, etc."

La abundancia de sus frutos fue semejante a la abundancia de sus altares. Jeremías (2:28) dice: "¡Tienes tantos dioses como ciudades! Notamos lo mismo anteriormente: "Pero por causa de tu mucha maldad" (Oseas 9:7). Multiplicaron sus cultos para confrontar este hecho.

La abundancia. Ésta es bienaventurada. Donde se encontraba la buena tierra, ellos plantaron un establecimiento para los sacerdotes. En el hebreo se encuentra "estatuas bien plantadas", "bien cuidadas", así como ahora. Donde se encuentra la tierra fructífera, allí tienen instituciones y monasterios.

2. Tendrá que cargar con su culpa.[132] Ahora ellos serán delincuentes. Serán culpables, descubiertos en su maldad. La palabra significa "ser culpable".[133] En vez de leer "destruirá sus ídolos", yo lo leería "este", esto es el hecho que el corazón de ellos es falso. Las dos lecturas son aceptables. "Él" es obviamente el Señor.[134]

130 La palabra usada en latín aquí es *vastata* (vaciada, devastada, arrasada). La palabra en hebreo es... בָּקַק (*bāqaq*). Esta palabra ofrece los dos significados: frondosa o vaciada.

131 La antífrasis es una figura retórica en que se designan personas o cosas con palabras que signifiquen lo contrario.

132 Lutero comenta aquí el texto en latín: "*nunc interibunt*" ("ahora ellos perecerán").

133 La palabra en hebreo es: אָשַׁם (*'āšăm*).

134 De qué habla sobre "El Señor" no se detalla en el texto de la Vulgata que lee: "*depopulabitur aras eorum.*"

Sus imágenes. Esto es sus altares. Esto ha sido traducido: "Él destruirá sus imágenes."[135]

3. Seguramente van a decir. Mejor dicho: "Están diciendo: 'Sentimos que no tenemos rey'." ¡Miren qué clase de verdadero culto a Dios! En sus ídolos adoran al verdadero Dios, como así en Jerusalén. Oseas escribió este capítulo durante el tiempo del último rey. El último bajo quien él profetizó.

4. Profieren palabras sin sentido al momento de hacer el pacto. En hebreo: "palabras de un juramento vano."[136] Es como si dijera: "Bien, ustedes ahora son un pueblo piadoso y santo." Es como si dijera: "Todas las cosas son en vano. Ésas son palabras de un juramento vano, porque ustedes continúan en sus obras vanas, etc. No están tomando de la fe sino están dependiendo de sus propios esfuerzos." Sería mejor decir: "Hagan un pacto."[137]

Como el ajenjo. Esto es como la hiel. "Con falsedad"[138] es algo adicional. Esto es una mera metáfora expresada en sentido figurado. "No van a cosechar nada de esto. Ustedes plantan un pacto falso y un juramento vano, así pues germinará para ustedes un dolor de cabeza en donde ustedes se encuentren."

5. Por causa de las becerras. Él se explica. Me complace ver que Lira lo explica de esta manera: "Los habitantes de Samaria temen por los becerros de Bet Avén." Se debe leer así.

Lo mismo que sus sacerdotes. Lean esto así pues: "Por el becerro que sus sacerdotes idólatras suelen exultarse (regocijarse) por su gloria." Éste es su significado: "Oraremos a Dios en Bet Avén solamente para

135 Está haciendo referencia de nuevo al texto de la Vulgata que lee: *"confringet simulacra eorum."*

136 La palabra usada en hebreo es: שָׁוְא (*šāwᵉ*), en vano, vanamente, sin significado o contenido positivo).

137 Lutero sugiere usar el verbo imperativo *ferite* en lugar del verbo usado por la Vulgata, *ferietis*, que es un verbo futuro indicativo.

138 Éste es el equivalente a *"cum mendacio"*, pero esta frase no se encuentra en el texto hebreo ni en la Vulgata.

que se queden los becerros." El pueblo de Samaria teme vehementemente que sus becerros sean arrebatados, etc." Esto es de todos modos similar a lo que ya hemos dicho sobre los turcos cuando ellos hicieron establos de los templos, etc. Así todo, mientras tanto, etc. Es con desprecio e ignominia que los llama "vacas jóvenes" y becerros. "O Señor, queremos ser piadosos también, ya que el rey no puede ayudar. Los sacerdotes idólatras eran personas religiosas, monjes, que vivían una vida más fervorosa y estricta en su devoción, etc. La medida de su perfección, los observadores,[139] quienes habían sido asignados para la adoración. No los digna él con un título sacerdotal, así como hacemos con los descalzos,[140] los agustinos, los paulinos,[141] los observadores.

6. Aún será él llevado [a Asiria].[142] "Esta cosa misma", obviamente es el becerro de Samaria. Sería mejor decir: "Un regalo para el rey Jared."[143] Ellos temían por sus vacas o becerros, las que fueran llevadas para Asiria.

Y Efraín quedará avergonzado, e Israel se avergonzará de sus proyectos. Se refiere aquí a esos dogmas y persuasiones bajo las cuales lo llevan a uno a sus propios proyectos. Será avergonzado, definitivamente, después que vea que sus propios proyectos a nada conducen.

7. Su rey desaparecerá de Samaria. Esto es, todo, todo será reducido a un desierto. Para cosas destruidas y reducidas a la nada el hebreo usa דום (*dum*)[144] o דָּמָה (*dāmâ*), la cual se traduce "lo hizo perecer".

---

139 Los observadores surgieron como una regla más estricta entre los agustinos.

140 Durante el ministerio de Lutero las órdenes prominentes de descalzos eran los Franciscanos, los Carmelitas, los Capuchinos, y los Agustinos.

141 Ésta es una orden establecida en Hungría, donde adaptaron la regla de los Agustinos, y añadieron otras estrictas observaciones.

142 Lee en la Vulgata: "*Siquidem et ipse*:" "Sí ésta cosa misma." La RVC lee: "Será llevado a Asiria."

143 Así como lo traduce la RVC. Pero la Vulgata lo traduce "*regi ultori*", "el rey que castiga (venga)". Lutero corrige esta traducción.

144 Damá es la palabra correcta, y aparece en el texto hebreo. Dum no aparece. Es bueno recordar que este comentario es en realidad las notas copiadas por uno de los alumnos sobre las clases dictadas por Lutero. Conociendo lo exacto y lo bien que conoce Lutero el texto hebreo al dictar sus clases sobre hebreo, parece ser esto un error del que toma las notas.

Es mejor traducir "Su rey de Samaria ha sido silenciado" o "Ha sido reducido a la nada", y, por lo tanto, no asimila él lo que ha sucedido. No hay nada más fluido que la espuma en la superficie del agua. Por lo tanto, todo acabará pronto para Samaria, como sucede con la espuma en la superficie del agua.

8. **Serán destruidos.** Sería mejor traducir "serán devastados" o "serán arruinados".

Los altares altos de Avén... [serán destruidos]. Éstas son como las fundaciones que tuvimos. Éstos son los altares en cualquier monte. Son llamados los lugares altos o las fundaciones. En vez "de los ídolos"[145] sería mejor leer "de iniquidad"; esto es, los lugares altos de sus cultos impíos. Los tales no consuelan sino afligen mucho más, etc.

Pecaba. Esto es, cualquier pecado presente.

Entonces suplicarán a los montes. Cristo cita este texto en el evangelio (cf Lucas 23:30). Ésta es una frase común entre el pueblo judío. Aquí se usa de forma general para aplicarlo a cualquier cautiverio o devastación futura. Lo aplicamos al futuro juicio; Cristo lo aplica al cautiverio final de los judíos y Oseas al cautiverio por los asirios.

9. **Tú, Israel, has pecado desde aquellos días de Gabaa.** Aquí él alteró el texto.[146] Éste es otro exordio (preámbulo) bajo cual el profeta ataca a este pueblo. Quiere exhortarlo para que lleven mejores frutos. Es como si dijera: "¿Qué deben hacer ellos? Esto es una vieja maldad, etc." Cf arriba concerniente al pecado de Gabaa (Oseas 9:9). Éste es el primer lugar donde él describe lo que el pueblo ha hecho. Lo que ellos hicieron les pareció algo correcto. Es la ciudad Dan donde hicieron su primer ídolo. Tomen nota sobre Micaía, etc. (Jueces 17:1). Este

145 Lee en la Vulgata: *Et disperdentur excelsa idoli* (Los lugares altos de los ídolos serán destruidos).

146 Lutero es el que cambia el texto. Ésta es una referencia que hace el alumno que estaba tomando el dictado de Lutero sobre esta clase. Lutero, en vez de usar *peccavit*, tercera persona singular, como el texto de la Vulgata, usó *peccasti*, segunda persona singular, para leerlo "Tú has pecado, Israel". Lutero en realidad traduce de acuerdo al uso del verbo en hebreo.

pecado nació en el monte de Efraín y entonces se propagó a la tribu de Dan. Es como si el profeta dijera aquí: "Es un antiguo pecado; han vivido en el mismo por largo tiempo, etc." Es la antigua lepra. Allí se sitúan y no pueden moverse, etc. Se paran en el camino de pecadores, etc., como en el Salmo 1:1. En vez de "no estuvo sobre" debe ser "porque no estuvo".[147]

¿No los tomó la batalla en Gabaa contra los inicuos? Interpreto esto como una mimesis, una imitación. Es como si dijera: "¿Castigaría Dios así pues al pueblo? "Hemos hecho un pacto, etc.", así dice Isaías 28:15.[148] "Porque no les alcanzará vergüenza"[149] dice Miqueas 2:6. Pero el profeta dice: "El mal llegará." Ellos dicen: "No llegará, no llegará." O lo podemos tomar como algo indicado, como si dijera: "No los atraparé como a los benjamitas, pero sí los castigaré severamente."

10. [Y los castigaré] cuando yo lo desee.[150] "No de acuerdo a sus deseos, etc. Voy a derramar mis sentimientos sobre ellos. Pero no los voy a castigar como antes, etc."

Por su doble crimen. Comprende esto como dos becerros y como dos ídolos, etc.

11. Efraín es una novilla domada. Éste es un pasaje oscuro. "Mí Efraín es como un becerro que le gusta estar en el área de trillar a la hora de trillar." Todo su interés es el de esperar por lo suyo. Su interés es el de comer y beber. Efraín está entrenado a buscar su propia ganancia. El primer pecado es que seduce al pueblo con la falsa doctrina; el segundo, que lo que le preocupa es su panza, etc. Una vez que hayan cuidado bien de su panza, sigue lo que resta. Después de todo, el alma está muerta y no se alimenta con la Palabra. La piedad verdadera hace

147 Aquí está haciendo referencia al texto de la Vulgata: *"super filios iniquitatis"*, "sobre el camino de los hijos de iniquidad".

148 La edición de Weimar sugiere el texto Isaías 8:13, pero este texto no concuerda con lo dicho. Cuando Lutero citó a Isaías no especificó capítulo y versículo.

149 RV 1960. La RVC traduce: "No tendrán que de que avergonzarse."

150 RV 1960 se asemeja mejor al texto de la Vulgata. La RVC lee: "Cuando quiera castigarlos."

lo contrario; no le permite al alma tener hambre, sea como sea que se cuide al cuerpo. La labor más molesta radica en la vida impía; pero así todo este pueblo vive con gozo una vida impía, etc. Es así por estar ya tan acostumbrado. Es como si dijera: "No se le puede obligar a una novilla que ame el trillar, solamente a ese novillo Efraín, pues él desea comer y tomar, etc."

Sobre su lozana cerviz. Un buey fuerte posee una cerviz dura. Esto es, "yo subiré sobre su gallardo cuello. Lo cansaré. Los llevaré de esos molestos males a otros".

Pero yo pasaré. "Haré esto como un jinete monta un caballo o carruaje. Esto es, los cargaré con el cautiverio de Asiria."

Arará Judá.[151] Cuando el reino de Israel haya sido quitado, no habrá nada en la tierra excepto Judá.

12. Siembren. Sigue una exhortación para hacerlos reflexionar sobre la justicia y la verdad. "Siembren para ustedes justicia y cosecharán misericordia." Pablo lo dice así: "Cada uno recibirá su recompensa de acuerdo a su labor."[152] En decir: ¡Recapaciten!

En misericordia.[153] Esto es, de acuerdo a la misericordia.[154] Lo tomo así: "Siembren, entonces, a favor de la justicia y cosechen en favor de la misericordia. Hagan el bien y el bien se hará entonces por ustedes."

Entonces yo, el Señor, vendré. Lo relaciona a Cristo. Pablo lo expresa así: "Para la venida de nuestro Señor Jesucristo" (1 Tesalonicenses 5:23), mientras esperamos la llegada de tan gran día. También: "Sean como los siervos que están pendientes de que su señor regrese" (Lucas 12:35). Este título no es dado a cualquier profeta. Nadie enseñó

151 RV 1960. La RVC: "Judá abre surco."

152 P ej 1 Corintios 3:8, 14:2; 2 Corintios 9:6; Gálatas 6:7.

153 RV 1960.

154 Aquí Lutero está explicando la frase en la Vulgata *"in ore iustitiae"* con *"pro iustitia"*.

públicamente sobre la justicia excepto Cristo. Quien hace una obra para recibir algo por esto (y no de manera gratuita) de Dios, para la impiedad, cosecha iniquidad, y come el pan de la falsedad.

13. Pues confiaron. Vean Jeremías 2:33, 35.

14. Como destruyó Salmán a Bet Arbel. Éste es un texto difícil. "Así como en una casa pacífica se encuentra también la destrucción durante la emboscada en el día de guerra." Así es como leo esto. Quiere decir: Así ocurre, cuando sentado en su casa en paz, súbitamente invade el enemigo y lo destruye todo: madre, hijas, etc. Quisiera creer que esto se refiere a un episodio en la historia que no ha sido narrado. Después de todo, Arbel, Salmán, etc. son nombres propios. También el principio de Lucas 13 toca con pocas palabras ciertos episodios de la historia que no han sido expresamente narrados. Dice pues, como algo similar a esta historia, que los israelitas serían destruidos.

Capítulo Once

Al amanecer.[155] O "en la mañana". Es preferible decir "en la aurora".

El sentido de este capítulo es éste: La idolatría es el mal fundamental de ese pueblo. Fueron formados pecadores en el mismo vientre, etc. Isaías (48:8) escribe: "Rebelde desde antes de nacer", pues ellos eran malos. "¡Pero ustedes son duros... de corazón...! ¡Siempre se oponen...!" así comenta Esteban en Hechos (7:51).

¡El Rey de Israel será derrotado al amanecer! O, "En silencio, el rey se mantuvo en silencio al amanecer." Esto es, fue algo súbito, etc. Esto es: "He engrandecido a este pueblo para que todo el mundo admire este reino." Esto es, un reproche por los beneficios recibidos y otorgados durante la liberación de Egipto, y también es un recordatorio.

155 Noten que este versículo es parte de Oseas 10:15, y no de Oseas 11:1 en la RVC o RV 1960.

Esto es: "Desde el principio cuando eran niños, yo los amaba a ellos diligentemente. Ellos iban a donde eran llamados. Debieron seguirme a mí, pero cuando un nuevo maestro surgía, lo seguían a él", etc. Pablo narra en Hechos (13:18): "Durante unos cuarenta años los toleró en el desierto."

4. Con cuerdas humanas, etc. Esto es: "Los capturaré a ellos con la bondad, etc., con que todos los seres humanos son atrapados."

Con cuerdas de amor. Esto es: con yugos livianos. Así es como Cristo lo expresa (Mateo 11:30): "Porque mi yugo es fácil, y mi carga es liviana." Pero no les complació el yugo. De hecho, buscaron por otros dioses, etc.

Pero yo les quité ese yugo. Esto es: "Yo les quité ese yugo que les pesaba en sus quijadas; yo he aliviado ese yugo bajo el cual estaban sufriendo", etc.

Les di de comer. Es mejor decir: "Para que yo pudiera alimentarlos."

5. No volverá [a Egipto].[156] Otra vez, esto es una advertencia.[157] "Esto es lo que he hecho por ellos, etc. Por eso no volverán a Egipto." Lo lee él así:[158] "No volverán a Egipto." Este "no volverán a Egipto" es lo siguiente: El Señor quiere sujetar a este pueblo al rey de Asiria, y el auxilio de Egipto no los va ayudar, etc.

6. La espada caerá. El rey de asiria capturó muchas ciudades, especialmente a la tribu de Neftalí.

---

156 La RV 1960 traduce correctamente de acuerdo al original. En el hebreo como en la Vulgata, este verbo se expresa como tercera persona masculina, singular, activa. En hebreo es tiempo imperfecto, que se expresa en tiempo futuro en el latín, y es así como lo traduce la Vulgata con *revertetur*. La RVC traduce: "no volverán a Egipto."

157 En la edición Erlangen, usa aquí el verbo "*commitatio*" pero en la Weimar usa "*comminutio*".

158 El alumno que está tomando el dictado de esta clase nota que Lutero aquí no lo traduce como singular, como aparece en la Vulgata, "non revertur", en vez, pues, lo traduce como plural "non revertentur". Cf la nota 151.

Y acabará con sus [electos][159] **aldeas.** Esto es בַּד (*băḏ*) en hebreo. Es una costumbre del idioma hebreo llamar a sus príncipes *băḏ*, montañas, fortalezas, murallas.[160]

Acabará [consumirá]. Esto es, les comerá poco a poco sus consejos. Dependerán solamente de sus consejos. Esto es, por causa de sus consejos. Sus consejos serán pésimos para aquellos que los consulten.

7. **Mi pueblo.** Interpreten esto como un retorno espiritual. Comenzó con Cristo cuando el evangelio fue enviado por todo el mundo. Esto es: "Estarán en suspenso, se rebelarán, hasta que yo regrese."

Imponer pues un yugo.[161] Es un texto muy oscuro. Se refiere a un yugo carnal que nunca se les quitará.

8. **¿Cómo podría [yo abandonarte Efraín]?** Es como si dijera: "No voy a protegerte. No voy a liberarte. ¿Cómo voy a abandonarte? En Jeremías (49:18)[162] encontramos una referencia a Sodoma. Ni quedará un pequeño número de ellos. Por lo tanto nada se sacará de allí. Esto es, el reino será completamente destruido.

Mi corazón se me estremece. Esto es, ha sido alterado. Él les promete una gran misericordia. Le duele al Señor por cuenta de su infinita misericordia cuando él ha llegado a tal extremo. Es como si dijera: "De que mi pueblo fuera tan castigo me duele."

159 La Vulgata lee: *consumet electos ejus* (consumirá a sus electos) en vez de aldeas, y así lo traduce Lutero aquí pero también aclara su sentido original en el hebreo.

160 La idea es una persona que vive sola, separada de las otras personas.

161 El texto en la Vulgata lee en Oseas 11:7: *Et populus meus pendebit ad reditum meum; [jugum autem imponetur] eis simul, quod non auferetur.* Lutero comenta sobre la frase que aparece aquí en paréntesis: *jugum autem imponentur.* Esta frase no aparece en el texto original en hebreo ni en la RVC o RV 1960.

162 La edición de Weimar sugiere Jeremías 23:14.

9. No ejecutaré el ardor de mi ira.[163] Esto es: "No le daré paso al ardor de mi vida."[164]

Estoy yo, el Dios santo, y no un simple hombre. Lee en hebreo: Y no "un hombre" (אִישׁ). Es como si dijera: "Yo castigo y yo sano. El hombre (*homo*)[165] quiere erradicarlo todo, pero esto no es lo que yo quiero. Ésta es una magnífica promesa de la misericordia de Dios: "Quiero que mi palabra a favor de la misericordia quede íntegra. Quiero también que el pueblo se acoja a mí para refugiarse." Satán no quiere que nadie permanezca en Cristo. En el medio de la muerte Dios promete su misericordia. "Si yo te oprimo debes buscar refugio en mí. Quédate aquí." Por cuenta de su naturaleza el ser humano quiere fugarse cuando Dios lo oprime. "¡Ay de mí! ¡Ay de mí en la tribulación!" Ya hemos visto sobre esta "tribulación" anteriormente en 6:1.

Yo, el Dios santo. Ven pues, él mismo es el que santifica y el que justifica. Nota: Entrar y salir entre los seres humanos es permanecer toda su vida con ellos.

No entraré [en la ciudad]. Esto es: "No frecuentaré las ciudades." Describe él su futuro reino con pocas palabras: No será un reino corporal sino espiritual. Será libre en el Espíritu. No tendrá ciudades. El reino de Dios no será uno que podamos observar (Lucas 17: 20).

10. Rugiré como un león. Esto es: Seguirán a ese Señor que hablará rugiendo como un león. Tenemos lo mismo en Amós 1:2: "El Señor lanza un rugido, etc." Esto es: "El evangelio será predicado con un gran rugido, como el de un león, en voz alta, etc." Éste es el León de la tribu de Judá, quien rugirá por sus elegidos cachorros contra el enemigo malvado, etc. Y mientras ruge, "los hijos del mar lo temerán",

163 RV 1960.

164 Así lo traduce la RVC, y esta traducción es casi idéntica al texto aquí de la Vulgata.

165 En otros lugares de este volumen empleamos la frase "ser humano" en lugar de "hombre" ya que el contexto se aplica a toda la humanidad. En este versículo se usa específicamente la palabra en hebreo que se refiere a "hombre". No obstante, aquí se refiere también el texto a toda la humanidad aunque traducimos "hombre".

esto es, se fugarán. Ésta es la clase de fuga que toma lugar en el campo cuando bajo un tumultuoso ruido se escucha: ¡Estampida! ¡Estampida! La palabra significa terror o fuga.[166]

Y mis hijos [del mar][167] vendrán temblando. Decimos también pues: "la fuerza del mar"; esto es, el fuerte viento que habita cerca del mar. Este mar aquí es aquel que los judíos llaman "el mar de occidente". Esto quiere decir que el pueblo que vive cerca del Mar Mediterráneo no lo resistirá a él, sino que lo obedecerá.

11. Saldrán...como aves. Ésta es la misma palabra que "temblorosos". Ellos se fugarán al Señor[168] quien los castiga. No solamente los judíos sino también "los hijos del mar" –los asirios y los egipcios– seguirán al Señor bajo su rugir. Éste es uno de los textos citados por Pablo en Romanos 1:16.

Yo haré que vuelvan [a habitar en sus casas]. "Los congregaré en las iglesias, en las múltiples mansiones que son la casa de mi Padre." También les promete regalos. Éste es un sumario de la predicación del evangelio, etc.

Capítulo Doce

Efraín me rodeó de mentiras.[169] Aquí comienza un nuevo sermón.

Oseas no profetizó solamente durante un año. Aquí provoca a Efraín al celo al compararlo con la tribu de Judá, etc. "Tengan

166 La palabra en hebreo es חָרַד (*jarad*), refiriéndose aquí a su "temblar" como palomas.

167 Lee en la Vulgata: *filii* (hijos) *maris* (del mar).

168 Se expresa Lutero aquí con ironía. Pues uno no puede fugarse huyendo hacia esa persona que lo castiga. Lo que expresa Lutero aquí es que necesitamos tanto de Dios que hasta cuando queremos fugarnos de él, acudimos a él. Esto es una verdadera ironía y paradoja.

169 RV 1960. Este texto que cita Lutero es parte de Oseas 11:12 en la Vulgata. Lee el mismo: *Circumdedit me in negatione Ephraim.* La RVC traduce así: "Efraín siempre me habla con mentiras."

vergüenza. Mírenlos a ellos. Ellos son gente piadosa." Aquí usa una frase hebrea[170] cuando dice, "me rodeó de mentiras". Esto significa falsamente, con engaño. También "con sabiduría", es sabio, "con el intelecto", es prudente, "con valentía", es valiente. "Rodear" significa: "Ustedes dan vueltas a la ciudad"; no alrededor de las murallas, sino aquí y allí en la ciudad. Los impíos caminan alrededor de la ciudad, etc. Cuando los malhechores, quienes no tienen el Espíritu, regimientan en los lugares espirituales, ejercen una horrible influencia.

Judá aún gobierna con Dios y es fiel con los santos.[171] Así es como leo este texto: Judá gobierna en la presencia de Dios, esto es, Judá reina y gobierna al pueblo con la palabra de Dios. Él espera por la hora de Ezequías. Él encontró anteriormente culpa con Judá.[172]

Con los santos. Esto es, la orden levítica y todo lo otro se encuentra seguro en Judá. Me agrada lo que dice Lira: "'Con los santos', esto es, con Dios." El idioma hebreo frecuentemente se dirige a la "Divinidad" en plural. Por lo tanto en Josué 24:19 vemos que Dios es "santo" en plural,[173] y en el profeta (cf Jeremías 10:10), [el Dios] "vivo" en plural.[174] Con los fieles santos, esto es, con aquel en quien ellos creyeron.[175]

1. Efraín anda tras el viento; va en pos del solano [Eurus].[176] Éste es el viento sudeste o del sur. Usa aquí un nombre especial en lugar

170 El verbo usado en hebreo es: סָבַב (*sāḇăḇ*). La frase lee en hebreo: סְבָבֻנִי. El verbo se expresa en la tercera persona plural, perfecto (qātal), activo, con sufijo perfecto.

171 La traducción de la RV 1960 es correcta y se asemeja al texto original y a la Vulgata en Oseas 11:12. La traducción de la RVC no es correcta al traducir: "Judá anda perdido, lejos de mí, su Dios santo y fiel." Traduce todo lo contrario lo que dice el texto. Noten como Lutero explica este texto correctamente arriba.

172 Cf Oseas 5:5, 10. Por eso la confusión de la traducción de la RVC sobre este versículo.

173 En hebreo es: אֱלֹהִים קְדֹשִׁים הוּא.

174 En hebreo es: אֱלֹהִים חַיִּים.

175 Los fieles "santos" es el único Dios, que se expresa a veces en plural gramaticalmente, como en Génesis 1:1 bajo el nombre de Elohim, אֱלֹהִים. Así todo sigue siendo un solo Dios, "aquel" en quien han creído. Esta enseñanza es fundamental en la confesión del pueblo hebreo sobre Dios, cf Deuteronomio 6:4.

176 En hebreo es: קָדִים (*qāḏîm*). Éste es el viento del lado "oriental". La Vulgata usa *aestum*, viento cálido o sofocante, i.e. "solano" donde procede el sol. Lutero usa aquí "Eurus", o viento del oriente.

de un nombre común. El apóstol habla de "golpeando el viento" (cf 1 Corintios 9:26). Es como si dijera: "Efraín intenta muchas cosas, pero todas esas cosas son vanas." Trabajar en vano es "andar tras el viento" y así pues, ese daño vuelve a la persona que labora. "Anda tras" significa que procura hacerlo con un excesivo celo.

Constantemente.[177] Se explica él aquí: "Ellos resolvieron hacer pactos con los egipcios. Me han abandonado. Emplean medios falsos. Todo es vanidad.

La mentira. No debemos relacionar esto al culto sino a la vanidad.

El aceite. Esto es, regalos. Como regalos principales, menciona vino y aceite. Éstos son los frutos principales de esa tierra. Judá reina con los santos y con el Dios fiel. El Señor, entonces, juzga a favor de Judá. El ganó el caso a favor de Judá en contra del rey Senaquerib.

2. Y el Señor visitará a Jacob.[178] Los visitará con castigo.

Conforme a sus caminos.[179] Esto es, han sido malvados, y gente malvada los destruirán.

3. En el seno[180] **materno agarró.** Luchó con Dios. Este texto ha sido cambiado.[181]

4. Luchó con el ángel[182] **y logró vencerlo.** La narración en Génesis 32 es bien conocida. En realidad Jacob luchó esa dura y sublime batalla contra Dios. La conciencia siente a la misma vez la fuerza del pecado

177 En la Vulgata lee *"tota die"*, "todo el día" de acuerdo a su sentido en hebreo.

178 Traducido de la Vulgata que lee: *"ergo Domini cum Juda visitatio super Jacob."* La RVC lee: "El Señor... va a castigar a Jacob."

179 La RV 1960 se asemeja mejor a la Vulgata y al hebreo. La RVC lo traduce: "Conforme a sus acciones."

180 En latín: *utero.*

181 Lutero se refiere aquí no al texto citado sino al texto siguiente.

182 "Luchó con el ángel" es parte del versículo 3 y no del 4, como aparece en el texto de Weimar y en el comentario de Lutero.

y la fuerza de la ira divina, la cual es intolerable. Al mismo tiempo Jacob estaba en agonía porque el Señor quería matarlo, etc., pues no era ni Satán ni otra criatura que luchaba contra él sino el mismo Dios. De la espada la conciencia pasa a la ira divina cuando él lo amenaza con la lanza. Antes que Jacob naciera ya era victorioso, pero su victoria era que había derrotado a un hombre. Después de su nacimiento, vence a Dios y al ángel, etc.

Luego lloró y cuando lo encontró en Betel le rogó. Él le dijo: "No te dejaré ir, si no me bendices" (Génesis 32:26). Lo encontró dos veces en Betel, como podemos ver en Génesis (cf Génesis 35).

5. Un memorial.[183] Esto es lo que llamamos "nombre" o "gloria". Ésta es la historia, ¿pero qué significa? ¿Cuál es su conexión al texto? Cuando predican los profetas suelen enseñar lo que ocurrió en el pasado. De esas historias componen mensajes de consolación o reproche para la presente situación. Es como si dijera: "Efraín me ha rodeado ahora con mentiras. El Señor le rendirá de acuerdo a su merecido. Así todo, deben esperar en él y deben adorarlo como al Dios a quien sus padres, o padre, adoraron. Si quieren ustedes adorar a Dios correctamente en Betel, hagan como su padre hizo. ¿Qué hizo? 'En el vientre [seno materno]', etc. Esta fue la elección divina. Dios obró en él. No hay motivo, pues, para que ustedes se gloríen en su propio culto escogido. Si desean ser genuinos discípulos de Jacob, hagan lo que Jacob hizo. Ustedes no suplantan sino que son suplantados. También él luchó con Dios. Éste es un ejemplo de una gran fe. Pero ustedes, pues, no se adhieren a la promesa de Dios como hizo Jacob."

Y con su poder[184] **[venció al ángel] (v. 3).**[185] El texto ofrece la conexión. Ésta no fue su propia fortaleza sino la fortaleza divina otorgada a él por Dios. Con esta fortaleza vencemos a un Dios airado. Aunque

183 Así lee en la Vulgata: *Dominus memoriale ejus.* La RVC lee: "Confía siempre en tu Dios."

184 Lutero interpreta aquí "siendo hombre".

185 RV 1960 se asemeja mejor al texto de la Vulgata y al texto en hebreo. La RVC lo traduce: "Y cuando creció luchó con el ángel."

nosotros tenemos nuestra propia fortaleza, es como un grano tirado al viento. La ira divina es intolerable. ¿Cómo puede luchar, pues, algo inferior contra él? Tercero, en Betel ellos adoran a Dios. Esto es cierto. Pero, ¿en qué modo lo hacen? Pues, ¿qué ocurrió anteriormente en Betel? El Señor dijo, etc. Ellos tuvieron que dirigirse a su Palabra. Dios requiere fe en su Palabra. No respeta ni tiempo ni lugar.

6. **Por lo tanto, vuélvete a tu Dios, haz misericordia e imparte justicia, etc.** Él [ahora] aplica y explica la historia. "Regresarás cuando guardes con cuidado [custodies] la misericordia y el juicio y esperes en Dios y no cuando te fugues a Egipto." Son absolutamente ustedes unos mentirosos cuando abandonan a Dios y buscan por dioses extraños para adorarlos. "Misericordia" es lo que se llama al regalo que recibimos de Dios o que damos a nuestro prójimo; beneficio.

Justicia. Ésta es la costumbre y práctica "según la justicia de las hijas" (cf Éxodo 21:9). Enseña Deuteronomio (1:17) que no debemos ser parcial al impartir juicio. También, pues, esto tiene que ver con el oficio de regir y administrar la justicia. Leemos en el Salmo 1 que los malvados no ocuparán ningún oficio [de justicia]; no serán reyes ni administradores, etc. También está haciendo referencia aquí sobre el ejercicio de la justicia y la ley. Esto es: "Deben ser ustedes generosos. Deben ofrecer de sus bienes a toda la comunidad. No deben guardar malos sentimientos por nadie. Deben condenar lo que debe ser condenado y deben aprobar lo que se debe aprobar, etc. Deben ser verdaderos siervos de sus prójimos. No tienen la necesidad de llevar aceite a Egipto, sino que deben confiar en él."

7. **Canaán**[186] **etc.** Se lee más apropiadamente del hebreo "un mercader",[187] un comerciante. En el último capítulo de Proverbios (31:24) leemos: "Y da cintas al cananeo",[188] esto es, al mercader. Tú eres como

186 Lutero está comentando sobre el texto en la Vulgata que lee: *"Chanaan, in manu ejus statera dolosa."* La RVC lee: "Como un mercader que sostiene pesas falsas."

187 El término es: כְּנַעַן (*kᵉnăʻăn*): Los cananeos eran comerciantes, así que de este nombre procede el término para comerciante o mercader en hebreo.

188 RV 1960.

un mercader. Yo lo interpreto así: Tú eres realmente un mercader. Cargas con tus manos unas pesas (escalas) defectuosas. Te gusta engañar y calumniar. Claro que esto es un símil. No es que Efraín era tal comerciante. Pues él se refiere aquí acerca de la fe. Por lo tanto se debe tomar esto como una referencia a la falsa doctrina la cual engaña y hace que las almas se pierdan y que se aparten de Dios. La palabra en hebreo און puede significar dolor o virtud. Puede significar "fortaleza", como vemos en la bendición de Rubén por Jacob (Génesis 49:3). Consecuentemente no significa aquí "ídolo". Significa estar repleto de grano, vino, y aceite, etc. Cuando ellos sirvieron al verdadero Dios, eran gente pobre y despreciada. Pero cuando se dedicaban a la maldad, se volvieron ricos. Así es hoy en el caso de los sacerdotes. La mala doctrina hace de los maestros, como también al pueblo, gente rica. Es Satán, pues, quien hace esto. Aunque Dios también en ciertos momentos quita el alimento para fortalecer la fe, etc. Pero esta gente no quiere tener esperanza, sino que quieren estar seguros y tener gran abundancia.

9. En los días de fiesta. Éstos eran los días de fiestas instituidos para predicar y así pues el pueblo pudiera escuchar la ley. Esto es una mirada hacia el adviento de Cristo, así como también nosotros consideramos el último día como si ya estuviera presente. Ésta es la forma en que los profetas consideraban la encarnación de Cristo. Esto es: "Llegará el tiempo, pues, para que ustedes se congreguen y escuchen lo que acostumbraban escuchar en los días festivos, es decir, la palabra de Dios."

10. Yo les he hablado. "Les explicaré todo que sucederá en el futuro. Lo diré, etc."

Aumente las visiones. [189] Haré otra profecía. Antes que ustedes la escuchen, irán a Egipto con otra profecía. Divulgaré mi Palabra, y yo mismo la enseñaré, así como la encontramos en Joel 2 y

189 La RV 1960 traduce: "Aumenté la profecía." En la Vulgata se traduce del hebreo: *et ego visionem multiplicavi* (Y multipliqué las visiones"). La palabra usada en hebreo es: חָזוֹן (*ḥāzôn*), que significa visión divina, i.e. mensaje profético de Dios.

en Isaías 54:13.[190] Dios enseñará a toda la humanidad. Esto es una mirada hacia la venida futura de Cristo.

Y por medio de los profetas.[191] Esto es que: "Quien escuche a los profetas en ese momento me escuchará a mí. Los profetas serán como yo y yo seré como ellos. Ellos hablaran como dioses, y yo hablaré como un ser humano (hombre) entre ellos."

11. Si Galaad se da a la iniquidad.[192] Debemos acostumbrarnos al estado emocional y al uso del lenguaje figurado en los profetas. Los profetas en su predicación lo relacionan todo a la venida futura de Cristo, etc. Ellos no parecen concordar bien [uno con el otro], pero debemos tomar en cuenta su situación. Continúa con su exhortación y aflige al pueblo, etc. "Si en Galaad." Parece que toca un episodio de la historia que no ha sido escrito. Parece que Galaad y Gilgal se compararon uno al otro, así como lo hicieron los Observantes y los Franciscanos. Uno quería tener un título superior al otro. Galaad es la región del otro lado del Jordán. Es como si dijera: "Tú eres tan devoto como el pueblo en Gilgal; ellos apestan en comparación a ustedes." Traduce אָוֶן (*ʾāwen*) como "ídolo".[193] Pero en realidad significa "iniquidad". Si uno es devoto, todos son devotos. "Si en Galaad son inicuos, ustedes en Gilgal son vanos, ya que sacrifican tan enormes bueyes, etc."

Por eso sus altares. Esto es: "Vuestros altares, por los cuales se vanaglorian en Galaad, serán como los montones de tierra en los surcos del campo, echados a un lado.

12. Jacob huyó. Ofrece aquí otro ejemplo.

Allí... trabajó... para ganarse una esposa. "Con motivo de", "O para".

190 El texto original de la edición Weimar ofrece Jeremías 31.

191 RV 1960. La RVC traduce: "Por medio de ellos." El texto que usa y señala Lutero en la Vulgata lee: *et in manu prophetarum assimilatus sum*: "Y por medio de las manos de los profetas." La expresión en hebreo sugiere: "Por medio de un saludo de manos."

192 Cantera-Iglesias traduce mejor el sentido del latín y hebreo. La RVC traduce: ¿Hay iniquidad en Galaad?

193 Es así como se traduce en la Vulgata: *"Si Galaad idolum."*

13. Y por un profeta.[194] Esto es, "por medio de un profeta". Esto no aparenta cuadrar aquí. De nuevo, ofrece un ejemplo de un padre que se opone a sus hijos malvados. En vez de "lo sirvió"[195], se debe leer "lo cuidó", quiere decir, el ganado, o el pacto y acuerdo. Es como si dijera: "Ese buen padre de ustedes puede servir a personas en Siria. Estos jóvenes no pueden servirme a mí. Se encontraba él en el exilio, pero así todo pudo hacerlo y también servir a su Dios. Todos ustedes que tienen una abundancia de todo y que viven en un reino tan rico, son sus hijos degenerados, etc. Ellos no me sirven a mí, al contrario, me abandonan. Porque hacen esto, me provocan a que los lleve a la amargura."

14. Amargos disgustos. Esto es lo que los hebreos llaman "la desobediencia" o "la rebelión". Su interés no es otro excepto que el de amargar al Señor. Esto es, el de provocarle. Por lo tanto sangre o infortunio descenderá sobre sus cabezas. Tenemos esto en el Libro de los Reyes (2 Samuel 3:28-29),[196] donde David dice: "El Señor es testigo que soy inocente, que recaiga un severo castigo [sobre ellos]." Esto es, "que recaiga el peso sobre ellos". Son declaradas las ofensas. "La desgracia caerá sobre ellos, y hasta serán ridiculizados. Sus pecados les ha traído derramamiento de sangre."

Oprobio.[197] "El oprobio con el que él me reprochó. Me humilla con sus ídolos. Le llegará a él la humillación."

Capítulo Trece

Comienza otra vez con un nuevo sermón. Él predicó esos sermones en diferentes años y en diferentes tiempos. Es como si dijera: "Y ahora comienza un nuevo juego." Los profetas continuaron reprendiendo

194 RVC traduce: "Por medio de un profeta."

195 Lutero hace referencia aquí al texto de la Vulgata que traduce *"servatus est."*, lo sirvió. Pero al traducirlo del texto hebreo es mejor traducirlo "lo cuidó".

196 La Vulgata numera cuatro libros de Reyes, y por lo tanto nuestro 1 y 2 de Samuel son 1 y 2 de Reyes en la numeración de la Vulgata, y nuestros 1 y 2 de Reyes, son 3 y 4 de Reyes en la Vulgata.

197 RV 1960: "Le pagará su oprobio". La RVC traduce: "Le devolveré sus ofensas."

todos los cultos de ellos. Ellos siempre establecían cultos así como nosotros construimos nuevos altares y templos, etc.

2. **Y ahora.** Continuaron añadiendo mucho más.

Con su plata. Es como si dijera: "¡Qué santos tan magníficos son ellos! Hacen dioses con su propia plata." Dice con desdén y con deprecio: "De tu plata y de tu oro."

Efraín era muy importante en Israel. Cuando hablaba había temor. Creo que debemos hacer de "temor" el objeto de la palabra "hablaba".[198] Es como si dijera: "Efraín ya ha hecho bastante de lo que le parece con su predicación, etc." También: "Por medio de Baal ha forjado un extraño culto (y murió)." Creo que se refiere a la muerte espiritual. Ésta es una recapitulación y repetición de sus anteriores maldades, y es como decimos: "Hasta ahora ustedes han hecho esto y esto. Ahora han añadido algo más, etc." Éstas son cosas horrendas que ellos han dicho y hecho.

Y según [su entender]. Se refiere a aquellos que hacen imágenes de los ídolos. En hebreo "laborar con dificultad", esto es, "como el que come el pan de sufrimiento" (Salmo 127:2). "De ídolos" es en hebreo "de pruebas". אָוֶן significa propiamente dolor,[199] Mühe. Ellos se tornan solamente a la malvada idolatría. Pues sus ídolos solamente traen el dolor, etc., la pena, pues "No hay paz para los malvados" (Isaías 48:22). Esos que laboran son seres afligidos por su miserable preocupación por los ídolos. Se refiere aquí al laborioso artífice de ídolos.

Y piden a la gente. Esto es, le hablan por medio de profecía o clamando. En vez de "adorarles" dicen "besen", así como en el Salmo 2:11.[200] Vemos lo mismo en Job (31:27) y en el Libro de los Reyes (1 Reyes 19:18): "Nunca

198 En la Vulgata "horror" (temor) es el sujeto de *"invasit Israel"*.

199 Lutero interpreta que la palabra usada aquí en hebreo עֲצַבִּים ("ídolos"), la cual es usada en este texto, es idéntica con עֲצָבִים, ("angustiada labor"), la cual la Vulgata, en el Salmo 127:2, traduce *"dolorum"* (dolores).

200 La RVC lee: "Ríndale culto con temor reverente". En hebreo lee: "Con temblor besadle los pies." Así es como lo traduce la Cantera-Iglesias. Se rendía culto al besar los pies.

se arrodillaron ante Baal, ni jamás besaron su estatua." El beso es una señal de adoración. Significa, pues, una costumbre o ritual de adoración.

Hombres.[201] Primero sacrificaron hombres y ahora sacrifican a hombres. Ellos estaban ofrendando a sus propios hijos. El profeta dice "hombres" en tono de desprecio, aunque estos eran niños, etc. Es horrendo escuchar esto. Lo que dice él aquí es un horror.

3. Por lo tanto, desaparecerán como la niebla matutina, etc. Hemos considerado anteriormente estas palabras (Oseas 6:4). "Estarán", esto es, pasarán como las nubes matutinas, las cuales son disipadas por el sol. Así es, pues, como vuestro culto, y vuestra seguridad, y vanagloria pasarán. Él describe el sentir placentero que tienen de sus cultos, pero que cambiarán y pasarán súbitamente.

Como el polvo.[202] Esto es, como el tamo, así como en el Salmo 1:4. Es "tamo" en hebreo, un bello símil.

Como el humo. Chimenea. El humo debe ir a donde el viento lo lleve, etc. El tamo del grano sigue el mismo camino.

4. Yo soy el Señor tu Dios. El profeta exhorta esto para conducir de nuevo al pueblo a la adoración del único y verdadero Dios. ¡Aquí, pues, aquí! Ésta es una completa condenación de todo culto que no ha sido instituido por Dios. "No hay salvación fuera de mí. Te he salvado, y todavía te puedo salvar. Pero esto no los ayuda ya que estás lleno de ti mismo. Ya que se encuentran tan abundantes de todo, así pues se enloquecen con su propia abundancia. Son soberbios contra mí y contra los profetas que les envío." Así, pues, desprecian al Dios que quiere que lo adoren en fe y reverencia, etc.

201 Traducido de la Vulgata que lee: *"his ipsi dicunt: Immolate homines, vitulos adorantes."* La RV 1960 traduce este texto correctamente del hebreo, la traducción se aproxima muy bien a la de la Vulgata: "Dicen a los hombres que sacrifican, que besen los becerros". Si leemos este texto como lo traduce la RVC ("Piden a la gente que les ofrezca sacrificios y lo besen), no encontramos sentido a lo que Lutero comenta aquí.

202 Mi traducción del texto de la Vulgata que lee: *sicut pulvis*. La RVC usa el equivalente correcto a la frase en hebreo, "como el tamo".

6. **Comieron hasta saciarse, pero luego su corazón se llenó de soberbia.** Fueron atrevidos en hacerlo todo; cualquier cosa que le complacía a su corazón.

7-8. **Yo voy hacer para ellos [como un león]… les desgarraré las fibras de su corazón.** Quiere decir: "Voy a cortar a pedacitos sus corazones con mi espada." Un cuchillo, daga, o espada es lo que significa la palabra en hebreo. Ellos han hecho lo mismo que hemos hecho nosotros con los turcos. Primero, oramos e hicimos nuestra súplica. Entonces buscamos por auxilio humano pero los turcos continuaron atacando.

Y allí.[203] Esto es, en Asiria.

Su corazón. No son los de todos. Esto es una sinécdoque: "Muchos irán al cautiverio. Tendrán en mí un durísimo enemigo, etc." Quedarán sin ser enterrados. Serán humillados sin ninguna misericordia. Nadie defenderá su causa.

9. **Te perdiste, oh Israel.**[204] Comienza ahora con su insulto: "Tu pérdida ha sido efectuada. Tus propios planes han logrado nada. Voy a hacerte ver que el pueblo debe venir a mí para refugiarse."

10. **¿Dónde está tu rey?** "El rey en quien continuas confiando."

Todas tus ciudades. Sería mejor así: "Entre los enemigos que tienes." Es como decir: "No te podrá defender ni en contra de uno."

Dame [rey y príncipes].[205] Es como si dijera: "No podemos confiar a Dios. Debemos tener un rey en quien podamos confiar, etc." Siempre han abusado de sus reyes.

203 Traducido de la Vulgata que lee: *ibi quasi leo*: "Allí casi como un león." La RVC traduce: "Como león los desgarraré", omite el "ibi" o allí". La RV 1960 traduce correctamente: "y allí los devoraré."

204 La traducción de la RV 1960 se asimila mejor al texto de la Vulgata: *Perditio tua, Israël.* La RVC lo traduce así: "Tú, Israel, te has corrompido."

205 Tomado de la RV 1960 que traduce: "Y tus jueces, de los cuales dijiste: Dame rey y príncipes" (v 10). La Vulgata lee muy parecido: *"et judices tui, de quibus dixisti: Da mihi regem et príncipes."* La RVC lee: "¿…y el rey y los príncipes que me pediste?

11. [En mi furor] te di rey. Dice esto como si fuera un proverbio. Su sentido es éste: "Te doy, esto es, puedo darte un rey, para que sufras bajo ese rey y sufras aún más cuando lo pierdas."

12. Atada está la maldad de Efraín.[206] Aquí concluye esta advertencia. Estas cosas están atadas; ellos han hecho un pacto. No pueden ser absueltos de su iniquidad. Justifican su pecado. No pueden aguantar el hecho de que sus pecados son pecados. Esto es lo que nuestros sacerdotes dicen: "Mi Efraín ha puesto su pecado en un saco y lo está escondiendo."

13. Dolores como de mujer parturienta. Esto es, no podrán fugarse. Tienen ellos que sufrir. Donde no hay confesión, no existe la medicina (cura).

Es un hijo poco inteligente. "Es un hijo torpe, un hijo chiflado." Habla aquí como un padre.

14. De la mano de la muerte los liberaré.[207] En algún momento los sacaré de la muerte. Inmediatamente piensa sobre Cristo.[208] "La muerte y el infierno" es una expresión muy común en hebreo. Jerónimo capta aquí verdaderamente bien su sentido. El infierno es el nombre por cada lugar donde el alma fue. Cuando el alma es separada del cuerpo, lo que resulta se llama muerte. "Los redimiré de la mano del infierno, y los libraré a ellos de la muerte."

Oh muerte, yo seré tu muerte.[209] La muerte aquí es esa plaga que mata por seguro, etc. Esto es, "Yo, el Cristo, por medio de mi resurrección obraré día a día para matarte. Seré tu pestilencia, Oh muerte,

---

206 La RV 1960 se asemeja mejor aquí a la traducción en la Vulgata: *"Colligata est iniquitas Ephraim."* La RVC traduce: "Pero no he olvidado la maldad de Efraín."

207 Mi traducción del texto de la Vulgata: *"De manu mortis liberabo eos."* La RVC traduce: "Habré entonces de librarlos del poder de la muerte."

208 Literalmente: "Cae bajo la influencia de Cristo."

209 La RV 1960 se asemeja mejor aquí a la traducción en la Vulgata: *"Ero mors tua, o mors!"* La RVC lee: "¿Y dónde están las plagas de su muerte?"

y tu mortandad, Oh infierno. Cuando la mano de Dios cayó sobre el ganado en Éxodo (9:3), se llama esto דֶּבֶר (*děḇěr*): lo que significa la peste. "Muerte seré tu veneno; infierno, seré tu plaga. Se refiere al reino de Cristo. Ellos han traducido[210] mortandad (*morsus*) como en Deuteronomio (28:21)[211] y en el Salmo (91:6): "Ni a la mortandad que destruye a pleno sol." Aquí no es "mortandad" sino una fiebre pestilente. "Oh inferno, yo seré tu diablo." La palabra significa también "Satán" en hebreo, quien ataca y aflige a uno con una fiebre aguda. Pablo traduce literalmente el sentido del profeta: "Devorada será la muerte por la victoria; el infierno será destruido (1 Corintios 15:54-55). Esto es lo que significa. Los apóstoles no eran supersticiosos en sus palabras. Es más, esto es algo que hasta Pablo censura. La traducción de Pablo no es de la Septuaginta (LXX). Cristo devoró la muerte y el infierno para aquellos que creen. Está hablando del hecho de Cristo, sobre lo que Cristo hizo. Continuará, pues, como esto fue distribuido (dispensado). Pocas personas logran esta victoria. El fallo reside en nosotros, no llegamos a esta [victoria]. Cristo ha quitado toda maldad.

Compasión. Es como si dijera: "No toda persona ganará esta clase de victoria." Ésta es la forma que Pablo se expresa: "Tengo una gran tristeza" (Romanos 9:2).

[La compasión] será escondida [de mi vista].[212] Esto es, habrá causa para la tristeza.

15. Él. Sería mejor "esto".

Entre sus hermanos. Esto es, algunos tomarán de la victoria, pero otros no la tomarán. Se refiere no solamente al hecho sino también al fruto ya que algunos van a creer y otros no, etc.

210 Se refiere a los traductores de la Vulgata.

211 Pero aquí la Vulgata usa *"pestilentiam"* (pestilencia).

212 La RV 1960 se asemeja mejor aquí a la traducción en la Vulgata: *"consolatio abscondita est ab oculis meis."* La RVC lo traduce: "Ya no tengo compasión."

Vendrá, de parte del Señor, el viento solano. Éste es el viento del Este, *Eurus*. Cuando sopló, el Mar Rojo se secó. Pablo alude a esto cuando llama al pecado "el aguijón de la muerte" (1 Corintios 15:56).

Y se levantará para secar su manantial. Aquí llama al pecado un manantial, etc. "El viento solano" es el Espíritu Santo quién inflará nuestro corazón y secará los manantiales de la muerte, la fuente, con esta medicina. Él nos va dar el Espíritu Santo en nuestro corazón. Él agotará la fuente, esto es, el pecado. En vez de "desolar",[213] es "desecar". Esto es, Se transferirá de un reino externo a un reino espiritual.

Capítulo Catorce

Ésta es la despedida del profeta. Llega aquí a la conclusión. Sería mejor leerlo todo [el capítulo] en el indicativo.[214]

Ella amargó a su Dios.[215] Esto es, ha desobedecido a su Dios. Esto será el final. Manifiesta una profecía acerca del reino de Cristo.

2. Israel, ¡vuélvete al Señor tu Dios! El reino de Israel ha caído en la ruina. Por lo tanto toma tu lugar en otro reino. Tendrán un nuevo rito, no será con ganado u ovejas sino con palabras y una confesión.

Llevad con vosotros palabras de súplica.[216] No hay otro sacrificio en el Nuevo Testamento que el sacrificio de la alabanza. Debemos buscar refugio no en nuestras propias obras sino en la gracia y la

213 Aquí corrige la traducción de la Vulgata "et *desolabit* fontem ejus" con el uso de otra palabra en latín, *"arefaciet"*.

214 Y no como lo traduce la Vulgata en el subjuntivo.

215 Mí traducción de la Vulgata que lee: *"ad amaritudinem concitavit Deum suum."* Este versículo es parte de Oseas 13:16 en la RV 1960 y la RVC. La RVC lee: [Samaria quedará desolada] "por haberse rebelado contra su Dios".

216 La RV 1960 se presta mejor a la traducción de la Vulgata: *"Tollite vobiscum verba"*. La RVC traduce: "Y con las mejores palabras [suplicantes]."

misericordia. La confesión de pecados y una sed por la gracia será la nueva voz del pueblo.

Mira lo bueno en nosotros. Esto es: "Toma todo lo bueno, para que así tú nos puedas dar algo para distribuir entre nosotros. Es como si dijera: "Pon a un lado, fuera de tu mano, nuestra ira e iniquidad. Toma algo bueno para darnos." Éstos son los bueyes idóneos; esto es, la acción de gracia y la predicación del evangelio. Esto es lo que significan los sacrificios del Antiguo Testamento. Pablo dice (Romanos 15:16): "Yo los santifico", esto es, "Yo empleo al evangelio de forma sacerdotal, para que llegue a ser una oblación", etc.

Becerros.[217] Éstas son las palabras de la predicación. En Hebreos 13:15 leemos "el fruto de labios". Parece que leyó "frutos" en vez de "becerros" en el hebreo. Leemos también acerca de becerros al final del Salmo (51:21).

Vuélvete [al Señor]. Huye de tu confianza propia, y esperarás en Cristo.

3. Ni montaremos en caballos. "No confiamos en nuestros propios esfuerzos." Isaías (30:15) dice: "en mantener la calma y en confiar en mí."[218]

Ni jamás volveremos a decir. "No adoraremos jamás con ese tipo de culto."

En ti. Esto es, por medio de ti. "Porque sólo en ti el huérfano encuentra pues tu misericordia." Esto es, "el pueblo miserable encontrará la misericordia por medio de ti".

4. Yo sanaré, etc. Continúa con la promesa. "Yo sanaré la conversión de ellos", esto es, aquellos que son convertidos de ese pueblo". Esto es: "Aquellos que van a ser convertidos les mostraré mi caridad, para que

217 Traducción del texto de la Vulgata: *et reddemus vitulos* (becerros) *labiorum nostrorum*. Pero en la RVC lee: "Las palabras de nuestros labios." La RV 1960 traduce: "La ofrenda de nuestros labios."

218 La RV 1960 traduce: "en quietud y en confianza."

ellos vean que no se la merecen sino que es todo lo contrario. Israel será destruido, pero así todo seré como el dulce rocío. Esto es, seré predicado como el dulce rocío."

5. Como lirio, o rosa. "Efraín será destruido, pero así todo, tendré misericordia de él." Esto es, serán personas hermosas, de color rosa, ante Dios.

6. Sus ramos se extenderán. Esto es, se difundirán, se esparcirán bondadosamente por todo el mundo. Se expresa usando una bella metáfora.

Como el del olivo. "Te alabaré como un olivo." Esto es, el pueblo cristiano será un pueblo de misericordia y gracia. El olivo es alabado por su aceite.

Blando.[219] Mejor sería "delicada".

Su perfume. Ofrecerá un olor placentero, etc. Esta es la fama por la cual los cristianos son fragantes. Así lo expresa Pablo: "Somos el fragante aroma de Cristo."

7. Bajo su sombra. Ésta es la sombra del olivo o del Líbano. Aquellos que se encuentran bajo la sombra del Líbano volverán. Aquellos que no se encuentran, no volverán. Esto se refiere a la iglesia.

Serán vivificados como el trigo, florecerán como la vid. Entiende esto como la proclamación del evangelio. El vino debe ser el mejor de los vinos. Opino que éste es el evangelio. Si desean relacionar esto al Sacramento del Altar, lo pueden hacer. Es una bella promesa sobre el reino y la gracia de Cristo.

8. Dime, Efraín. El Espíritu los glorificará, porque Efraín no tendrá ya ídolos.

219 "*Blandus*" o blando no aparece en el texto de la Vulgata. La edición Saint Louis asume que la lectura aquí es "*Mollis populus blandus*" (un delicado y gentil pueblo) y lo añade así a este texto.

Como verde. Un ciprés. Con esto quiere expresar que el reino y la palabra de Cristo es firme en la persecución y en la prosperidad.

9. ¿Hay alguien lo bastante sabio para entender esto? ¿Hay alguien con inteligencia para reconocerlo? Esto es, hay pocas de estas personas. Éstas son promesas maravillosas. ¿Pero quién las puede entender? El pueblo se adhiere a sus propias pompas. ¿Pero, quién va a triunfar? La iglesia se sonroja por su vergüenza. Se aterrorizarán por la cruz.

Los caminos [del Señor] son rectos. Pero parecerán heréticos y serán condenados.

Mentirosos.[220] Éstos son los transgresores. Aquí tenemos un ejemplo de qué modo debe funcionar el evangelio: los pobres serán beneficiados; los otros que se encuentran en la pompa, serán ofendidos por cuenta del mismo [evangelio].

Hasta aquí los comentarios de Lutero sobre Oseas.

220 Traducido aquí la palabra que aparece en la Vulgata (*praevaricatores*) por transgresores o rebeldes. La palabra usada en el hebreo es פָּשַׁע (*pāša'*), que significa rebelde o transgresor. La RVC traduce "los rebeldes tropezarán".

COMENTARIO SOBRE JOEL

Clases impartidas en latín por el Dr. Martín Lutero en La Universidad de Wittenberg

Desde marzo a agosto de 1524

Prefacio[1]

Todos los profetas tienen un solo mensaje, pues ésta es su única visión: ellos están esperando la venida de Cristo o la venida del reino de Cristo. Todas sus profecías esperan en esto y ellas no hacen otra referencia, aunque varias veces interponen historias de cosas presentes o por venir. Mas sin embargo, todo es pertinente a este hecho pues ellos declaran el reino futuro de Cristo. Así pues, cada vez que los profetas anunciaban alguna cosa mala o buena, deseaban que se prestara atención al reino de Cristo. Uno puede ver lo mismo aquí en el profeta Joel, quien es el primero en tratar sobre la peste más nociva irrumpida sobre el pueblo judío para de esta forma llamar al arrepentimiento a los aterrados por ese mensaje, y para que así ellos esperaran la venida futura de Cristo (sobre cuyo reino Joel comentará copiosamente más adelante). Acerca del primer capítulo de este profeta, mi juicio sobre el mismo es éste: él no profetiza en el primer capítulo sino que, como ya he dicho, simplemente recita la historia presente de esa calamidad y destrucción de las cosechas y todos los frutos de la tierra, algo que ya había observado.

En el segundo capítulo el profeta comienza su profecía. Es sobre otra clase de langostas (grillos/orugas), ésas de Babilonia.

1 Traducido del texto de Altenburg en D. Martin Luthers Werke. Kritische Gesamtausgabe, vol XIII: 88-123.

Consecuentemente un resumen del primer capítulo, ya que no menciona algo más, es esto: que él atemoriza al pueblo judío al plantar frente de sus ojos esa plaga, la plaga que el Señor ha impuesto. Así espera que ellos, al ser atemorizados, se arrepintieran y aprendieran a conocerse a sí mismos.

Pues, ya que es la naturaleza del mundo el despreciar y burlarse de la palabra de Dios, y ya que vemos que lo mismo ha ocurrido y sigue ocurriendo hoy, no cabe duda que lo mismo le ocurrió a Joel. El mundo nunca cambia su manera de ser. Su príncipe es Satán. Es su impulso el que guía a cada mal, es su reinado, el de las tinieblas, el cual odia la luz. San Juan 1:5. Por tanto desprecia y persigue a los proclamadores de la palabra de Dios. Los llama tontos, y finalmente los ejecuta como personas inútiles. Pablo llama a los cristianos la περίψημα o (escoria) del mundo (1 Corintios 4:13). Y no podemos esperar de éstos algo mejor.

No tenemos suficientes datos de cuando profetizó Joel, pues no menciona el tiempo y la fecha, así como otros profetas suelen mencionarlos al comienzo de sus profecías. Me parece evidente que es un profeta antiguo, que profetiza antes de Isaías, Oseas, y el resto, allí cuando todavía florecía el reino de los judíos y vivía en suma paz. Pienso que entonces vio esa plaga de la cual habla aquí. Por cierto que ese orden de los profetas, así como [el orden de] otros libros de las Escrituras, aprobados por Jerónimo y otros, a nada contribuyen. Fallaron completamente al concluir que los profetas siguen el orden que ellos ordenaron (en la Biblia). Algunos piensan que (Joel) profetizó bajo la dirección de Oseas, pero no creo que esto sea algo aparente.

Capítulo Uno

2. Ustedes los ancianos, ¡oigan esto! Ofreció el sermón de este capítulo no solamente en un sólo lugar sino frecuentemente en muchos otros lugares ya que incitaba a todos los habitantes de la tierra.

3. Esto lo contarán ustedes a sus hijos. Esto es un hebraísmo usado frecuentemente en las Escrituras, hasta es usado por el autor de la

Epístola a los Hebreos cuando dice: "De los ángeles dice, etc.," esto es: "Sobre los ángeles dice (Hebreos 1:7) Aquí "de los", esto es "sobre los", se expresa generalmente en el idioma griego con la preposición περί.

4. Lo que la oruga dejó. Él simplemente recita la historia sobre la plaga que él vio, la cual consumió todas las verduras, cosechas, frutas, y uvas. Esta plaga verdaderamente fue extremadamente dañina al producir a la misma vez hambre y pestilencia.

Tampoco existe constancia, ni yo me atrevo a afirmar con certeza acerca de qué clase de insectos (bestias) son éstos que el menciona aquí, los cuales devoraron y destruyeron todo. Pues tenemos tanta variedad de intérpretes hebreos que no podemos llegar con certeza a una sola interpretación.

Sobre la oruga estamos convencidos, ya que estamos completamente de acuerdo con este vocablo. La palabra en hebreo גָּזָם (*gāzām*) es equivalente a la palabra *eruca* en latín y a la palabra *Raupe* en alemán. Pero la palabra que le sigue "langosta", en hebreo es אַרְבֶּה (*ʾărbĕh*), y ésta se traduce en una manera inconsistente. Algunos la traducen como si fuera un *bruchus* (escarabajo)[2] y otros la traducen como *locusta* (oruga/grillo).[3] Nos es desconocida esta clase de animal, pues nuestra tierra los desconoce. Estaría satisfecho en traducir este *bruchus* como un *die grosse raupen* (enorme grillo), pero no me atrevo. Estoy convencido que no son ni *locustas* ni *bruchus*, a menos que, como ya he dicho, deseemos traducirlo como "un enorme grillo".

Marchitado. Solemos llamarlo en alemán un marchitado *Brand*[4], o *Meltau*. Pero no es verdaderamente así aquí, pues el profeta señala aquí un animal sobre cuyo nombre los maestros de la gramática hebrea sorprendentemente argumentan sobre su significado, y por lo tanto no ofrecen una acertada traducción del mismo. Estamos seguros que

2 Clasificado como *Genus Bruchus*. Éste se conoce por devorar semillas de cosechas. Este insecto no vuela ni tiene alas.

3 El *Locustus*, o grillo, es un insecto con alas, que migra fácilmente en grupos, se reproduce rápidamente y devora cuantas plantas y cosechas encuentran a su paso.

4 Brand es algo completamente consumido, devorado, marchitado, en otras palabras completamente destruido o incendiado, conflagrado por fuego o necrosis.

fueron cuatro clases de animales que abrasaron y destruyeron las cosechas y todas las frutas en los árboles y en las viñas.

5. Despierten, borrachos, y lloren. Esto fue lo que dije anteriormente, el profeta los provoca con esta narración sobre la devastación de las cosechas y los frutos al arrepentimiento. Pero cuando les dice: "despierte, borrachos", no les está insinuando que se encuentran ahora borrachos, ni los acusa de encontrarse borrachos en ese momento. Sino más bien quiere decir esto: "Despiértense ustedes, que viven acostumbrados a una manera desbordada y espléndida, ustedes que solamente están acostumbrados a la abundancia de todo lo visto y por haber, y se encuentran embriagados por tanta abundancia, ¡despiértense ahora mismo! ¡Lloren, hagan luto, arrepiéntanse! Tomen en cuenta la obra de Dios y alármense. ¡Consideren ustedes lo que les va a suceder!

Los que beben vino dulce.[5] Mejor dicho: "Ustedes que beben libremente del vino", cuando se encuentra fresco y dulce. Es como si Joel dijera: "¡Ustedes que están acostumbrados a tantos lujos, lloren! Luego les faltará. Tendrán hambre y sufrirán. Acertadamente ven que todo ha sido devastado, y el vino se esfuma de sus bocas."

6. Porque pueblo fuerte... ascendió.[6] "Ascendió" debe ser traducido como un verbo pretérito perfecto simple (pretérito absoluto). Parece que Joel se expresa poéticamente, así como Virgilio en su obra poética *Georgica* (IV, 21 ss), pues atribuye a las abejas la admirable sagacidad de seguir a sus líderes. Se imagina que otras mantienen la guardia, etc. Aquí entonces Joel pretende que algunos de los animales de los cuales había hablado ascendieran como para trazar una línea de batalla. Es como dijera: estas bestias van a traer tal desastre el cual ni apenas pudiera infligir un rey poderoso. Consecuentemente su sentido es éste: la oruga, el grillo volador, el salteador, el escarabajo fulminante,

5 Mi traducción de la Vulgata. Aquí la RVC traduce: "Los que beben vino, giman a causa de mosto." El mosto es el zumo exprimido de la uva, y es también dulce.

6 Aquí usamos la RV 1960 porque se aproxima mejor a las palabras de Lutero y al texto original.

llegan como un ejército invasor. Los doctores (teólogos) no adoptaron el sentido simple (claro) del texto, pues ellos están tan acostumbrados a discutir neciamente payasadas sobre personas que han de venir. Jerónimo se atormentó bastante sobre esto pero inútilmente.

Sus dientes y sus muelas parecen de león. Ya pues que el idioma hebreo es tan verboso, suele repetir frecuentemente lo mismo, esto es algo que uno puede notar bien aquí, aunque no se pueda notar en otros lugares. Aquellos que leen las Escrituras sagradas conocen muy especialmente sobre esto. Por lo tanto aquí tenemos una repetición de la oración previa sobre el poder y sobre la multitud de esos animales bestiales. Es como si ellos dijeran: "Tan numerosos son ellos que no podemos determinar cuántos son ni cuánta maldad infligen. Tanta es, que ni los leones, aunque fueran bien rabiosos, pudieran haber infligido apenas tanta tragedia."

7. Ha asolado mi viña. Aquí el profeta adopta y toma el lugar de cada persona y de cada israelita que lamenta la ruina y la destrucción de sus frutas y sus viñas. Consecuentemente este texto sirve como un argumento que el profeta ha usado a estos animales como un ejemplo (o tipo) de innumerables gentiles (paganos). Pues los asirios (éstos [los israelitas] interpretan como una gente poderosa e innumerable) o como si fueran cualquier enemigo, que destruyeran no solamente las viñas o campos de agricultura sino también sus ciudades y poblaciones. Pero Joel menciona nada sobre esto aquí, sino que sólo habla de tantas viñas y frutas devoradas. Esto lo atribuye a esas bestias.

Y descortezado mi higuera. Esto es traducido malamente. Así dice en hebreo: "Hizo astillas de mi viña." Entiendo claramente aquí que las viñas y las plantas de higos son las viñas naturales e higos que fueron consumidos y destruidos por esas bestias. No lo tomo como si se tratara de la población, como algunos interpretan aquí.

La ha dejado completamente pelada y por el suelo. Ésta es una mera repetición de la frase previa. Es la manera de expresarse en el idioma hebreo. Se usan palabras de manera redundante. "La peló" (expolió, desnudó) obviamente de sus frutos y hojas, en la misma forma que Virgilio atribuye al invierno la defoliación del honor del bosque.[7]

¡Sus ramas se han quedado desnudas! Esto es, quedaron sin hojas.

8. Llora tú como una virgen.[8] Joel introduce un símil para desarrollar su tema. Es como si dijera: "¡Así como una joven, quien ama a su esposo y cuando lo pierde, llora tan amargamente y lamenta por su fallecido esposo, aquel quien ha amado, (pues el amor entre esposa y esposo es tan impetuoso) de esa misma manera tú te lamentas y lloras!" Así los invita al arrepentimiento, como si dijera: "Laméntense ustedes con enormes gritos, el más feroz de todos los gritos." También cuando leemos: "en su pubertad" es más correcto traducir "en su juventud".

9. Ya no hay ofrendas ni libaciones. Él engrandece sus miserias y tribulaciones al comentar que: "La plaga no solamente tiene que ver con la destrucción de los frutos, árboles, y viñas sino también con que las libaciones fracasarán. Esta gloria vuestra, por la cual eres celebrada entre todas las naciones de la tierra, ese culto divino instituido por la palabra de Dios sufrirá detrimento: Los sacerdotes no podrán sacrificar ni ofrendar tragos de libamientos[9] pues las cosechas han sido así consumidas." Pues era costumbre ofrecer los primeros frutos (primicias) y diez por ciento (diezmo) de toda sus cosechas al Señor, de acuerdo al mandato de la ley de Dios en Deuteronomio 26. Éste era un sacrificio en que ofrendas sólidas, así como el trigo y el cereal, eran ofrendadas. Hacían sus libamientos de líquido con aceite, vino, etc.

10. Los campos están asolados y de luto. Lean este versículo del hebreo de esta manera: "Los campos están desolados, la tierra está de luto, porque

7 Virgilio, *Georgica II*, 404: *Frigidus et silvis Aquilo decussit honorem*, pero Horacio en sus *Epodes* II, 5-6, se aproxima más a esta frase: *December...silvis honorem decutit*. Damos las gracias al Profesor Dinda por esta observación.

8 Ésta es mi traducción literal de la Vulgata. La RV 1960 se aproxima mejor al texto hebreo: "Llora tú como joven vestida de cilicio." La RVC lee así: "Llora tú, como la joven que guarda luto."

9 En los sacrificios antiguos la libación u ofrenda a los dioses o a Dios de copas de licor y otros líquidos era algo común.

ha sido destruido el grano de trigo, el mosto se ha secado, el aceite sufre de languidez."[10] Les ofrece la razón por la cual los sacrificios y libamientos van a desvanecer. Les dice que los campos están asolados, que todas las cosechas y vinos están destruidos, etc. Así pues, vemos en este texto obvias figuras poéticas en su modo de expresión. Pues los poetas declaman que los campos y las cosechas ríen, esto es, son fructíferos. Pero aquí, al contrario, declama que la tierra se enluta, y que el vino se derrocha (se pierde de una manera vergonzosa).

El mosto se ha echado a perder.[11] Ésta es una nueva manera de expresarse para este poeta. Se expresa así frecuentemente. Imitamos correctamente en alemán su manera de hablar cuando decimos: *Der Wein steht schändlich* (Vino que se desperdicia vergonzosamente). Salomón usa frecuentemente esta expresión en Proverbios al comentar sobre un hijo necio y una mujer contenciosa –*einschändlich Weib* (Cf Proverbios 19:13).

El aceite se desvanece.[12] Esto es, no produce fruto.

11. Por el trigo, [el vino] y la cebada. Aquí los labradores son confundidos. Siento misericordia por ellos. Lee así en el texto en hebreo: "Por el trigo y la cebada", pues "el vino" no aparece en el texto hebreo.[13] Por el trigo, [el vino] y la cebada. Esto es, los agricultores ven que no tendrán una cosecha en el futuro pues todas las cosechas han sido consumidas en toda la tierra, y pueden ver que nada más queda el luto y el dolor.

12. Las vides están secas. Sería más correcto traducir: "las vides desfallecen". Esto aquí, es una repetición del presente desastre.

10 Mi traducción del hebreo, usando como referencias RVC, y RV 1960.

11 Mi traducción del texto en latín. En la RVC se traduce: "Mosto no hay." La visión del hebreo es que "el mosto se ha secado". Pero la frase en latín denota que el vino se derrocha o se pierde de manera vergonzosa. Se queda allí el vino estancado hasta que se echa a perder.

12 RVC: "El aceite se ha perdido."

13 Este comentario de Lutero confunde ya que tampoco en la Vulgata aparece "vino" sino solamente "trigo y cebada". Puede ser que al leer "vinitores" en la primera parte del versículo en la Vulgata lo haya entendido como "vino" en vez de "viñateros".

La alegría se confunde.[14] Pueden ustedes ver que ésta es una característica frase del profeta, pues él habla sobre "confusión". La alegría, esto es, sobre la cual deben regocijarse, ha perecido totalmente, y ha sido consumida.

13. Con el cilicio puesto. Ésta es otra repetición de la misma calamidad, para provocarlos a ellos al arrepentimiento. Pero lo que leemos como "porque quitada es de la casa de Dios"[15] se encuentra en el hebreo como "es prohibido en..."[16]

14. Promulgad un ayuno santo.[17] Ésta es una expresión hebrea que ocurre frecuentemente en las Escrituras.

15. Cercano está (el día del Señor). Aparentemente trata aquí sobre la profecía, sobre la cual lo veremos en el segundo y siguientes capítulos. Es como decir: Ven la maldad presente, esa horrenda calamidad. No queda duda que esto significa que otro mal va a caer sobre ustedes.

El día del Señor. Ciertamente otro día llegará, en el cual el Señor nos visitará así como Pedro también lo llama "día de la inspección" o "día de la visitación" (cf 1 Pedro 2:12).

De destrucción de parte del Todopoderoso. Esto es: Cuando ese día llegue, traerá consigo una devastación. No la van a poder frenar. Por lo tanto, ¡arrepiéntanse!

16. ¿Acaso no ha sido (arrebata la comida) a nuestros propios ojos?[18] De nuevo (el profeta) presenta el mal presente, para que no

14 RVC: "No hay... motivo de alegría."

15 La RV 1960 se asimila mejor al texto de la Vulgata. La RVC lo traduce así: "Porque en la casa de su Dios ya no hay..."

16 Es mi opinión que la raíz del verbo usado aquí en hebreo מָנַע (*mā·nă'*), significa "quitada de" o "retirada" y no como Lutero traduce este verbo, "es prohibido en".

17 Este versículo está tomado de Cantera-Iglesias, que en esta ocasión se asemeja más exactamente al texto en latín. La RVC lo expresa así: "Proclamen ayuno" y omite "santo".

18 Citado de Cantera-Iglesias. Como se ve aquí, este versículo se ofrece en forma de pregunta. Este énfasis se pierde en RVC: "Ante nuestros ojos se ha arrebatado el alimento."

olviden la visitación que se aproxima en el futuro. Es como decir "Como yo les digo, él los visitará." ¡Por lo tanto recapaciten!

17. ¡Cómo gime el ganado![19] Es asombroso ver cómo los intérpretes difieren sobre este texto. Así se lee en el texto hebreo: "gimen las semillas bajo el polvo... los graneros son demolidos, etc."[20] Esta conversación frívola sobre el ganado es inútil. Me parece que su sentido es Éste: "sus graneros han sido devastados", quiere decir, "todo lo que se iba almacenar allí para usarlo el próximo año o en caso de una necesidad, todo eso ha sido destruido". Pues se llama en hebreo "granero" a todo lugar en que se almacena o se deposita. En alemán llamamos esto *Vorrat.* "Sus semillas gimen" significa que "no sólo aquellas han perecido, aquellas que proveo para su sustento diario, sino pues, que ninguna semilla dejaré para ustedes".

Todo llorará en vano. No habrá razón para que ustedes esperen recibir alguna semilla o que puedan salvar algunas para sembrar.

Bajos los terrones o graneros. Quiere decir que no habrá necesidad de edificar pisos para almacenar. Ningún alimento les será disponible. Por tanto, esa peste lo consumirá todo, para que ni las semillas les queden.

18. ¿Por qué gimen las bestias? De acuerdo al hebreo debe leerse así: "¡Cómo gime el ganado!" Significa pues, "qué miserables son". Los bueyes y los rebaños no tienen pasto para alimentarse.

Y los rebaños de las ovejas. De acuerdo al hebreo: "Hasta los rebaños de ovejas se encuentran totalmente desolados."

19. Clamo a ti, Señor. Éstas son voces que buscan misericordia. En alemán podemos traducirlas correctamente de esta manera: *Ach Herr,*

19 Noten que esta cita sobre el versículo 17 en el comentario de Lutero aparece como parte del versículo 18 en la Reina Valera. La traducción es tomada de Cantera-Iglesias.

20 Mi traducción del texto en latín. La misma se aproxima a la de Cantera-Iglesias. Noten que estas palabras que siguen en el texto original se encuentran en el versículo 17 en las versiones RVC y RV 1960. RVC dice así: "El trigo se ha secado... los graneros han sido derribados."

lass dich's erbarmen; ach Herr Gott, wie geht es zu! (¡Oh Señor, ten misericordia de nosotros, oh Señor Dios!).[21]

La belleza (*speciosa*) del desierto.[22] El significado de esta palabra varía sorprendentemente en la sagrada literatura.[23] "*Speciosum*" (eso que es bello, ancho, espacioso), se usa por habitación, choza, o cabaña. Aquí se debe traducir esta palabra como "habitaciones".[24]

Fuego. Creo que aquí fuego se toma metafóricamente. Así que su significado es: "Sus habitaciones han sido evacuadas", así les hace ver como que han sido consumidas por el fuego. Aquí espero que cada uno use su propio juicio.

Las llamas. Aquí también lo tomo de una manera metafórica. Es como si él quisiera decir: "Todos los arboles han perecido como si las llamas los hubieran consumido." Por lo tanto ni las personas ni los animales tienen esperanza de encontrar alguna comida.

20. También las bestias del campo (braman pidiendo tu ayuda). Quiere decir: "Hasta las bestias claman y rugen como si buscaran por agua para calmar su sed." Pueden ver que ésta es la misma palabra que se usa en los Salmos (cf Salmo 42:2).[25]

Porque se han secado los arroyos. No pueden encontrar un pozo. Ellos también perecerán. Joel simplemente describe el castigo y la peste infligida sobre la tierra por esos animales, así como ya hemos oído.

---

21 Aquí cita Lutero, como le es costumbre en casi todas sus obras en latín una frase en alemán. Su costumbre es de ofrecer aquí y allá citas que son parte del idioma cotidiano del pueblo.

22 Traducido del latín. La RVC dice así: "los pastos del desierto."

23 La palabra en el texto original en hebreo es נָוֶה (*nȧah*). La Vulgata usa *speciosa* para traducirla al latín.

24 Creo que en español se traduce mejor así: "el espacioso desierto." Se ve bello al ser tan vasto, espacioso, ese desierto.

25 La palabra en hebreo es עָרַג (*'ārag*), "sedienta" o "sed".

Capítulo Dos

En el primer capítulo el profeta se preocupa en recitar sobre esa plaga módica de grillos y escarabajos.[26] Desde ese punto de partida, quería inferir sobre la real y total plaga que le era inminente a todo Israel. Esto es lo que hace en su segundo capítulo. Pero habla en forma general. No señala a los asirios ni a los egipcios, cuando describe a un ejército hostil el cual va a marchar contra Israel para así indicar que una gran calamidad se avecina. Dios siempre ha obrado maravillosamente y por su propia cuenta en su administración del mundo y así actúa hoy también. Pensamos que es bajo consejo humano todo lo que hacemos y administramos. Pero en realidad todo lo que se logra es por la voluntad divina. Por lo tanto, el profeta interpreta también aquí el desastre que se aproxima como la obra del Señor y no como la obra de sus enemigos. También dice que esas huestes acrecentarán su poder no por medio de su propia voluntad ni por su propia fuerza sino por causa del poder del Señor. El Señor brindará su voz al ejército, dice el profeta, y así atemorizará a Israel al revelarle en su conciencia su pecado, y no podrá Israel persistir ni podrá calmar su temor al caerse una frágil hoja a la tierra (cf Levítico 26:36).

Evidentemente estamos experimentado lo mismo en nuestros tiempos en relación a los turcos. No ignoramos cuánto ha crecido su reinado en tan pocos años. En casi cualquier lugar sobresalen felizmente victoriosos, mientras que los nuestros verdaderamente sucumben. Ellos, no cabe duda, marcharán sobre nosotros pues ellos evidentemente son el castigo de Dios.[27] Por lo tanto, en la misma

26 En latín *"locustarum et bruchorum"*. Cf Joel 1:4 arriba sobre estos nombres. En la RVC hace referencia a la oruga, el saltón, y la langosta al traducir sobre esta plaga.

27 La bula papal *"Exsurge Domine"* promulgada por Leo X el 15 de junio de 1520 contra Lutero, acusa al Reformador por decir lo siguiente en unos de sus escritos: "34. Combatir en guerra contra los turcos es resistir a Dios quien castiga nuestras iniquidades por medio de ellos" (Tomado del sitio web: , el 28 de octubre de 2013. Lutero como vemos aquí, como en otros textos anteriores, así como también podemos observar en su explicación a las noventa y cinco tesis, especialmente sobre la quinta tesis (WA, VII, 162), señala a los turcos como instrumentos y no como los verdaderos fieles, en relación a Dios.

manera que solemos predicar sobre la venida de los turcos, el profeta hace lo mismo en este capítulo. El pueblo de Israel residía en medio de sus enemigos. Ellos eran el objeto de horrendo odio entre los pueblos vecinos: los amonitas, los amorreos, los moabitas, los agarenos, etc. Siempre estaban en contiendas con ellos. El rey de Asiria estaba especialmente contra ellos. El reino de Asiria era gobernado por una monarquía. Teniendo esto en consideración, los profetas amenazaban al pueblo de Israel acerca de su futura y completa devastación por medio de los asirios o babilonios.

Jerónimo y otros intérpretes de los profetas se atormentaron de una manera extraordinaria sobre la coherencia del texto. Pues no lo consideran de acuerdo a todo lo que generalmente implica el mismo, de qué forma el Espíritu Santo estrecha entre sus brazos a todo el pueblo y todo el reino de Dios. Por lo tanto, todos los que quieren entender este texto deben incluir al mismo tiempo el reino de Israel y el reino de Cristo bajo una visión universal. Es así que el texto ofrece una coherencia muy favorable.

Por lo tanto, en el segundo capítulo él profetiza sobre una plaga real y contundente, la cual destruirá totalmente al pueblo de Israel. Los amonesta y los llama también al arrepentimiento, así como veremos en el contexto, cuando explicaremos las dos partes del capítulo. Es como si nos dijera (el profeta): "¡Cuídense!, ¡Cuídense todos ustedes! ¡Arrepiéntanse! ¡Recapaciten! ¡El Señor lo visitará! Todo esto llegará a su terrible conclusión."

1. Toquen la trompeta en Sión [Aúllen en mi montaña santa]. Donde leemos: "aúllen", se lee de forma más correcta en hebreo: "clamen" o "griten".

En Números [cf capítulo 10] Moisés describe el toque de la trompeta, y cuáles clases de toque deben hacerse cuando los jefes (principales) del pueblo son llamados a congregarse, y cuáles deben hacerse para congregar al pueblo, o cuando se llamaba para la paz o la guerra. Tenemos también ciertos toques de trompeta para cuando el enemigo se acerca o para cuando el fuego arde en la ciudad, etc. El profeta, por lo tanto, amonesta que las trompetas suenen en voz alta para congregar a todo el pueblo, es como si dijera: "¡Suenen! ¡Suenen las trompetas en alto! ¡Llamen a todo el pueblo, suenen las campanas!" Tenemos la misma costumbre para alertar a toda la población cuando se acerca algo devastador. "Anticipemos al enemigo, busquemos el arrepentimiento, etc." Así como también añade:

Tiemblen todos los habitantes de la tierra. Decimos nosotros: "¡Que todos ellos sean conmovidos!", es decir, "que todos ellos se acerquen". La trompeta toca por todos ellos.

Porque el día del Señor viene. Los profetas no solamente llaman el día del juicio final, "el día del Señor" sino que también llaman así a cualquier día de visitación, así como Pedro lo llama el día de ἐπισκοπῆς, "día de visitación (1 Pedro 2:12). Pues, el Señor llega a su propio tiempo. Él destruye a quien quiere destruir, llega entre aquellos que ignoraba[28] por un tiempo. Éste, entonces, lo llama "el día del Señor". Éste es el día en que el Dios nos visita con su gracia o con su ira.

Y ya se acerca. Traducido del hebreo, "se aproxima".[29] Todas las profecías de aviso suenan así, como si las cosas que predicen tocaran la puerta. Es así como Pedro también predijo el día del juicio, el cual llegaría en breve tiempo. Es aquí donde la clemencia de Dios nos invita al arrepentimiento. Aquí se nos encomienda las oraciones de personas piadosas (justas).

2. [Será] un día de tinieblas y de oscuridad. Aquí tenemos otra construcción. No debemos conectarlo con lo precedente como así lo conectan nuestros libros.[30] Es como si el profeta dijera: "Claro que algún día un pueblo enemigo nos atacará y nos devastará

28 El verbo en latín es, *connivebat*, de *connivere*, literalmente "cerraba sus ojos".

29 Así proclama Jesucristo sobre el reino de Dios en Marcos 1:14: "El tiempo se ha cumplido, y el reino de Dios se ha acercado." "Se ha acercado" en griego "*ēngiken*" de ἐγγίζω (*engizō*) es un verbo activo, de tiempo perfecto, indicativo, que denota un movimiento de casi ya acercarse pero que no ha llegado todavía. Cf Lucas 21:8.

30 Lutero hace referencia aquí a la *Vulgata*.

completamente para que no podamos escapar." Debemos también tomar nota de la fraseología en las Escrituras. Un buen acontecimiento de las cosas, las Escrituras lo llaman "luz" y "paz". Pero al contrario, le llaman "tinieblas", cuando las cosas han salido mal. Es así como Salomón se expresa en Proverbios 31:18: "Su lámpara no se extingue en la noche."[31] Esto es un modo poético de expresarse, un modo familiar de expresión para los poetas. Así pues, él llama a esa triste (trágica) temporada, día de tinieblas y oscuro, día nublado y turbio, día de adversidad y tribulación.

Viene como el alba, cuando se extiende sobre los montes. Éste es un símil por medio del cual declara la llegada del poderoso ejército de sus enemigos. No se puede esconder la aurora. Nadie puede escaparla. "Tal", dice él, "será el futuro que se aproxima bajo el grandioso enemigo, que no podremos escapar de sus manos, de la misma manera que las montañas no pueden escapar la luz del sol cuando éste sale". Esa luz los alcanza a ellos y se declara y se manifiesta. Así como nos acontece cuando los turcos caen sobre nosotros. Los griegos creían estar seguros y fuera de peligro, pero los turcos llegaron repentinamente y los subyugaron. Sobre esto Pablo hace referencia (1 Tesalonicenses 5:3) al notar: "Cuando la gente diga: 'Paz y seguridad' les sobrevendrá la destrucción." Nuestra gente se esmera en indicarnos lo mismo hoy. Para consolarse dicen: "No nos acontecerá a nosotros, el adversario no podrá dañarnos ya que el Señor está con nosotros." Muy bien dicho: el Señor se encuentra presente con los piadosos (justos), él los guarda, y los rescata del enemigo. ¡Pero no es así con los impíos!

3. Lo precede un fuego consumidor, y llamas destructoras cierran su marcha. Jerónimo insiste que este texto se aplica a los grillos y escarabajos, pero esto es un error. Debe ser aplicado a los asirios o a ese pueblo que va a destruir a Israel, así como declaran evidentemente [los] próximos textos. Así como expliqué en el primer capítulo, tenemos que tomar "fuego" como una metáfora, y aquí también debemos

31 El texto en la Weimar cita "Proverbios 28". Ésta es mi traducción de la Vulgata. La RVC lo traduce así: "Y por la noche mantiene su lámpara encendida."

de hacerlo así. Es como si el profeta dijera: "Así como el fuego consume, devora, y reduce todo a cenizas, de la misma manera ese pueblo que se avecina sobre ustedes, arruinará y destruirá todo completamente."

La tierra es como el huerto de Edén ante ellos. Tenemos la misma frase en Génesis (2:8), cuando Moisés describe el paraíso del placer. Aquí él compara la destrucción venidera con la tierra floreciente. Es como si dijera: "Si fueras a comparar la devastación que se avecina con vuestra presente abundancia, parecería que todo ahora está floreciendo, que todo ahora abunda. Pero todo se ha preparado para el incendio y la devastación. Nada quedará. Todo se arruinará y se destruirá." De la misma forma nosotros también edificamos cosas espléndidas, y acumulamos muchas cosas que otros destruirán. Así mismo sucedió con la fortaleza en Babilonia, la cual fue al principio un magnifico y espléndido edificio, pero el Señor luego la destruyó. Así mismo también el reino de Israel pereció y nadie pudo después reparar lo dañado. Nunca más se restableció. Nunca más llegó a ser tan gloriosa como antes. Nunca más fue edificada de forma tan espléndida. Nunca más fue tan rica o poderosa. Expresándolo en pocas palabras: quedó fuera de su gloria. Esto es lo que el Señor hace con todos los reinos que quiere arruinar y destruir. Esto fue lo que le sucedió a Roma, Corinto, Milán, Jerusalén, etc. No ignoramos cuánto florecieron estas ciudades y cuán opulentas eran ellas. Pero cuando el Señor las destruyó a todas, ellas no pudieron posteriormente reparar su daño. Esto es lo que dice el profeta: "Pero después que han pasado, queda la tierra como un desierto."

4. Su aspecto [y su carrera] es semejante al de los caballos. Con todo esto [el profeta] describe la fuerza del pueblo que ha de venir. Ellos van cabalgando velozmente y combaten con valor.

5. Cuando saltan sobre las cumbres de los montes, su estruendo es como el de los carros de guerra. Esto es, aquellos que uno no pueda resistir. Ellos atropellarán victoriosamente por todos lados. Dice de manera prominente: "Saltan." Esta palabra también aparece en el Salmo [114:4]: "Los montes saltaban como carneros, ¡las colinas brincaban como carneritos!" Es como si el profeta dijera: "No tendrán ningún temor de sus fuerzas o confrontación, pues ellos van a regocijarse y alegrarse cuando los ataquen y los destruyan a ustedes. Ellos van a resonar sus suelas de alegría (*Sie werden lecken prae Gaudio*)."[32] Esto es lo que propiamente significa.

Como el crujir de las llamas de fuego cuando consumen la hojarasca. Esto significa: Así como el fuego consume rápidamente la hojarasca, y la consume de tal manera que nada de ella queda, así mismo serán ustedes el botín para los asirios o los babilonios.

6. Ante ellos los pueblos se llenan de miedo. El pueblo lucirá como si fuera a parir ante ellos. Significa: "No solamente ustedes van a perecer, sino también todas las regiones restantes van a ser devastadas como ustedes por el reino de los asirios." Todos ustedes estarán pariendo, angustiados, y sufriendo. Las Escrituras usan frecuentemente esta expresión. Es una comparación con el dolor de las mujeres cuando paren. Cuando ellas sufren durante el parto, no saben por causa de su dolor si van a morir o sobrevivir. Ellas con gusto evitarían ese dolor pero no lo pueden escapar. Pablo usa así esta expresión en Romanos 8:22: "Toda la creación hasta ahora gime a una, y sufre como si tuviera dolores de parto." También leemos lo mismo frecuentemente en los Salmos. Significa una angustia y sufrimiento durante peligros que no se pueden evadir, uno sabe que no hay manera de poder escapar.

Todos sus rostros son como una olla negra.[33] No me es suficientemente claro a qué se refiere esto. Casi el mismo sentido figurado de hablar es usado en el profeta Nahúm 2:10: "El rostro de todos ellos son como una olla negra."[34] Su significado, para la persona que lo interpretó[35] es éste: Las personas se volvieron tan fúnebres y

32 Aquí, como en otros de sus escritos en latín, Lutero compone una frase mezclando el alemán con el latín.

33 Mi traducción literal del latín pues se presta mejor aquí al comentario de Lutero. En la RVC se traduce así Joel 2:6: "Todos los rostros palidecen."

34 De nuevo mi traducción literal del latín. Lee así en la RVC, Nahúm 2:10: "Su rostro palidece."

35 Se refiere aquí a la versión de la *Vulgata* usada por Lutero.

consumidas por la morbilidad que marchaban solemnemente tristes y consumidas con dolor, así como la ropa negra es casi siempre una indicación de luto. Pero no apruebo esta interpretación, pues se lee de otra manera en hebreo. Es así como se lee en hebreo: "Todos los rostros se congregarán en una olla." Quisiera yo que esto texto se entendiera así, pues éste es el sentido que capto aquí. Es como si el profeta Joel dijera: "Trituraron a mi pueblo como carne en una olla." Esta frase, la cual aparece también en Moisés[36] significa cortarán la carne en pedazos. No podemos confiar la interpretación judía sobre este texto, ya que la lengua hebrea carece de la veracidad que tenía originalmente. Así que les complace a ellos la interpretación de Jerónimo. "Ellos se congregarán en una olla." Ellos serán descuartizados a pedacitos, así como se suele cortar la carne a pedazos y se echa a la olla. Es así como Miqueas 3:3 expresa: No podrán escapar la fuerza del enemigo. Pues es absolutamente cierto que el verbo "congregarse" es usado aquí en el hebreo.[37] Se lee así: "Serán congregados o lanzados a la olla." Tendrán un montón de ellos [*Es wirt in Haufen gehen*]. Esto será una metáfora que se toma de la carne cortada a trozos y echada a la olla. Se encuentra también una frase similar en Isaías 3:6: "De la familia de su padre alguien toma a su hermano, etc." Y en Isaías 3:8: "Jerusalén está en ruinas; Judá ha caído, etc."

7. Corren como gigantes.[38] En ningún modo debemos interpretar esto como si se refiriera a los grillos, así es como Jerónimo lo quiere traducir. Muchos otros textos de este profeta [Joel] nos indicarán esto. Su sentido aquí es: "Esos enemigos son muy fuertes y agresivos. Batallarán contra ustedes sin temor, etc."

Los hombres marchan a su propio paso.[39] Así lee en hebreo: "Cada uno marcha a su propio paso." Es así, pues, la palabra "hombre" en

36 Levítico 1:6, 12.

37 La palabra en hebreo es קָבַץ (*qbṣ*). Como afirma Lutero, esta palabra es usada en Joel 2:6, y se debe mejor traducir como "congregarse" o "reunirse".

38 RVC: "Corren como soldados." Pero la *Vulgata* usa en latín "gigantes".

39 Mi traducción del texto en latín. La RVC traduce: "Cada uno de ellos mantiene la marcha."

hebreo significa de vez en cuando una afirmación universal, quiere decir, que ella significa "cualquiera"[40] [cada uno] así como sigue inmediatamente (v 8): "Cada uno no estorba a su compañero." Consecuentemente su sentido es éste: "Ellos marchan a su propio paso", esto es, "ellos romperán las filas y no podrán ser resistidos".

Nadie los rebajará.[41] Esto es, "no caerán".

9. ¡Entran por las ventanas! Esto no suena bien, si fue traducido así como lo correcto. Los traductores de la Septuaginta[42] han traducido "jabalina" por "ventana". Así lo traduzco yo: Ellos caerán ante la jabalina y no llegarán a ser heridos. Es como decir: "Dios dará provecho del ataque de sus enemigos, y aunque jabalinas sean lanzadas al frente de ellos, ellos podrían hasta caer, pero las jabalinas ni los rozarán ni los herirán. Ustedes apuntarán sus arcos en vano contra ellos, pero ellos podrán fácilmente desviar las jabalinas que ustedes lanzan contra ellos."

10. Ante ellos tiembla la tierra. Suena este texto como si el profeta hablará sobre el último juicio, pero no es así. El significado de lo que dice el profeta aquí es éste, es como si dijera: "La tierra temblará, las estrellas esconderán su esplendor." Dice todo esto porque están llenos de espanto. Pues todos los que están por morir y que por lo tanto viven en angustia, todo les parece negro, triste, contrario, hostil. Pero para los que están alegres, todo les parece placentero, hasta las cosas que bajo otras circunstancias no son suficientemente placenteras. Se puede uno regocijar hasta con el mismo excremento o cualquier otra cosa vil. El profeta se expresa, por lo tanto, bajo este sentir, pues aunque el sol se encontrara extremadamente placentero y espléndido,

40 La palabra en latín es *unusquisque*.

41 Mi traducción del latín. RVC: "¡No hay espada que los detenga!"

42 Ésta es la versión del Antiguo Testamento, traducida del hebreo al griego koiné. El griego koiné es también el idioma usado para escribir los manuscritos del Nuevo Testamento. Esta versión bíblica, titulada Septuaginta, es la que usan Pablo, los Padres Apostólicos, y los Padres Griegos al citar el Antiguo Testamento. Esta traducción fue muy necesaria para los judíos de la diáspora que perdieron su uso del hebreo.

y las estrellas brillaran cristalinamente, a pesar de esto, todo luciría absolutamente turbio.

11. El Señor mismo da las órdenes. "Todo esto" dice él, "va a suceder, no porque el enemigo puede lograr tanto, ni porque ellos tengan tanta fuerza sino porque es la voluntad del Señor, porque el Señor nos atemorizará con su voz, y no podremos resistirlo. Tales grandes males nos atropellarán, no porque ellos son poderosos, sino porque somos pecadores. Esto es extremadamente aterrador y terrible en cualquiera adversidad, cuando Dios nos alarma al revelarnos nuestro pecado en nuestra conciencia. Para ésos tan aterrados, todo ánimo y confianza falla, que hasta el caer de una hoja nos abruma, así como ya mencioné al comienzo de este capítulo. De otra forma, si todo diablo fuera a caer sobre una persona piadosa [justa] no va a prevalecer contra ella. Su conciencia está limpia ante Dios, si sabe que Dios desea lo bueno para ella, que Dios no la desamparará, etc. Pero cuando Dios proclama su voz, cuando nos arrebata el corazón, él puede con gusto luchar contra nosotros.[43] Aquí nadie podrá persistir.

Grande [y terrible] es el día del Señor. "Éste no es el día de tus adversarios, sino el día del Señor." Aunque los asirios piensen que están efectuando estas cosas, esto se hace por su propio poder, esto es, por el poder del Señor. Ésta es la manera de expresarse de los profetas, cuando describen las plagas de este tipo. Ellos despojan todo de los seres humanos y del poder de los seres humanos y se lo atribuyen a Dios, y al poder de Dios. Pues Dios actúa así: Él proclama su voz y con ella aterroriza las conciencias de aquellos que quiere destruir. Aquellos que han sido tan atemorizados deben sucumbir, sin importar su gran poder o armadura, etc. Así es como el Señor obra en todas de sus victorias.

Hasta aquí el profeta propone la plaga bajo la cual quiere llamarlos al arrepentimiento, para que así recapaciten y prevengan el desastre que se avecina. Ahora sigue la otra parte de éste.

12. Vuélvanse ya al Señor de todo corazón. Hasta ahora hemos escuchado sobre la amenaza severa de Dios concerniente a la futura

43 Aquí Lutero usa esta frase en alemán: *"wen er uns das Hertz nimptt, so hat er guth mit uns fechten."*

persecución y plaga. Ahora ofrece su consejo y los consuela, para ver si puede evitar posponer esta plaga. No lo pudo evitar pero si lo pudo posponer. Vemos lo mismo en el caso de Abrahán que oró con tanto fervor por la salvación de los sodomitas que pudo posponer el juicio el Dios. Pero nada logró, pues ellos no quisieron arrepentirse. Finalmente la ira de Dios llegó sobre ellos y todos perecieron, hasta el último de ellos. Por lo tanto el profeta prescribe aquí el modo que uno puede resistir lo malo. Pero como el pueblo no puede perseverar, consecuentemente, les sigue el juicio de Dios, del cual él aquí les había advertido.

En todo vuestro corazón.[44] Esto es un hebraísmo que significa de "todo corazón", "en" aquí sobra. Dice claramente [el profeta]: "con todo el corazón", sin fingir y honestamente, sin ninguna hipocresía. Toca brillantemente sobre la hipocresía, y sobre ese servil culto de Dios por los hipócritas. De esto leemos en el Salmo 78:34:[45] "Si Dios los hacía morir a ellos, ellos lo buscaban... y se volvían a él." Así pues, sus corazones no fueron honestos con él. Pues, en tiempo de persecución los hipócritas simulan estar arrepentidos pero sin [tener] un corazón recto ni integro.

Con ayuno, lágrimas [y lamentos]. ¿Pueden estas cosas externas lograr algo sobre el asunto o es el verdadero arrepentimiento de corazón lo único que es suficiente? Ciertamente es así [con el verdadero arrepentimiento], pero juzgamos al árbol por sus frutos. Pues esto requiere ayuno, llanto, lamento, etc., pero primeramente pide: "de todo corazón", es como si dijera: "A menos que estas cosas procedan de un corazón recto, esto es hipocresía y valen absolutamente nada." Pero luego es indicada una verdadera conversión por medio de esos signos externos. El Espíritu Santo ha descrito bellamente la conversión donde primero el corazón se arrepiente verdaderamente y no fingidamente. Entonces, nos demuestra la fe viviente [externa] por

44 Mi traducción del latín. La RVC traduce: "De todo corazón."

45 El salmo 77 es el citado por Lutero en el texto original. Éste es corregido por el editor de la Weimar como el Salmo 78:34.

medio de esas obras. Si esa fe no estuviera presente, todo lo que resta pues nada es. Así es lo que el profeta añade:

13. Desgárrense el corazón, no los vestidos, etc. Añade esto de manera diligente para condenar la hipocresía. Era costumbre de los judíos desgarrarse la ropa cuando estaban afligidos o de luto por alguna cosa. Esto es algo que se puede discernir en toda la sagrada literatura y es así como los escritores demostraban una inmensa e impetuosa conmoción del alma. Pero el uso de esta práctica por tan largo tiempo la degeneró en hipocresía. Así también pues como la genuflexión, las tales llamadas procesiones, y muchas otras cosas han llegado a ser pura hipocresía entre nosotros. Por lo tanto el profeta quiere que desgarren no solamente sus vestidos sino también sus corazones. Es como si dijera: "Se acostumbran a desgarrar sus vestidos con hipocresía pero no desgarran sus corazones [genuinamente]."

Y vuélvanse al Señor. Es como si dijera: "Éste será el medio, si hubieras venido verdaderamente con todo tu corazón, con un corazón genuino, entonces [sí] estás regresando al Señor. No se podrá hacer de otro modo."

Porque él es misericordioso y clemente. "Clemente" es lo que más correctamente llamamos "con gracia, "bondadoso, *gnädig*" [en alemán]. "Misericordioso": la palabra en hebreo רַחוּם (*răḥûm*), significa correctamente en alemán "*barmherzig*", éste es uno que es compasivo, uno que simpatiza con nosotros por causa de nuestra caída [pecado].

Grande en misericordia. Sería más correcto decir: "benévolo", que se desborda en ayudar a todos los seres humanos. Podemos ver todo esto también en el Salmo (103:8): "El Señor es misericordioso y clemente; es lento [paciente] para la ira y grande en misericordia."

Preeminente [superior] sobre la maldad.[46] No me consta lo que esto significa en latín. En hebreo lee de esta forma: "Le pesa [se

46 Mi traducción del latín. La RVC traduce: "Le pesa castigar."

arrepiente][47] fácilmente del mal", esto es, de aquel mal que intentaba [infligir]. Ésta es una frase muy común que ocurre aquí y allí en los profetas, como por ejemplo en Jeremías (18:8): "Mas si esa nación... se convierte de su maldad. Yo me arrepentiré del mal que había pensado hacerles."[48] Este arrepentimiento es frecuentemente atribuido a Dios, esto es, cuando cambia su parecer sobre un daño que proponía infligir. Su significado es como si dijera: "Se conmueve fácilmente para perdonar." Estas promesas son bellísimas, riquísimas, y completamente generosas. Ellas son propuestas por el Espíritu Santo para este propósito: que en el tiempo de ira y furor del Señor, la débil alma o conciencia que busca consolación debe correr hacia ellas y acordarse de ellas. Pues es ciertamente maravilloso poder ver aquí el consejo del Espíritu Santo, que hasta ahora ha exagerado enormemente y multiplicado la amenaza para así hacerlos regresar a la bondad y misericordia de Dios. Indica así que la ira y el furor de Dios obran hacia la salvación, para que los pecadores que han sido atemorizados por las amenazas y el juicio de Dios recapaciten y acepten y reconozcan a Dios como su Padre misericordioso. Él alarma de tal manera a los pecadores que ellos animan sus corazones en la esperanza y en la misericordia de Dios. Ésta es la costumbre de todos los profetas. Pues ellos primeramente alarman vehementemente y con punzantes amenazas, pero inmediatamente, entonces, ofrecen grandiosas y dulcísimas promesas de la misericordia y bondad de Dios. El efecto de cada palabra (esto es, de las amenazas y de las promesas) es pues diferente entre los piadosos [justos] que entre los impíos. Los impíos no usan correctamente ni las amenazas ni las promesas. Pues cuando escuchan las amenazas no piensan que ellas son pertinentes a ellos. Así es como patrocinan su propia hipocresía. Perduran, entonces, en su impiedad de tal modo que piensan que ésta es la cumbre de la piedad. Consecuentemente, tales espléndidas promesas, las cuales requieren nada más y nada menos que triturados y contritos corazones,[49] no son eficaces con

47 El verbo en hebreo es נִחָם (*niḥām*) que significa arrepentirse, o cambiar de parecer.

48 La traducción fue tomada de la Cantera-Iglesias, la cual se asemeja en esta cita casi palabra por palabra al versículo citado en latín por Lutero. La RVC lo traduce así: "Pero si ese pueblo o reino se aparta de su maldad...yo desistiré del daño que había pensado hacerles."

49 Lutero usa aquí "ánimos" que se traduce más frecuentemente como "almas".

ellos. Ya que esto no sucede con los impíos por medio de las amenazas, tampoco son las promesas eficaces con ellos. Los piadosos [justos] las usan correctamente, pues ellos son triturados y desplomados por la ira y las amenazas de Dios. Cargan así el juicio de Dios. Reconocen su pecado y su condenación. Así pues, cuando oyen estas promesas, se vuelven a la misericordia de Dios. De esta forma sus conciencias son tranquilizadas y animadas. Los impíos son tercos y en nada conmovidos por todo esto, y nunca actúan de manera diferente. Es por eso que hoy esperamos frustrados que actúen diferente. Pero ésta es la costumbre de Dios omnipotente, pues primeramente conduce al infierno a sus fieles antes de regresarlo del mismo. Después de así condenarlos y de atemorizarlos los rescata (regresa) y los consuela. Hoy en día vemos claramente lo mismo entre nuestros seres impíos. Mientras que estábamos recibiendo el santo evangelio de nuestro gran Dios por medio de la gracia de Cristo, lo único que hacían nuestros príncipes era oponerse a Dios con sus cuellos torcidos. Cuando predicamos que el juicio y la venganza de Dios se acercan, ellos se ríen de nosotros. Es más, no quieren en absoluto que se les acuse por cualquier maldad. Ellos fingen que se apoyan completamente en el evangelio. Ya que se han cegado tanto, ninguna amenaza los altera. Mientras tanto Dios está postergando su juicio, el cual ya por un largo tiempo ha señalado para ellos. Lo ha postergado, digo pues, a favor de algunas personas justas, piadosas para que ellos no perezcan con los injustos (impíos), y así pues no llegue a ser esto una ignominia (ofensa pública) para el evangelio. Así será hasta que estas personas piadosas hayan sido rescatadas, y hasta que estas personas contenciosas hayan sentido la ira de Dios sobre ellos. Esto lo que dice Isaías (57:1): "Mueren los hombres justos, pero eso a nadie le importa." Pues éste es un misterio [no revelado] del plan del Señor de cómo él gradualmente reúne a los justos con los padres. Pero por fin lo entendemos, etc.

Con suma certeza debemos tomar cuenta de este pasaje del profeta. Éste es uno de los más importantes. Dios no puede refrenarse en salvar a su gente piadosa [justa], a las cuales los atemoriza con su juicio. Él, no obstante, no les quita la esperanza pues muy pronto les ofrece la consolación. Y es pues, que por cuenta solamente de los piadosos que les otorga su consolación. Uno puede observar lo mismo en todos los otros profetas.

Primero atemorizan con cosas horrendas y luego añaden las más dulces de las consolaciones. Cuando las conciencias han sido atemorizadas y pasmadas, la palabra de terror ha logrado su función. Por lo tanto el corazón debe ser resucitado inmediatamente, para que después de haber sido turbado y aterrorizado pueda abrazar la misericordia y la bondad de Dios. Cuando eso sucede los huesos son fortalecidos de nuevo.

14. ¿Quién sabe si cambie de parecer y se arrepienta?[50] Él habla como una conciencia totalmente aterrorizada, la cual finalmente después de ser afligida apenas resucita y comienza a respirar de nuevo por la esperanza y la bondad de Dios. Pero esto no ha sido traducido suficientemente bien. En alemán decimos: *Wer weiss er möcht umwenden* y se arrepiente de lo malo. Esto es, desiste del mal que quería intentar. No quería continuar el mal que deseaba para nosotros, etc.

Y deje bendiciones tras de sí... ofrendas y libaciones. Esto es: "No estará tan airado pues no dejará de mostrar señales (reliquias) de su misericordia." Ciertamente ocurre en conciencias contritas, aquellas que desean alguna muestra (migaja) de la bondad y misericordia de Dios. Esto lo podemos notar con la mujer cananea de la cual habla el Evangelio [Mateo 15:27]. Es así como se consuela la conciencia contrita y humillada. Esas personas que han experimentado esto conocen y entienden muy bien estas cosas. Así pues, el profeta ha usado palabras completamente rotundas y muy apropiadas. Nos lamentamos pues que estas palabras no hayan sido traducidas muy claramente en nuestros libros. Pues ellas se leen así en hebreo: "Él dejará luego (esto es, después de un tiempo) algunas señales de sus bendiciones", así se ve claramente que no será una mera muestra de su ira e indignación, y que también demostrará un ejemplo de su bondad y misericordia. Vemos aquí, entonces, qué clase de cosa es la conciencia. Ella se afinca tenazmente[51] a la esperanza que posee de Dios, que hasta

50 Mi traducción del latín. La RVC traduce: "Tal vez el Señor su Dios cambie de parecer y deje bendiciones tras de sí." La Cantera-Iglesias ofrece una traducción más exacta del hebreo y se aproxima más a la Vulgata, y mi traducción de la misma: "¿Quién sabe si se volverá y se condolerá?"

51 Ésta es una frase muy pintoresca. Dice aquí Lutero: *"quam mordicus tueatur conceptam."* Literalmente traducido: "clava su mordida" o "afinca sus dientes" en la esperanza que posee de Dios.

en la suprema desesperación y la máxima tribulación y angustia abraza la bondad de Dios y espera buenos dones de Dios. Discierne especialmente la ira de Dios sobre todas las criaturas, y nota todo el mundo perdido, pero no se desespera. Todavía cree que queda alguna misericordia y reconciliación para éstos. Esto debemos notar muy particularmente, pues este pasaje es una voz muy común para ayudarnos (servirnos) en cualquier tentación. Por lo tanto, este pasaje nos debe ser recomendado para que lo podamos emplear en cualquiera tentación. Inmediatamente añade:

Trigo y vino para que le presenten libaciones (al Señor su Dios). Esto concuerda con lo que ya ha sucedido de este modo: Dios no se olvidará de su bondad de tal forma que no deje atrás una muestra [de su bondad], particularmente aquí "una ofrenda de trigo y una de libaciones para el Señor vuestro Dios". Esto es, que todavía debemos hacer sacrificios de trigo y libaciones al Señor, todavía debemos servirle, y anunciar sus obras maravillosas (Salmo 42:5): "¿Por qué te desanimas alma mía? ¿Por qué te inquietas dentro de mí? Espera en Dios, porque aún debo alabarlo, etc." También leemos en otro [Salmo118:17): "No voy a morir. Más bien, voy a vivir para dar a conocer las obras del Señor." Y así leemos en el Salmo 6:2-5: "Señor, ten misericordia de mí, que estoy enfermo... por causa de tu misericordia, ¡sálvame! En la muerte no hay memoria de ti; en el sepulcro no hay quien te alabe." Pero todas estas cosas son, sin embargo, un vacilar entre la esperanza y la desesperación. Su sentido, entonces, es éste: "Él tendrá misericordia de nosotros, remitirá su ira. El Señor nos mirará con bondad. Debemos ahora arrepentirnos. No nos rehusará. Abracémonos ahora mismo de su bondad. Tendremos pues un remanente de su misericordia. No estará perpetuamente airado, etc.

15. ¡Toquen la trompeta en Sión! ¡Proclamen ayuno! Ahora habla el profeta mismo: Prescribe el modo de hablar y les comunica la manera que deben convertirse. Así pues, vemos por todos lados el fiel maestro, el Espíritu Santo, quien aún no desea nuestra condenación, pues [el Espíritu] prescribe la manera en que debemos orar y recapacitar. Esto ciertamente es una gran consolación.

¡Que salga de la cámara nupcial el esposo![52] Expone aquí el sentido de ese ayuno, que no es necesariamente abstenerse del alimento, sino que se abstengan y se refrenen de todos los placeres y deleites. Sobre esto él quiere hacer un llamado a los viejos y los jóvenes, en fin, a todo el pueblo, para que lo noten. Noten también el fervoroso amor del profeta, pues él deseaba tanto la salvación del pueblo.

17. Y ustedes los sacerdotes, ministros del Señor, lloren... y digan: Es así como les enseña a orar.

Señor, ¡perdona a tu pueblo! Aquí el texto provee suficiente evidencia para confirmar mi juicio expresado al comienzo del capítulo: que el profeta no habla sobre grillos sino sobre el ejército enemigo de los asirios o de los babilonios, ese ejército que iba a devastar y destruir a todo Israel, etc.

Tu heredad,[53] esto es, tu pueblo Israel.

Las naciones, esto es, "los paganos" (gentiles). Pero no detalla qué es esto.

Por qué se ha de decir entre los pueblos: "¿Dónde está su Dios?"[54] Es así siempre como el profeta urge al Señor: por medio de su propia gloria. Ésta es, ciertamente, una oración fervorosa y saludable ante Dios. Es como si dijera: "¿Qué acontecerá finalmente, Señor, si nos destruyes a todos nosotros? Esto te llevará a la humillación. Tu gloria estará en peligro, pues esta ocasión proveerá a las naciones (gentes) incrédulas una oportunidad

52 Mi traducción de la Vulgata que lee así *"egrediatur sponsus de cubili suo"* e inmediatamente luego *"et sponsa de thalamo suo"*. La Cantera-Iglesias, que es más fiel al texto en hebreo, y a la Vulgata, lo traduce así: "Salga el esposo de su alcoba y la esposa de su tálamo." La RVC lee así: "¡Que salgan de la cámara nupcial el novio y la novia!" No obstante, esto es un uso elegante del hebreo pues el texto no señala que el esposo y la esposa se encuentran en diferentes cámaras. El contexto dicta que pongan su romance a un lado.

53 Traducido del latín. Así también traduce la Cantera-Iglesias: "y no entregues 'tu heredad' al oprobio." En la RVC lee así: "¡No lo entregues al oprobio!"

54 Cita tomada literalmente de la Cantera-Iglesias. La RVC traduce: "¡No permitas que entre los pueblos se diga que nuestro Dios nos ha abandonado!"

para blasfemar contra tu pueblo y tu santa Palabra. Si todos perecemos, la vergüenza será tuya."[55] Ciertamente él urge a Dios con esta oración. Esto es algo que Moisés sabía también, pues de una manera similar él le pone reparo al Señor, quien estaba listo a destruir a Israel. Él dijo que era su propia gloria la que se ponía a juicio si destruía a ese pueblo que había escogido para sí mismo, y evidentemente lo había declarado su propio pueblo con muchos portentos (signos) y milagros. Pues así nos declara Moisés en Éxodo 32:12: "Los egipcios van a decir: '¡Dios los sacó para su mal! ¡Dios los sacó para matarlos en los montes y para borrarlos de la faz de la tierra!' etc." Sin duda, por cuenta de su gloria, es clemente hoy con nosotros quienes menospreciamos su evangelio. De otro modo, sin duda, nos hubiera ya juzgado. Ésta no es una pregunta común, sino una difícil de satisfacer. Le causó mucha dificultad al apóstol Pablo que cuatro capítulos fueron apenas suficientes para tratarla, así como vemos en Romanos. Él resuelve el asunto en un modo completamente frío [áspero] y no completamente de forma satisfactoria. Finalmente cree que lo resuelve de manera satisfactoria y dice: "De ninguna manera, Dios no desechó a su pueblo, porque también yo soy israelita, etc."[56] Es obvio que ofreció una excelente solución. Por lo tanto no podremos ofrecer ya otra mejor solución. Dios castiga a su pueblo de tal manera que los paganos no pueden decir: "¿Dónde está su Dios?" Así todo, rescata un pequeño remanente de su pueblo. Así es como argumenta Pablo.

18. El Señor se llenó de celo por su tierra.[57] Todo lo que sigue debemos leerlo en el modo subjuntivo o modo optativo, así como tuvimos que hacer con Oseas. Por lo tanto su significado sería: "Si ustedes se hubieran humillado y regresado al Señor con todo su corazón y hubieran orado: 'Señor, ¡perdona a tu pueblo!', entonces lo que les digo llegaría a ser verdad." Pero él les habla en tiempo pretérito (pasado) como si el Señor hubiera hecho ya esto. Pero en realidad

55 La frase fue traducida del alemán usado entonces por Lutero: *wen wyr gleich all vordurben, ßower es dyr eyn schand.*

56 Lutero frasea aquí lo dicho por Pablo en Romanos 11:1-2.

57 Mi traducción del latín. La Cantera-Iglesias lo traduce casi igual al texto original pero usa "Yahveh" en vez de Señor al traducir este verso literalmente del hebreo. La RVC traduce así: "El Señor mostrará su amor por su tierra."

lo que entiende es que va a suceder. Es como dijera: "Si oraran así y regresarán al Señor, entonces, el Señor se celaría sobre su tierra y no destruiría a su pueblo. Él [el Señor] les respondería así, etc. Es así como los amonesta sobre la verdad de Dios, es como decir: "Aprenderán por fin por medio de la experiencia que el Señor ha recapacitado y desea lo bueno para ustedes, etc., cuando les manda grano y vino y aceite a ustedes etc."

20. [Haré que] esa gente del norte [se aleje de ustedes]. Ellos piensan que este texto es sobre las langostas (grillos) pero ésta es una mala interpretación. Pues él está hablando sobre un rey que ha de venir, y dice que prohibirá que ese [rey] los dañe, si ellos recapacitan de algún modo. Es como si dijera: Si ustedes viven una vida piadosa, yo por seguro refrenaré a los asirios.

[Y los lanzaré] a una tierra seca y desierta. Esto atormenta bastante a Jerónimo. Como ya he expresado, pienso que debemos interpretar esto como un [verbo en el modo] subjuntivo. Jerónimo lo expone como un [verbo] simplemente indicativo, y presenta así el suceso de la matanza de Senaquerib y la de 185.000 soldados, los cuales fueron derribados por el ángel [del Señor] en el campamento de los asirios, de acuerdo a Isaías 37. ¿Pero qué historia me vas a contar sobre "el hedor putrefacto" que inmediatamente añade aquí el profeta Joel? Pero, como ignoramos el acostumbrado uso [aquí] del idioma hebreo y no podemos tampoco averiguarlo de los expertos de la gramática, como también sucede con otros idiomas, tenemos que adivinarlo. Cuando estas cosas fueron dichas, los judíos lo entendieron muy bien. Mi juicio (opinión) sobre su significado es el siguiente: es como si él dijera: "Así todo, tengan fe, animen sus corazones (recuperen su valor). Así pues, recapaciten, y yo obraré para que los asirios no los atropellen. Pues él está en mi mano. Ciertamente yo lo lanzaré adonde yo quiera, para que un pedazo se pudra aquí y otro allí." Debemos entender lo que sigue adelante de la misma manera.

Su vanguardia [la arrojaré] hacia el mar oriental. Él llama el "Mar Muerto", "aquel anterior a él". Al "Mar Mediterráneo" lo llama "el occidental" o "la retaguardia". El reino de Judá estaba situado entre los dos mares. El significado, por lo tanto, es éste: "Si hubieran regresado a mí, yo hubiera refrenado a los asirios. Lo destruiré de tal manera que a una parte la lanzaré al Mar Muerto y la otra parte al Mar Grande.[58] Será subyugado y consumido en la tierra. Me parece que éste es el significado más claro.

Pues ha actuado con orgullo.[59] Si pudiese usar aquí un hebraísmo, felizmente relacionaría éste al Señor y no a los asirios. Lee así en hebreo: "Porque ha hecho grandes cosas."[60] Pues, éstas son las mismas palabras que siguen inmediatamente en el próximo versículo, donde nuestro traductor lo ha traducido también: "Pues el Señor ha hecho grandes cosas."[61] Tenemos la misma expresión en el Salmo 126:3: "El Señor hará grandes cosas por nosotros." Por lo tanto su sentido sería: "El Señor se llenará de gran furia, y actuará valientemente."

21. Y tú tierra… No temas. Es como si dijera: "Si se arrepintieran y regresaran al Señor, el Señor haría cosas magníficas por ustedes. El ejército enemigo no podría hacer nada contra ustedes. El Señor restauraría cada perdida. De nuevo estarían abundante y completamente abastecidos de vino, aceite, y ganado." Todas estas cosas las langostas (grillos) devoraron anteriormente. Así pues añade:

22. Animales del campo no teman. De la misma forma que anteriormente había amenazado a la tierra, al pueblo, las bestias con su destrucción y devastación ahora de nuevo los consuela a todos y dice que esas cosas no sucederán y que no morirán, si ellos de algún modo se arrepienten; para que todas las cosas brinden ricas frutas, etc.

58 Así llama aquí al Mar Mediterráneo.

59 Mi traducción del texto en latín. La RVC se aproxima correctamente al hebreo: "Porque yo hago grandes cosas".

60 Esta traducción fue tomada de la versión Cantera-Iglesias. La misma lo traduce exactamente como la Vulgata.

61 La RVC lo traduce exactamente como la Vulgata. Pero en hebreo lee: "Pues Yahveh ha hecho grandes cosas." Así es como es traducido correctamente por la Cantera-Iglesias. Como ya hemos notado, en algunas traducciones el nombre de "Yahveh" es remplazado por el nombre de "Jehová" o por el nombre de "Señor".

Los pastos del desierto. Ésta es la misma expresión que encontramos anteriormente en el primer capítulo (Joel 1:19), cuando el fuego consumió "los pastos del desierto", esto es, graneros y alfolíes. Así, entonces, como dijo anteriormente que el fuego había consumido los graneros, ahora dice que germinarán, la leña producirá de nuevo sus frutos, siempre y cuando recapaciten.

Las higueras y las vides volverán a dar su fruto. El modo de expresarlo en hebreo es: [Han otorgado] "su poder", esto es, sus facultades. Esto significa: Los árboles darán y producirán esto que está bajo su poder. Esta expresión es usada también en el Salmo 78:51.[62] En breve, lo que significa es que ellos recibirán de nuevo copiosos y abundantes frutos. Significa, pues, el poder efectivo y la energía en los árboles.

23. Hijos de Sión [alégrense], etc. Debemos leer "hijos", no "hijas".

Porque les ha dado a ustedes un maestro [doctor] para vuestra vindicación [justicia].[63] Esta expresión hebrea ofrece varios significados a los traductores. Pues מוֹרֶה (*môreh'*) puede significar "maestro" o "lluvia" a los hebreos. Esto es algo que podemos ver en el mismo versículo en Joel, donde la misma palabra es traducida como "maestro" (*doctorem*) o como "lluvia" (*imbrem*). Aquí pues, no lo entendemos como "maestro" sino como "lluvia".[64] Por lo tanto lo traducimos: "Pues les dará misericordiosamente a ustedes la lluvia." La siguiente palabra "vindicación" la cual la hemos traducido claramente aquí como "clemencia" o "misericordia", se traduce así también en el Salmo (24:5): "Recibirá bendición del Señor y de su Dios salvador."[65] Tomaremos esto, entonces, adverbialmente: "Él les otorgará misericordiosamente la lluvia."

62 Traducido así en la RVC: "Frutos de su vigor."

63 Traducido del texto en latín. Lutero explica porqué se usa "lluvia" en vez de "justicia" en el contexto del párrafo.

64 Las traducciones vertidas al castellano, así toman el sentido de esta palabra. La RVC lo traduce así: "Porque él les ha dado la primera lluvia a su tiempo."

65 Mi traducción del latín. Lo traduce así la RVC: "Quién es así recibe bendiciones del Señor; ¡Dios su salvador, le hace justicia!" Como vemos usa esta traducción "justicia" en vez de "misericordia". La Cantera-Iglesias: "Logrará bendición de parte de Yahveh y galardón de su Dios salvador."

Y enviará sobre ustedes lluvias tempranas y tardías. Estas dos lluvias son celebradas en la literatura sagrada pues las dos son muy necesarias. Es como si dijera: "El Señor les dará lluvias sucesivamente. Les dará la lluvia matutina (temprana) para que crezca la semilla y la del anochecer (tardías), para que no se consuma y marchite la cosecha por la excesiva aridez", etc. Pues éstas son obviamente lluvias de la divina misericordia, para que no tenga la tierra excesiva humedad ni excesiva aridez.

24. Las eras se llenarán de trigo. Vemos como este intérprete (traductor) ha variado sus palabras, pues traduce primeramente en tiempo pretérito y luego en tiempo futuro, y así pues nuestro dictamen mencionado anteriormente sigue constante: debemos leer todas estas palabras en el [modo] subjuntivo. Pero todas estas explicaciones son copiosas promesas.

25. Los compensaré de los años en que devoraron todo la oruga y el saltón.[66] Esto es: "El Señor restaurará abundantemente a ustedes todo lo que las orugas devoraron y destruyeron. Él reparará todo el daño que recibieron, y lo hará abundantemente."

Ese gran ejército. Aquí tenemos la misma palabra que traducimos anteriormente "con poder" (v 22). Lo tomo como [caso] acusativo, aunque no me preocupo como ustedes lo tomen, mientras y cuando capten el sentido correcto que el profeta desea hacer referencia aquí. Él se expresa así: "Restauraré para ustedes mi poder, esto es, enviaré mi riquísima facultad entre ustedes, para que así tengan un abundante abastecimiento de todas las cosas. Éste será 'mi gran ejército'", así pues nos referimos al "ejército" y no a las orugas como la bendición divina. Jerónimo debió estar alucinando cuando no lo tomó así sino que lo interpreta como "orugas".

26. Y nunca más mi pueblo será avergonzado. Todos los profetas están acostumbrados a usar esta forma de hablar. Moisés la usó

66 Mi traducción del latín. La RVC lo traduce así: "Yo los resarciré por los daños que le causaron la oruga, el saltón..." La Cantera-Iglesias lo traduce así: "Y os compensaré de los daños en que devoraron [todo] el *arbeh* y el *yéleq*."

también. Estas palabras suenan como si esa generación judía fuera a ser perpetua y gloriosa en el futuro. Pero éste no es su significado. Pues "siempre eterno" o "en la eternidad" significan para los judíos un tiempo indefinible. Su significado exacto es éste, es como dijera él: "Y mi pueblo nunca será avergonzado."[67] Vemos frecuentemente esta expresión en las Escrituras.[68] Es usada en el Libro de Reyes (2 Reyes 6:23) como también aquí y allí [en la Biblia].

27. Y nadie más. Nuestra interpretación aquí no puede ser superior a lo que se cita en hebreo: "Soy el Dios de ustedes y no hay otro."[69] Hasta ahora ha profetizado sobre la destrucción temporal del pueblo: que todo sería derrumbado si no se arrepienten, y así todo no se arrepintieron; que Dios restituiría todas las cosas, si se arrepienten; que abundarían ellos con un rico abastecimiento de todas las cosas. De esta forma demuestra el profeta la misericordia y la bondad de Dios, quien prefiere la vida y la conversión del pecador antes que su muerte.

28. Después de esto, derramaré mi espíritu. Aquí comienza la correcta profecía, la cual debemos separarla de todo lo que ha acontecido anteriormente. Pedro ha tratado sobre esto en Hechos 2. Primero debemos mencionar sobre la transición del profeta. Si los lectores de los profetas no entienden esto, ofenderían vehementemente a los profetas. Pues es la costumbre de los profetas que cuando ellos anuncian esa profecía por la cual fueron enviados, ponen a un lado lo ocurrido anteriormente después de la revelación de su profecía e inmediatamente comienzan a profetizar sobre Cristo. Aunque todos los profetas fueron enviados para anunciar algún castigo temporal, así todo, siempre también lo conectan a algo relacionado con Cristo. Aquí el profeta Joel hace lo mismo. Inmediatamente pasa del pueblo judío al futuro pueblo de Cristo, y así pues omite todo lo sucedido después del anuncio de la profecía sobre la devastación total de Israel.

67 Traducido del alemán. Lo cita así Lutero en el alemán empleado entonces: *"und meyn folck sal nicht meher zuschanden werden."*

68 En el texto original aparece en singular "scriptura".

69 Esta cita fue tomada de la Cantera-Iglesias, ya que casi se aproxima literalmente a la cita de Lutero en latín y al texto en hebreo.

Es evidente, entonces, que comienza aquí una nueva profecía. Cuando dice "después" no debemos hacer referencia aquí a la devastación bajo los asirios. Pues es la costumbre de los profetas, [como vemos] aquí, omitir ciertas historias (eventos) para comenzar a anunciar otras cosas que sucederán mucho después en el futuro. Pues es un hecho que la revelación del Espíritu Santo sobre la cual el profeta trata aquí sucedió mucho después.

Derramaré mi espíritu en toda carne [sobre toda la humanidad].[70] El Espíritu Santo se derrama en dos maneras: Bajo una manifiesta visión o revelación y por revelación secreta. Aquí pues habla sobre el Espíritu Santo como él se manifiesta derramado y revelado con confirmados signos. Él desiste en hablar sobre la antigua sinagoga de los judíos y sobre el pueblo de la sinagoga, sobre los cuales ciertos reyes y príncipes fueron instituidos por Dios, sobre los cuales cierta orden de los levitas fue instituida por Moisés, una orden cuyo oficio era el de enseñar. Existía cierto respeto hacia las personas. El profeta dice que será ciertamente diferente con ese nuevo pueblo: No habrá [estorbo] respeto para las personas, pues a cada una de ellas se les dará la autoridad para enseñar, predicar, no por medio de hombre, ni bajo hombre, sino divinamente por Dios. No existirá un orden –como existía bajo ese antiguo pueblo– de esos que solamente tenía el oficio sacerdotal. Sino que el Espíritu [Santo] se infundirá sobre toda carne. Todos serán maestros y sacerdotes de Dios. Era, entonces, extremadamente necesario para este reino, tan claramente diferente que el previo, que fuera establecido y confirmado por manifestados signos y bajo una revelación abierta, o efusión, del Espíritu, pues ciertamente esa revelación secreta estaba presente en la sinagoga. Esos textos que leemos aquí y allá en los profetas y los escritos de los apóstoles, cuadran con esto, y debemos hacer referencia de ellos. Por ejemplo, Jeremías dice (31:33-34): "Pondré mi ley en su mente, y la escribiré en su corazón. Y yo seré su Dios, y ellos serán mi pueblo... porque todos ellos, desde el más pequeño hasta el más grande, me conocerán." También en Isaías

70 En el texto hebreo este versículo aparece en Joel 3:1. En el hebreo Joel está divido en cuatro en vez de tres capítulos. Así pues, que los versículos que aparecen en nuestras traducciones como Joel 2:28-32, aparecen en la Biblia hebrea como Joel 3:1-5.

54:13: "Yo, el Señor, enseñaré a todos tus hijos." Juan 6:45: "Todos serán θεοδίδακτοι (enseñados por Dios)." Esto fue completamente cumplido el día de Pentecostés. Por tanto, cuando el evangelio sea revelado y evidentemente presentado por los apóstoles hasta el fin de toda la tierra –pues así fue profetizado en los Salmos– esos signos cesarán, pues no existirá duda sobre la veracidad del evangelio. Pues éste [el evangelio] ha sido confirmado por tan claros y visibles signos, cuando esos signos eran necesarios, [y] cuando la predicación de eso era todavía una novedad. Nosotros, entonces, no requerimos signos para confirmar la Palabra, la cual ya ha sido evidentemente exhibida y confirmada al mundo. Los signos que Dios otorga no los otorga a favor de una sola persona sino para el beneficio de muchas personas, así como el apóstol Pablo dice pues en 1 Corintios 12:7: "Pero la manifestación del Espíritu es dada a cada uno para provecho de todos."[71] Ustedes no necesitan la manifestación del Espíritu pero otros sí lo necesitan. Por cuanto lo que nuestros profetas manipulan entre sí mismos sobre sus signos en nuestro tiempo ellos se lo imaginan. Esta profecía de Joel es, entonces, una profecía sobre la revelación pública del Espíritu Santo. Pues el Espíritu Santo ha estado siempre con los devotos desde el principio del mundo, esto nadie puede negarlo, pero no ha estado [el Espíritu] públicamente manifestado.

Sobre toda carne.[72] Evidentemente que la efusión (derramamiento) del Espíritu Santo fue hecha sobre toda la carne, pero su don no es el mismo, pues todo el mundo vio la manifestación del Espíritu Santo en los apóstoles cuando enseñaban y predicaban el evangelio. Pero el don no llegó a todos. Vemos pues como Isaías nos habla en el mismo modo y dice: (cf Isaías 49:26): "Toda carne verá la salvación de nuestro Dios." Simón dice también en su cántico (Lucas 2:31): "Que has preparado a la vista de todos los pueblos." Esto significa: Cristo ha sido preparado, revelado, y

71 Lutero añade al texto de la Vulgata *"sed alii"*, "de todos". Por eso añadí a la RVC esta frase que es parte del sentido original del verbo usado en griego: συμφέρω (*sumférō*). Se usa para expresar algo que es provechoso para ser usado en común o el provecho de otros. Lutero capta aquí el sentido original del griego. La Cantera-Iglesías capta este importante detalle: "A cada uno se le concede la manifestación del Espíritu, para el provecho [de todos]." Varias traducciones de este texto al inglés traducen que la manifestación del Espíritu es otorgado para "el bien común".

72 RVC: "sobre la humanidad entera."

presentado para ser visto por toda carne. Por lo tanto, en el Nuevo Testamento el Espíritu Santo ha sido derramado en los corazones de todos los piadosos, pero también ha sido declarado abiertamente por muy evidentes signos para confirmar al Verbo (la Palabra).[73] Es así pues, que no es nada que nuestros profetas buscan para patrocinar sus propios errores basados en este texto cuando dicen que tienen el Espíritu Santo y que es necesario que la persona sienta el Espíritu Santo, aunque ellos no han dado muestra todavía del Espíritu. A ellos debemos responderles así: "No es suficiente tener el Espíritu infundido (derramado interiormente). Ciertamente esto te beneficia solamente a ti. Pero debes presentar y ofrecer amplia evidencia de esa efusión y manifestación del Espíritu para que así toda carne la vea. Pero como no pueden hacer esto, como tampoco nunca nuestros profetas pueden hacerlo, dejen pues que con nosotros continúen siendo estudiantes de las Sagradas Escrituras. No tenemos cualquier otra revelación del Espíritu Santo sino solamente la que tenemos en las Sagradas Escrituras. No deben instituir un nuevo género de doctrina, así pues fingiendo instituirla bajo la autoridad de las Sagradas Escrituras. Pues si Cristo fuera a instituir una nueva clase de predicación no lo haría en la oscuridad ni solamente en el corazón de una u otra persona. Sino pues la declara con un signo manifestado abiertamente, para que no se pueda dudar del mismo. Tenemos esto presente en la promulgación de ese nuevo reino del cual él profetiza aquí. Pedro también se gloria sobre ésta cuando dice: "Por el Espíritu Santo enviado del cielo" (1 Pedro 1:12).

Y los hijos y las hijas de ustedes profetizarán. Esto es lo que dije anteriormente. En este reino no existirá diferencia alguna entre personas. No habrá solamente profetas, sacerdotes, levitas, como anteriormente, sino también los hijos como las hijas profetizarán y enseñarán sin alguna diferencia. Aquí establece tres clases de divina iluminación: primero, la profecía. Ésta ocurre cuando el misterio de Cristo o la gracia exhibida al mundo por medio de Cristo son proclamados clara y rotundamente, como Jeremías dice: "Pondré mi ley en su mente" (Jeremías 31:33). También [ocurre] cuando Pablo o uno

73 En latín usa *"pro verbi"* que aquí, en mi opinión, puede ser una referencia al Verbo encarnado y no a la Palabra escrita de Dios. Esto es algo que también lo señala o pide el contexto de este versículo.

de los otros apóstoles están evidentemente interpretando las Escrituras, esta interpretación es profecía. Segundo, son los sueños donde algunas imágenes son representadas. Éstas, pues, uno las entiende cuando el Espíritu las interpreta, para que aquellos que las hayan visto no tengan duda alguna que [los sueños] son de Dios. Tercero, son visiones, ciertas apariciones, como cuando Joel vio las orugas, grillos, y escarabajos o cuando Isaías vio la gloria del Señor sobre el templo, etc.

29. También sobre los siervos y las siervas. El pronombre "mis" no aparece en hebreo.[74] El sentido aquí es como si dijera: "Existe ahora diferencia entre siervos y siervas, pero por seguro yo ahora la haré cesar, porque habrán siervos profetas y siervas profetas." Éste es un pasaje extremadamente evidente contra esa máscara papista del sacerdocio, bajo la cual no quieren que cualquiera sea sacerdote, pero donde radica un respeto por las personas. Cristo dice que todos sus fieles van a ser sacerdotes. Pues qué cosa más es requerida para el sacerdocio que la de anunciar las obras (hechos) y la palabra de Dios. Nadie puede negar aquí que esto es concedido a todo cristiano. Pues Cristo dice que él dará sin ninguna discriminación de personas su Espíritu Santo a los hijos como a las hijas, a los siervos como a las siervas, etc.

30. Y haré prodigios en el cielo [y en la tierra]. Esto es: "Daré mi Espíritu de tal modo que confirmaré esto con muy evidentes y suficientemente firmes testimonios, sí pues con signos, para que así nadie pueda dudarlo." Debemos detener a nuestros profetas por largo tiempo sobre este texto. No debemos confiar su espíritu a menos que ellos exhiban manifiestas señales y prodigios para confirmar la presencia del Espíritu. Esto es algo que nunca va a suceder. Dios, consecuentemente, nos ha dado esos signos en el cielo y en la tierra para declarar su nuevo reino al mundo, así como toda criatura ofrece testimonio sobre el mismo. Vemos pues, que Dios no está jugando sobre esto ni tampoco está actuando en las tinieblas para promulgar

74 El texto aquí usado por Lutero es la Vulgata que lee: "*super servos meos et ancillas*" que traducido es, "sobre mis siervos y siervas".

alguna nueva palabra. Sobre la promulgación de la ley, sabemos con qué grande y suficientemente horrendos signos, y portentos él la ha confirmado: fuego, humo, truenos, granizo, bajo el fulminante tocar de las trompetas, etc. Todo esto, como todas estas cosas que ha profetizado aquí, ocurrieron para cerciorar a las conciencias, para que así en ningún modo pudieran dudar, y así pues poder volver a estar completamente seguros que ésta era la palabra de Dios, la cual estaban escuchando. Entonces, pues, su significado es como si dijera: "Cielo y tierra se moverán cuando el evangelio salga en la mañana[75] para que toda criatura dé testimonio que éstas son las palabras de Dios." Esto es algo que Dios no hará por los falsos profetas. Ciertamente Dios no ofrecerá testimonio contra su propia palabra que antes la reveló una vez al mundo con tan magníficos y con tan diversos milagros.

Con sangre y fuego y columnas de humo. No conozco suficientemente [bien] cuándo esos signos ocurrieron, ni sé bien si fue esto escrito para que todo eso ocurriera.

Fuego. No cabe duda que esto sucedió cuando fuego descendió del cielo y aparecieron unas lenguas como de fuego repartidas sobre los apóstoles el día de Pentecostés, así como Lucas escribe en Hechos 2:3. Es creíble también que había humo allí, un signo bajo el cual no solamente aquí sino luego también el Espíritu Santo se declara evidentemente en Hechos 10:44: "Él Espíritu Santo cayó sobre todos los que lo escuchaban [la palabra]."[76] Nadie puede negar el hecho que esto ocurrió visiblemente. Pues prosigue aquí inmediatamente: "Pues los fieles circuncidados... estaban atónitos."[77] Pues es verosímil, entonces, que el Espíritu Santo se reveló a sí mismo en ese momento por medio de fuego, así como Pedro dice: "Que también han recibido el Espíritu Santo como nosotros" (Hechos 10:47).

75 Aquí Lutero construye una oración donde mezcla, como varias veces hace, el alemán con el latín: *"es sol ßich himmel und erd regenoriente evangelio."*

76 Lutero, al usar la Vulgata, emplea las mismas palabras que se encuentran en el griego original: "escuchaban la Palabra:" *qui audiebant verbum/* τοὺς ἀκούοντας τὸν λόγον.

77 Mi traducción. La RVC traduce "Los judíos circuncidados" pero la Vulgata traduce "fideles" y el texto original en griego lee también πιστοὶ (*pistoí*), "fieles".

Sangre. No sé si está hablando de esta manera y toma "sangre" así como lo toma en el siguiente versículo, pues aquí interpretaría yo "sangre" como "rojizo", pues la palabra en hebreo permite llamarla así. Esto es lo que vemos en Génesis 49:11: "Lavarás tus vestidos... en la sangre de las uvas"; y en Deuteronomio 32:14: "Y sangre de racimo bebes, vino de uvas."[78] Están destacando aquí lo rojizo de las uvas. Pienso que significa lo mismo aquí (aunque no estoy suficientemente convencido). Pues me parece a mí extremadamente audaz y extremadamente torcido, que queramos establecer que este signo significa la sangre de Cristo y de los mártires derramada en la tierra como hacen algunos. Aquellos que quieran relacionar estos signos al día del juicio final, lo pueden hacer sin que yo me oponga. Pues Cristo predice sobre los signos que preceden al día del juicio en Lucas 19. Pero a la vez quiero yo realmente [y] simplemente aplicarlo al tiempo que el Espíritu [Santo] fue enviado. Es pues que todos estos signos acompañaron al Espíritu Santo enviado el Día de Pentecostés, y que así ese grandioso día fue el día que el evangelio fue revelado. Nosotros, pues, ya sabemos que en ese día de la pasión de Cristo el sol se escondió y que probablemente muchos otros signos ocurrieron, sobre los cuales, así todo, los evangelistas no escribieron.

31. Y la luna en sangre. Ésta es una frase hebrea, quiere decir: "la luna se hizo sangre", y "se hizo" [convirtió] similar a la sangre. En Apocalipsis 6:12 tenemos una manera similar de hablar: "El sol se cubrió de oscuridad, como un vestido de luto, y la luna entera se puso roja como la sangre." Como pueden ver el hebreo usa [nombres] sustantivos en vez de adjetivos.

El día [grande y] terrible del Señor. Lo que leemos aquí sería leído más correctamente en hebreo: "temido" o "reverenciado".[79] En las Escrituras Dios es frecuentemente llamado "terrible" en este sentido. Cuando Jacob dice en Génesis 28:17: "¡Qué terrible es este lugar!" se usa la misma palabra que el intérprete traduce "terrible".

78 Tomado de la Cantera-Iglesias. La RVC traduce: "Y les dio a beber del mejor vino."

79 La palabra en hebreo es: יָרֵא (*yārē'*).

32. [Y sucederá][80] **que todo aquel que invoque el nombre del Señor será salvo.** Éste es el texto que me mueve a desear que todos los signos se entiendan como el día que el evangelio es revelado. Éste será un día completamente reverenciado y grandioso. ¿Pero no han invocado ya los devotos el nombre del Señor desde el principio del mundo? ¡Pues sí! Pero de nuevo debemos relacionarlo a la revelación manifestada. Cristo siempre ha sido el mismo, la fe de los devotos ha sido siempre la misma. Ellos han bebido de la "Roca espiritual", así como Pablo menciona en 1 Corintios 10:4. Pero lo que ahora se ha hecho público en el tiempo del evangelio revelado, estaba escondido bajo la ley, el temor, y ese ministerio. El apóstol Pablo ha empleado este texto en Romanos 10:13ss con suficiente reverencia. Contiene este texto todo sobre nuestra salvación. Debemos entenderlo simplemente así como las palabras suenan, sin añadir algún comentario extraño (glosa). "Será salvo", esto es, redimido del pecado, de la muerte, y del infierno. Pasará de la miseria de esta vida a la vida eterna. No se puede tener esta salvación por medio de ningún otro recurso que bajo la efusión (derramamiento) del Espíritu Santo sobre toda carne. Él es quien obra para que se invoque el nombre del Señor. En resumen, lo que él dice aquí es lo mismo que Pablo urge en todas partes: que el ser humano es justificado por medio de la fe sin las obras de la ley. "Invocar al nombre", pues, es creer, así como lo ha interpretado Pablo tan bellamente y gradualmente en Romanos 10:14: "¿Cómo invocarán aquel en el cual no han creído? ¿Y cómo creerán...?", etc. Así pues, gradualmente argumenta perfectamente sobre todos los pasos concernientes a nuestra salvación. Primero, algunos deben ser enviados para anunciar el evangelio. "El escucharlo llega, pues, después del envío, y la fe llega, pues, después de escucharlo, el invocar al Señor llega, pues, por medio de la fe, y la salvación llega, pues, después de invocarlo." Consecuentemente, el reino cristiano no es nada más que el reino de fe en la palabra de Dios; es decir, nuestra salvación no nos llega por medio de nuestros propios esfuerzos, ni por nuestros méritos o justicia, sino pues bajo la misericordia gratuita de Dios. Él, como

80 La Vulgata afirma: "Et erit", que traducido es: "Y sucederá." Esta frase aparece en el texto original en hebreo pero es omitida por la RVC. En hebreo lee: ו ,וְהָיָה (*w, y*), הָיָה (*hyh*, sucederá) y la Cantera-Iglesia lo traduce: "Mas acaecerá que todo el que el Nombre de Yahveh invoque será salvo."

nos dice el apóstol Pablo en Romanos 5:10, nos amó cuando éramos sus enemigos y envió su Espíritu Santo a nuestro corazón para ser nuestra causa efectiva para invocar el divino nombre [del Señor], en quien solamente somos salvos, etc. Dice claramente: "El nombre del Señor." Es cierto que en esta vida no podemos ver cara a cara al Señor, sino que tenemos el reino de fe hasta que morimos. Es entonces, pues, que vamos a conocer cara a cara al Señor. Para hacer un resumen de todo esto: Nuestra salvación consiste solamente de la misericordia de Dios, la cual invocamos y deseamos. Los Salmos se encuentran llenos de textos como éste: "Por causa de tu misericordia, ¡sálvame!" (Salmo 6:4); y "Por causa de tu nombre, ¡líbranos y perdona nuestros pecados!" (Salmo 79:9).

Porque en el monte Sión y en Jerusalén habrá salvación, esto es, estará allí la base para la salvación. Esto es lo que dice el profeta Isaías (2:3): "Pues de Sión sale la ley, y la palabra del Señor, de Jerusalén."[81] También Cristo dice en el último capítulo de Lucas (24:46-47): "Así está escrito, y así era necesario, que el Cristo padeciera y resucitara de los muertos al tercer día, y que en su nombre se predicara el arrepentimiento y el perdón de pecados en todas las naciones, comenzando en Jerusalén", etc. Pues aquí también tenemos un versículo que mantiene que el evangelio será proclamado primeramente desde Jerusalén: el evangelio, que entre muchas otras cosas, Cristo indudablemente lo reveló a sus discípulos. Vean aquí, pues, la maravillosa bondad de Dios, quien quería tanto afirmar nuestras conciencias, para que no pudieran de ningún modo dudar sobre el Verbo (Palabra) de Dios. Pues así, entonces, durante la primera promulgación del evangelio, él usó un cierto lugar, ciertas personas, como también usó ciertos signos externos. Al mismo tiempo, esto fue extremadamente necesario para que los evidentes signos y lugares, y personas pudieran demostrar y testificar durante la primera proclamación del evangelio. Hasta cierto

81 Mi traducción del latín. En la RVC se traduce: "Porque la enseñanza saldrá de Sión; de Jerusalén saldrá la palabra del Señor." La RVC traduce "enseñanza" en vez de "ley" (lex) que es la palabra usada correctamente para traducir el sentido del hebreo sobre la "ley" dada por Dios en Sión. La Vulgata emplea *"verbus"* que puede ser traducido como verbo o palabra. Veo aquí que la Vulgata mantiene una visión de una palabra activa, que habla desde Jerusalén. El que habla es Yahveh, el Señor.

punto, Dios es enemigo de espíritus pasajeros[82], los cuales producen tantas incertidumbres. Ciertamente ahora que el evangelio ha sido revelado abiertamente, no está atado a ninguna persona, o lugar, así como sigue inmediatamente:

Y entre ellos estará el remanente al cual el Señor ha llamado. Es como si dijera: "Por seguro comenzará en Jerusalén el inicio de la salvación. El evangelio de salvación será predicado allí primero. Pero no permanecerá solamente allí. Llegará a todos los pueblos y será predicado por todas partes en todo el mundo. Después [de esto] no habrá discriminación entre lugares o pueblos."

Capítulo Tres

No estoy seguro hacia dónde debemos aplicar este capítulo: a lo que sigue adelante o a lo precedente. Pienso que se debe aplicar al reino de Dios. Creo pues que es una exposición de los versículos antecedentes: es decir, sobre cómo las cosas procederán en el mundo, para que el reino de Dios se extienda más abiertamente. En resumen, como ya había dicho al principio, éste es uno de los profetas más antiguos. Él profetizó cuando las cosas marchaban felices para los judíos. Él vio también el amargo odio y persecución de los edomitas, palestinos, moabitas, y otras naciones contra los judíos, un pueblo que Dios había elegido para sí. Esto lo leemos en la historia sagrada. Por lo tanto el profeta habla de esta manera: "¡Sí! Que las gentes malvadas griten violentamente, se opongan al pueblo de Dios. Llegará el momento, sí llegará el momento, cuando todos los enemigos del pueblo de Dios perderán su confianza. Me vindicaré espléndidamente de nuevo contra ese insulto que trajeron sobre mi pueblo para que así mi venganza sea algo saludable en el futuro. Pues les enviaré a ellos la Palabra del Evangelio, para que así reconozcan sus errores y sus pecados. Yo

82 Esta frase fue traducida del alemán usado por Lutero entonces: *So ist got den fligenden Geistern feynd (feind).*

haré de aquellos que ante fueron mis enemigos, mis amigos." Así pues, aplica la presente furia de los enemigos al día de Cristo del cual él profetiza.

1. Haré que Judá [y Jerusalén] vuelvan del cautiverio. Él previó el cautiverio de los judíos. Debemos, pues, aplicar estas ideas al reino de Cristo. Es como si dijera: "Cuando yo redima a mi pueblo Judá del verdadero cautiverio de la muerte, esto es, del pecado y del infierno, cuando yo resucite de la muerte y haya otorgado el Espíritu Santo."

2. Entonces congregaré a todas las naciones [y las llevaré al valle de Josafat]. Esto es algo que nunca ha sucedido físicamente. ¿Pues, cómo pudiera ocurrir esto de que él congregará a todas las naciones en un lugar tan angosto? Pues ese valle de Josafat, que se encuentra entre Jerusalén y el Monte de los Olivos, es muy estrecho para apenas guardar algunas personas. Por lo tanto, no estoy de acuerdo con aquellos que relacionan este texto al juicio final. Es decir, que el Señor tendrá su juicio en el valle de Josafat y allí juzgará a todas las naciones. Cuando urgimos a esas personas sobre la estrechez de ese lugar, ellos lo aplican a toda la región alrededor de Jerusalén. No importa lo tan elocuentemente que lo cuenten, están pues equivocados, pues ni el mundo entero, ni muchos menos Judá, ni escasamente, pudieran sostener [en ese valle] el innumerable número de personas que han vivido desde el principio del mundo. Pues así como Pablo describe, algunos estarán en la tierra y otros volando en las nubes (1 Tesalonicenses 4:17). Presionados, pues, por esto tan absurdo, debemos aplicar este texto a un misterio, pues no podemos aplicarlo literalmente. Debemos entenderlo como la predicación del evangelio, la cual congregará a todas las naciones y las llama al juicio, anunciándoles así sus errores y pasando así el juicio que son condenadas para así pues mostrarles a Cristo, su salvación. Esto ha ocurrido y ocurre diariamente desde que el Espíritu Santo fue enviado del cielo, del cual él habló anteriormente en el capítulo 2 (:28-29), para que así las naciones que fueron llamadas a juicio reconozcan su pecado y rueguen por el perdón. Pues el nombre Josafat no es un nombre común sino un nombre propio. El profeta, entonces, emplea mal un nombre propio y lo convierte en un nombre común, así como también Oseas toma el nombre de la ciudad de Galaad por el de la sinagoga. En resumen, el profeta habla sobre el llamado de todas las naciones a la iglesia de Dios por medio del evangelio.

Y allí entraré en juicio con ellas. Vemos aquí una transición del mal presente hacia la vindicación futura, es como decir: "Llegará [el momento] cuando yo juzgaré, y ellos no podrán escapar. Pues definitivamente yo los encontraré,[83] ahora pues cerraré mis ojos a la gran crueldad que ellos desatan violentamente contra mi pueblo." Él lo toma, pues, como el número total de todas las naciones y de todos los pueblos pero lo interpreta también como ese grupo de adversarios del pueblo de Dios.

3. **Entregaron a los niños a cambio de una prostituta, y vendieron las niñas [a cambio de vino para emborracharse].** Pues lo que se le ocurre a Jerónimo en su deliberar (mente) es asombroso; aquí como es su costumbre habla tonterías sobre la gente. La palabra זוֹנָה (*zonā*) significa en hebreo una prostituta o mesera u hostelera. Por lo tanto, algunos con razón estiman que Rajab era una mesera u hostelera. Es posible que esos espías que fueron enviados por los israelitas buscaran un albergue decente. Consecuentemente, ya que tenemos aquí esa misma palabra que significa prostituta o mesera, podemos entender que tiene doble significado. A mí me parece claramente que su sentido es éste: Ellos emplearon a un niño varón como prostituta o mesera y [vendieron] a una niña por vino. Esto es, ella trabajaría como una sirvienta para servir vino y el joven sería un sirviente en la hostería. Este sentido me complace mucho más que cuando lo aplicamos en un sentido sexual. Pues esas personas capturadas eran sometidas a la esclavitud y la servidumbre.

4. **¿Qué tengo yo que ver con ustedes, Tiro y Sidón?** El sentido es el mismo que mencioné anteriormente. Recita aquí de nuevo el mal

83 Aquí Lutero usa una expresión común en el alemán usado aquel entonces: *"ich wil sie feyn (fein) finden."*

presente, para así entonces demorar la vindicación hasta el momento en que el evangelio sea revelado. Es como si dijera: "Ustedes han injuriado vehementemente a mi pueblo. Si ustedes han arrebatado algo de ellos, me lo han arrebatado a mí. Pues han arrebatado las vasijas de oro y plata del templo, como muchas otras cosas. Devolveré represalia sobre sus cabezas. "No es que el pueblo judío pudiera esperar una venganza corporal sobre sus enemigos, así pues como hombres miserables se jactan todavía hoy. Significa, pues, esto: "¿Entonces, que me harán ustedes a mí, ¡o palestinos y a vuestros confines!? ¿Van a dirigir ustedes su venganza hacia mí, si se vengaran?" Es como si dijera: "Hagan su daño pues,[84] no tienen ustedes 'moneda para los frijoles'"[85] (el modo para hacerlo).

Muy pronto. Obviamente esto es cuando llegue el evangelio. "Entonces haré de los enemigos, amigos, y así me vengaré de ustedes."

5. Mis cosas bellas. En hebreo esto lee: "mis buenos ricos tesoros", esto es, "mis vasijas de oro y plata del templo".

Se llevaron. Es obvio que cuando el pueblo fue cautivado, las naciones vecinas se deleitaron sobre la calamidad de los judíos, pues ellos fueron arrastrados como cautivos. Esto es algo que contiene la historia sagrada. Está también descrito en el Salmo [137:7]: "¡Arrásenla, destrúyanla hasta sus cimientos!" Por lo tanto, aplico todo esto aquí a Cristo y no el cautiverio en Babilonia, como Jerónimo y otros lo hacen. Pues no pudiéramos de otra manera explicarlo de acuerdo a las consecuencias, ni tampoco estas cosas pudieran concordar una con otra.

7. He aquí que yo los suscitaré del sitio [en que los vendisteis].[86] Debemos aplicar todo esto a la revelación del evangelio. Pues si

84 Lutero se expresa aquí así en alemán: *"hebt nuhr an."*

85 La frase en latín es: *"in vos cudetur faba."* Éste es un modo de expresarse en latín: "El frijol fue hecho para dañarme" (*in me cudentur faba*). Esta frase es interpretada por Aelius Donatus, maestro de Jerónimo, así: *"in me malum recidet"* ("el mal regresa para dañarme").

86 Citado de la Cantera-Iglesias que se asemeja casi literalmente a la Vulgata. La RVC traduce: "Por eso yo los traeré de ese país donde los vendieron."

el profeta hubiera descrito simplemente alguna pugna o vindicación, no hubiera usado tan numerosos y eficientes verbos. Pues como vemos aquí en cierto modo exagera la situación. Debemos, entonces, entender "suscitaré" como la predicación del evangelio, el cual vino no solamente a los judíos sino también a todo el mundo.

8. **Venderé a sus hijos... [en las manos de] a los hijos de Judá.** Esta expresión hebrea[87] se traduce en latín usando la preposición "*per*" y en alemán con la palabra "*durch*" ya que el idioma hebreo no tiene un equivalente para la preposición "por medio de". Ésta es la forma usada en las citas de todos los profetas: la Palabra del Señor "en la mano de Isaías" (Isaías 20:2), esto es por la mano de; lo que el Señor hizo que Isaías predicara, etc. Aquí "en las manos" significa "por medio de las manos", esto es, por medio de los hijos de Judá. Esto es, lo que sucedió por medio de los apóstoles que anunciaron el evangelio al peregrinar entre todas las naciones.

Y ellos los venderán a los sabeos. La región de Sabea es mucho más distante de Jerusalén que Grecia es de Palestina. Ésta es la Arabia, pero en la historia tenemos tres Arabias: Petraea, el desierto y su área fructífera. En Arabia Petrea se encuentran los idumeos,[88] los amonitas, los ismaelitas. La región de Petrea es realmente inmensa y la ciudad de Petrea se encuentra en este territorio. Su territorio fructuoso mira hacia la India, cerca de la costa superior del Mar Rojo. Se llama en hebreo "Sabá". La historia sobre la reina de Sabá se encuentra en el libro de Reyes (1 Reyes 10:1) y también en el Evangelio (Mateo 12:42). Por medio, entonces, de una sinécdoque (la cual es una forma muy común de expresarse empleada por los profetas) él los llama árabes en lugar de todas las naciones distantes. Por lo tanto él quiere decir que [esto] es una venta espiritual, pues ellos fueron regresados y hechos cristianos a través de todo el mundo.

87 "En las manos de", "*in manibus*" ("*filiorum Juda*"), aparece en la Vulgata pero no aparece en ninguna de nuestras traducciones usadas en castellano. La frase "mano" o "brazo, בְּיַד, sí aparece en hebreo en lugar de "por".

88 Los habitantes de Idumea, Edom. Así fue nombrado ese territorio por los griegos y romanos.

Yo, el Señor, lo he dicho. Él añade esto para confirmar su profecía. Es como si dijera: "No fallarán todas estas cosas pues no es un ser humano quien las predijo sino pues es el Señor quien lo ha dicho y él no puede mentir."

9. Proclamad esto entre todas las naciones.[89] "Esto" se refiere claramente a lo que ya hemos dicho: "Clamen en voz alta."[90] Esto ocurre definitivamente por medio del evangelio, el cual es la voz proclamada. En todo este versículo y todos los que le sigue se encuentran llenos de metáforas, al igual que todos los profetas se encuentran llenos de metáforas. Esto es algo que vemos en este versículo en el Salmo (118:22): "La piedra que los constructores rechazaron, ha llegado a ser la piedra angular." Debemos comprender que este versículo se refiere a Cristo, ya que Cristo y todos los apóstoles así lo interpretan: En él deben unirse tanto los gentiles como los judíos, pues sólo es en él que la salvación está fundada. Ahora pues, que los constructores lo rechazaron [a él], esto es, que los escribas y los fariseos lo rechazaron, ni siquiera una mínima palabra lo indica. Isaías se expresa también así: "Miren esto: yo he puesto en Sión por fundamento, una hermosa piedra angular", etc. Este texto también fue proclamado sobre Cristo, pero también estas palabras no parecen aparentemente tener esta misma idea. Por eso, lo que se expone a continuación es lo que explica la metáfora: "Quien crea no habrá de conturbarse (perturbarse)."[91] Este versículo otorga luz a toda la metáfora. Es valioso observar esto en los profetas, quienes suelen emplear tantas metáforas para este propósito; y así ellos u opacan la profecía o llegan a ejercer su ingeniosidad. Vemos lo mismo pues aquí con Joel. Pues el sentido de este versículo es como si él dijera: "Ustedes que predican el evangelio, vayan pues y declaren el mismo. Háganlo evidente entre todas las naciones. Prepárense ustedes para la guerra. Animen a los que son robustos. Permitan, pues, todos aquellos que quieran batallar que se

89 Traducción de Cantera-Iglesias. La RVC traduce: "¡Proclamen la guerra entre las naciones!"

90 Aquí Lutero usa esta frase en alemán: *"rufft es auß"* que literalmente quiere decir "clamen hacia fuera".

91 Mi traducción de la Vulgata. La RVC traduce: "Quien se apoye en ella, no se tambaleará."

levanten y lo hagan. Dejen, pues, todos aquellos aptos para la guerra que se presenten."

10. ¡Tomen sus azadones y sus hoces y con ese metal hagan espadas...! Éstas son puras metáforas. Es así, pues, como el profeta abunda lleno del Espíritu. Es así, también, como magnifica esta guerra espiritual. No hubiera tenido necesidad de declarar esto en caso de una guerra corporal. En resumen: Tomen la Palabra (Verbo) y batallen contundentemente. Los azadones y las hoces son instrumentos de paz; lanzas y espadas son instrumentos de guerra. Significa esto, pues: "Esos instrumentos que usaron anteriormente para la paz, lo deben acomodar ahora para la guerra y la batalla." Esto es lo que Cristo proclama: "Y el que no tiene espada, que venda su capa y que se compre una" (Lucas 22:36). Isaías dice exactamente lo contrario, pues dice en el capítulo 2:4: "Ellos convertirán sus espadas en rejas de arado, y sus lanzas en hoces." Pero los dos se expresan correctamente. Pues Isaías habla sobre la paz física y espiritual que comenzó bajo Cristo, pero Joel se refiere a la batalla espiritual de la Palabra del evangelio.

¡Diga al débil, "yo soy fuerte!"[92] Esto es muy pertinente a los cristianos, así que no lo podemos interpretar que significa una batalla corporal. Pues como dice Pablo (Romanos 5:3): "También nos gloriamos en nuestras tribulaciones."[93] Aunque los cristianos se encuentren débiles, inválidos, y desechados, ellos, así todo, son inmensamente poderosos. Esto es algo que Pablo enseña muy elegantemente por todas partes. Por ejemplo en 2 Corintios 6:10 cita: "Parecemos no tener nada, pero somos dueños de todo." También: "Hemos llegado a ser como la escoria del mundo, como el desecho (περίψημα) de todos." "Hasta el momento pasamos hambre, tenemos sed, andamos desnudos, nos abofetean, etc..." (1 Corintios 4:13, 11). Cristo dice también así de sí mismo: "El Hijo del Hombre no tiene dónde recostar su cabeza" (Lucas 9:58). Distinguidos soldados, sí, quienes consecuentemente sufrirán toda clase de miseria; también guerra admirable, sí, y

92 Mi traducción de la Vulgata. La RVC traduce: "¡Que saque el débil fuerza de flaqueza!"

93 Mi traducción de la Vulgata. La RVC traduce: "Nos regocijamos en los sufrimientos."

claramente en contra todo ejemplo del mundo entero, una donde los soldados son débiles, esto es, impotentes, bajo la cual sufren mucho y son despreciados. Pablo interpreta qué clase de servicio militar es cuando observa así: "Las armas con que luchamos no son las de este mundo, sino las poderosas armas de Dios", etc. (2 Corintios 10:4).

11. Y ustedes todas, naciones vecinas, ¡júntense y vengan!… Yo, el Señor haré que tus fuertes acudan a este llamado. "Tus fuertes" son sus guerreros robustos ya que el evangelio levantará toda la gente del mundo. Pero aquí casi parece que el profeta solamente se dirige a los palestinos cuando dice "tus fuertes". Pero en realidad por medio de una sinécdoque, incluye junto a los palestinos toda la gente [del mundo]. Derrumba, pues, a todos ellos con el Espíritu en su boca y los sujeta a sí mismo por medio del evangelio.

12. ¡Que se despierten las naciones y suban [al valle de Josafat!]. El profeta se explica con mayor detalle. Es imposible, como ya he dicho anteriormente, que todas las naciones se congreguen en el valle de Josafat, cuan tan grande sea el mismo, pero no es así. Debemos entenderlo, entonces, como la iglesia en la cual todas las naciones se congregarán bajo la palabra de Dios. Pues como el sol ilumina todo el mundo con sus rayos, así también todas las naciones se congregarán bajo la palabra de Dios, aunque todos no crean la Palabra, así todo se anunciará a los impíos (no creyentes) como a los piadosos (los creyentes). Pues para los virtuosos es el poder de Dios para la salvación y para los otros es juicio.

Para juzgar. Aplico todo esto al día cuando el evangelio haya sido revelado, y a todo el tiempo de la nueva Sión y no al día del juicio final.

13. ¡Echen mano a la hoz, que la mies ya está madura! Éstas son meras exhortaciones para anunciar la Palabra con celo y diligencia. Todo esto pues es una metáfora. Es como si dijera: "Comiencen a predicar. Marchen con vigor pues la mies está madura. Ya ha llegado el momento oportuno." Esto lo mismo que Cristo dice en Juan 4:35: "Alcen los ojos, y miren los campos, porque ya están blancos para la siega."

¡Vengan acá, que el lagar está rebosante! ¡Llenen las cubas…! Esto pues, lo leemos así correctamente del hebreo. Continúa aquí la exposición de todo esto:

¡Que ya es demasiada la maldad de ellos! Él ha explicado aquí claramente el significado dado a "el lagar", "la cosecha", y "la cuba"; significan pues, toda la tierra del mundo, donde las uvas son aplastadas y el vino abunda. Éste es el uso dado por Isaías (en 63:3): "Yo solo he pisado las uvas del lagar. De los pueblos, ninguno estaba conmigo." Por la Palabra, entonces, el aplastó todas las naciones bajo su reinado, estuvieran ellos dispuestos o no dispuestos. Los no dispuestos son juzgados y condenados. Después que los dispuestos son juzgados, ellos recapacitan. Ellos reconocen su gracia [de Dios], y una vez que confiesan su gracia, son salvos. Ciertamente la fe no es nada más que el genuino reconocimiento de la bondad y la misericordia de Dios o de la cara de Dios, así como el profeta explica. En estos versículos tenemos la pura predicación de la virtud y del poder de la palabra de Dios.

14. Pueblos, pueblos, en el valle de la decisión.[94] La palabra הָמוֹן (*hamon*) significa en hebreo una "gran multitud". Aquí el profeta ha usado el plural, y es como decir, "una gran turba de personas". Turba, turba, donde quiera que viren verán una turba. Por lo tanto no podemos interpretar ésta como si significara solamente al pueblo judío, ya que [el profeta] ha explicado todo esto abundantemente y con tan evidentes palabras. Yo ya mencione esto antes. Él llama el valle de Josafat, el valle de la decisión. Esta expresión hebrea[95] Pablo la traduce en Romanos 9:28 así: "Porque el Señor ejecutará su sentencia sobre la tierra con justicia y prontitud." Esto propiamente significa: "establecer cierto límite, abreviar" y lo expresamos así en alemán "*in eyn kurtz fassen*" ("para resumirlo"). Por lo tanto significa aquí "un

94 Mi traducción de la Vulgata. Una traducción literal del texto en hebreo se encuentra en la Cantera-Iglesias: "¡Multitudes y más multitudes en el Valle de Fallo!" El Valle de Fallo es también otro nombre para el valle de Josafat. Algunos traducen Valle de Fallo como el "valle de la decisión" o "el día del juicio". La RVC lo traduce así: "Son muchos los pueblos en el valle de la decisión."

95 חָרוּץ

definido, cierto, limitado valle". Esto es lo que nuestro traductor[96] ha traducido malamente como "de la decisión". Pues la palabra "*consisum*" en latín no significa "definido" o "cierto" o "abreviado" sino más bien significa "cortado" o "bien cortado en muchos pedazos". Daniel también usa esta palabra para describir el Anticristo en Daniel 7:12:[97] "Se les prolongó la vida durante cierto tiempo." Este valle, entonces, es la iglesia de Cristo, así como mencioné anteriormente.

15. El sol y la luna se oscurecerán. Esto lo explicamos anteriormente en el segundo capítulo. Pues los profetas acostumbran a describir una situación de tal forma que a aquellos que el Señor atemoriza y quiere entregar en las manos de sus enemigos, no solamente el cielo y la tierra parecen ser sus adversarios, sino también las estrellas y todas las criaturas. Vemos esto también en el libro de los Jueces acerca de Sísara: "Desde los cielos pelearon las estrellas; ¡desde sus órbitas pelearon contra Sísara!" (Jueces 5:20). A los impíos les parece que todas las criaturas los resisten. Significa esto pues: Por cuenta de esas excesivas batallas, y esas incontables matanzas y ataques, humo se levanta, y ni siquiera el cielo se puede ver. Esto es algo que esos conocen, también, aquellos pues, que han vivido similares batallas horrendas. Pues le parece a todos aquellos que han sido derrotados, que todas las criaturas están en contra de ellos. El temor a la muerte que yace frente a sus ojos también les hace ver esto. Pero aquí el profeta asume una metáfora tomada de una matanza carnal para demostrar lo inmenso y cruel que es una batalla espiritual, es la que podemos notar en Romanos 1:18: "La ira de Dios se revela desde el cielo contra toda impiedad y maldad [de quienes injustamente retienen la verdad]."

16. Desde Sión, el Señor lanzará un rugido. Ésta es una exposición de todo lo que presentó anteriormente sobre el conflicto de manera tan excelente. Describe aquí pues las armas de esta guerra, pero está

96 Se refiere Lutero aquí al traductor de la Vulgata que traduce al latín, "in valle concisionis" o "valle de la decisión".

97 El editor de la Weimar sugiere aqui a Daniel 12:9, donde la palabra hebrea חָרוּץ sí es usada, pero en un sentido diferente. La Vulgata cita aquí a Daniel 7:12 como el texto apropiado, aunque esta palabra no es usada en el texto hebreo.

diciendo: "No habrá nada de hierro, no habrá ningún arma en esta guerra. Sino que el Señor efectuará esta guerra solamente por medio de su Palabra." No podemos realmente interpretar este pasaje como si se tratara de una batalla externa sino que debemos verla como una guerra espiritual. Él quiere afirmar pues: "Tal será su asalto, que el Señor rugirá desde el cielo cuando manda su Espíritu Santo." "Atemorizará a todos los pueblos con su Palabra, la cual el publicará y la cual logrará que llegue primeramente a toda Jerusalén. Esto es lo que dijo anteriormente al final del capítulo 2: "Porque en el monte de Sión y en Jerusalén habrá salvación."

Los cielos y la tierra se estremecerán. Hageo también se expresa así en su segundo capítulo, [v 6]: "Dentro de poco tiempo haré temblar los cielos y la tierra, el mar y la tierra seca, etc." Pues cuando Cristo nació, los ángeles aparecieron y se escucharon anunciando que Cristo había nacido, y todas las criaturas, las estrellas, y el cielo, se escucharon dando testimonio de su nacimiento."

El Señor será la esperanza de su pueblo. Aquí de nuevo el profeta expone claramente qué clase de guerra será ésa en el futuro. Será pues una guerra espiritual. Indiscutiblemente, Cristo reinará entre su pueblo, esto es, entre los fieles, aquellos que van a creer en él. Él será pues la confianza de su pueblo, pues esto se traduce mucho mejor usando la palabra "confianza". Cesará en su reino todo poder humano y todo armamento. Todo se hará bajo la fe. "Entonces", dice el Señor, "sabrán ustedes que yo soy el Señor su Dios, y que habito en Sión" (v 17).

17. Jerusalén será una ciudad santa, etc. Esta promesa nunca ha sido cumplida físicamente pero ha sido cumplida por medio de Cristo o por medio del reino de Cristo. Jerusalén fue llamada santa no porque allí vivían personas santas sino porque la santa Palabra de Dios reinaba allí. Después que Cristo ascendió de nuevo al cielo, ellos profanaron e ignoraron esta Palabra. Esa santidad, consecuentemente, cesó allí. Debemos entender, entonces, que en realidad se trata de la Jerusalén espiritual, la iglesia de Cristo, la cual es santificada y purificada por medio de la Palabra.

18. Cuando llegue ese momento, los montes destilarán mosto.[98] Así está citado en hebreo. Pueden ustedes notar de nuevo aquí que son meras metáforas. Él está hablando sobre ese reino de Cristo que cuando comience, el dulcísimo mosto se encontrará en los montes. Es decir, en todos los lugares se predicará la dulcísima promesa del evangelio, que es tan dulce como el mosto (vino dulce).

Por las colinas fluirá leche. Será lo mismo. Con estas dos cosas, el robusto y el débil son renovados. Se acomodará al ingenio (habilidad) de todas las personas. Así es como el apóstol Pablo interpreta también acerca de la leche en 1 Corintios 3:2. Él lo entiende, entonces, como la dulzura de la Palabra.

Y por todos los arroyos [de Judá correrán aguas]. Él entiende aquí, pues, [que esto es] la abundancia de la Palabra, o el curso de la palabra de Dios.

En la casa del Señor brotará un manantial que regará [el valle de Sitín]. Lee así en hebreo: "irrigará el vallé de Sitín". Sitín es ese lugar del otro lado del Jordán donde habitaron los hijos de Israel después de la muerte de Moisés. Se encuentra hacia el este, más allá del Mar Muerto. Su significado, entonces, es éste: Desde la casa del Señor y hacia el este, surgirá una bella fuente (ésta mira hacia el sitio del templo y la puerta del templo). Ella brotará más allá de la frontera de Israel hasta llegar a todos los gentiles (pueblos). Con esta imagen detalla el curso del evangelio por todo el mundo. Es así pues, por medio del uso de una sinécdoque, que él entiende a Sitín como si representara todos los pueblos fuera del territorio de Israel en todo el mundo. Es como si dijera: "Tan abundante es la palabra de Dios, que será predicada no solamente a los judíos sino también a todos los gentiles", así como también declaran todos los profetas.

19. Egipto será destruido (desolado). Aquí tenemos el epílogo en donde él recapitula los resultados de la guerra, la cual ha descrito con tantos detalles y con magnificas palabras. Es como si dijera: "Cuando todo esto

98 La Vulgata usa "dulcedinem" (dulzura) en este verso: "Los montes destilarán dulzura" (*stillabunt montes dulcedinem*). Pero Lutero traduce la palabra usada en el texto hebreo (עֲסִיס) como "mustum", que significa "mosto". La RVC lo traduce correctamente, como hemos citado ya arriba.

suceda, Egipto será una desolación y Edom será un desierto. Pero será una devastación maravillosa, por medio de mosto, leche, y una fuente que fluye." ¿No habrá necesidad aquí de armamentos y de un gran ejército de soldados? Pues, como dije anteriormente, debemos tomar esto en un sentido espiritual, pues él entiende que es el poder y la eficacia de la palabra de Dios. Ésta es la manera en que Jacob describe el reino de Cristo en Génesis 49:12: "Sus ojos son más bellos que el vino, y los dientes más blancos que la leche."[99] Éste es un rey que sorprende, pues es delicado y afeminado bajo los ojos de la carne. El Salmo 45 también lo encomienda por su belleza. Este Salmo describe también el reino de Cristo muy elegantemente. Dice: "Extiende tu reino, tu bella apariencia en vez que la guerra." Así es como los profetas describen al reino de Cristo. A esa belleza de Cristo el Espíritu Santo añade en el Salmo 45:2: "La gracia mana de tus labios", etc. Esto significa la dulzura de la Palabra [del Verbo][100] del evangelio.

20. Pero Judá será habitada eternamente. Esto es, "aquellos que no he limpiado antes de la revelación del evangelio, ahora serán todos purificados", ya que la ley no conduce a nadie a la perfección, así como Pablo nos dice.[101] También pues, esa nueva predicación del evangelio, limpiará a todas las personas y los conducirá a la perfección, si ellos creen. Pues él está anunciando que Cristo es nuestra justicia, sabiduría, redención, y satisfacción, quien es bendito por los siglos de los siglos. Amén.[102]

---

99 La Vulgata usada por Lutero lee así en Latín: *Pulchriores* (más bellos) *sunt* (son) *oculi* (los ojos) *ejus* (suyos) *vino* (que el vino) *et* (y) *dentes* (los dientes) *ejus* (suyos) *lacte* (como la leche) *candidiores* (blancos). La RVC lo traduce: "Con los ojos rojos por el vino y los dientes blancos por la leche". Esta traducción se encuentra más cerca al texto original en hebreo que lee: (מִיָּיִן) del vino... rojos (חַכְלִילִי). Es interesante la interpretación de la Cantera-Iglesias que traduce: "Turbios están sus ojos por el vino". En otras palabras, se encuentran borrachos los ojos por tomar el vino.

100 Como ya he notado anteriormente, Lutero usas "*verbus*" (verbo/ palabra) o *scriptura* (palabra) como sinónimos en latín. Pero es interesante que en ciertos contextos, como este aquí en que Lutero usa verbus, el contexto dicta que se refiere a Cristo y sus hechos. Por lo tanto creo que aquí se puede también traducir "la dulzura del Verbo del Evangelio".

101 Lutero no cita un texto aquí sobre donde Pablo hace referencia a esta enseñanza. La edición Americana de las Obras de Lutero, cita Hebreos 7:19 como ejemplo de esta enseñanza. A pesar de este ser un texto canónico, e inspirado por Dios, hoy en día casi nadie afirma a Lutero como el autor de la Carta a los Hebreos. Pablo si ofrece algunos textos en sus carta que si afirman esta enseñanza, como por ejemplo, Romanos 3:19 y Gálatas 3:10.

102 El manuscrito de Altenberg añade la fecha: "Wittenberg, Víspera de San Lorenzo, [9 de Agosto], 1524".

COMENTARIO SOBRE AMÓS

Clases impartidas en latín por el Dr. Martín Lutero en La Universidad de Wittenberg

Desde diciembre de 1524 a enero de 1525

Prefacio[1]

Porque somos carne y sangre, porque tenemos tan injuriosos enemigos contra los cuales batallamos constantemente, y porque Satán mientras tanto no cesa su obra, necesitamos grandemente la instrucción y la riqueza de la palabra de Dios, pues, seducidos por la carne, y acorralados por Satanás, apagaríamos el Espíritu, algo que puede ocurrir muy fácilmente. El apóstol, por lo tanto, nos aconseja detenidamente que la palabra de Dios habita en nosotros πλουσίως (ricamente) con toda sabiduría etc., en Colosenses 3:16. Pues así como el cuerpo perece si uno no le ofrece pan y lo alimenta para poder sostenerlo, ocurre también al alma cuando su verdadero sustento, la palabra de Dios, se le arrebata. Pues, "no sólo de pan vive el hombre, sino que vive de todo lo que sale de la boca del Señor", Deuteronomio 8:3.[2]

EL PLAN DEL PROFETA

El profeta Amós fue contemporáneo de Oseas, así es como lo indica el primer versículo. Los dos profetizaron contra el reinado de Efraín, y los dos predijeron que ocurriría la misma calamidad.

1 Traducido del texto de Altenburg en D. Martin Luthers Werke. Kritische Gesamtausgabe, vol XIII: 158-206.

2 Citado de la RVC. La cita en latín lee: *"per verbum dei"* ("por medio de la Palabra o Verbo de Dios").

Vemos aquí pues la acostumbrada acción de Dios cuando se presenta un gran portento, y cuando un gran mal amenaza eminentemente. Dios manda sus profetas o ministros de la Palabra a anunciar la Palabra, a predicar sobre lo malo que se acerca, para que después de predicar la Palabra al menos algunos pocos corazones se conviertan y puedan ser llamados al arrepentimiento. No hay duda, ya que tenemos la tan clara palabra de Dios, que debemos esperar por un gran portento. Pero solamente el Señor sabe lo que sucederá y cuándo sucederá. Por lo tanto, cuando amenazaba esa miserable devastación de Israel, manda a su profeta Amós y a otros profetas para predicar la Palabra y amonestar a Israel sobre la eminente devastación y miseria. Así pues, no serían todos ellos completamente destruidos sino al contrario serían llenos de la palabra de Dios y llamados de nuevo al arrepentimiento. Pero así como la Palabra siempre se ha menospreciado, así como se desprecia hoy, en aquel entonces la Palabra no tenía un lugar entre ellos. No tenían respecto por la Palabra o los predicadores de la Palabra. Pero había algunos pocos diligentes con la Palabra, y entre ellos, aunque fueran pocos, Dios obró la salvación por medio de la Palabra. Ya que el resto de la multitud despreciaba la Palabra, se reía de ella, y la blasfemaba; ya que actuaron mal con los profetas que fueron enviados [por Dios] para anunciar su salvación; ya que le silbaban, los trataban indignamente, y hasta llegaron a matarlos, Dios justamente (por su mérito) los rechazó. Ésta es la naturaleza, imagen, y forma de la palabra de Dios. No nos toca a nosotros esperar por algo mejor.

La suma y punto de partida del profeta Amós, por lo tanto, es: él reprocha y amonesta a Israel para que así recapacite y se arrepienta de su impiedad. Así pues [Israel] podrá cerciorarse de la calamidad que se aproxima por el eminente juicio de Dios. Pero Israel recibió esa predicación con desprecio. Pues no solamente era esa Palabra y los predicadores de esa Palabra tan despreciados por el mundo y la sabiduría de la carne, sino que también cuando Amós profetizaba, el reino de Israel florecía extraordinariamente y lograban todas las cosas con mucho éxito (cuando Oseas también profetizaba). Amós profetizaba bajo el gran y poderoso, aunque también impío, Rey Jeroboam[3],

3 En la RVC el nombre de Jeroboam se rinde como Jeroboán, pero en otras versiones como en muchos diccionarios bíblicos en castellano se rinde el nombre como Jeroboam.

quien, con sus extraordinarias victorias, restituyó los límites de Israel "desde la entrada de Jamat hasta el mar del Arabá", así como está escrito en 2 Reyes 14:25. Amós, pues, se infatuó con la prosperidad del reino, así como suelen los impíos infatuarse con esas cosas y se pierden, Proverbios 1:32. Ellos piensan, pues, que no tienen necesidad de Dios. Proceden en su ceguera para actuar impíamente hasta que son apresados por el juicio de Dios y perecen. Se le es anunciada la Palabra en vano, así como podemos percibir en este profeta. Amós, por lo tanto, profetizó en un tiempo completamente inadecuado pero que era a la vez muy oportuno. De todo esto podemos aprender que en tiempos adversos debemos tener esperanza por la bondad y misericordia de Dios, pero que en tiempos prósperos debemos vivir con temor.

Capítulo Uno

1. Las palabras de Amós... de lo que vio.[4] Es así de acuerdo el texto en hebreo. Del latín lo traducimos así: "Éstas son las cosas que Amós vio."[5]

Que era un pastor de Tecoa. Como así también menciona un texto más adelante,[6] que Amós no era un profeta sino un pastor, esto es, que no pertenecía a la clase y al género de los profetas. Existían diversas órdenes entre el pueblo de Israel: algunos eran profetas, otros sacerdotes, otros eran sabios. Era de acuerdo a las decisiones de ellos que el pueblo era gobernado. Ellos estaban encargados del ministerio de la Palabra. Todo aquello que ellos instituyeran o enseñaran, era aceptado como sacrosanto. Confiados de su propia autoridad, ellos pues se llenaban de sí mismos. Contradecirlos a ellos era visto como blasfemia. Pues como leemos en Jeremías 18:18, ellos dijeron:

4 Cantera-Iglesias.

5 Mi traducción de la Vulgata. En la RVC traduce así: "Éstas son las palabras de Amós... Tuvo una visión."

6 Amós 7:14.

"Sacerdotes que nos guíen no habrán de faltarnos, ni tampoco sabios que nos aconsejen ni profetas que nos hablen." Como menosprecio de esos seres soberbios, el Señor frecuentemente levantó personas humildes y comunes, que no pertenecían ni al orden profético ni al orden sacerdotal. Todas estas personas humildes resistían a esos otros y los reprobaban por sus impiedades, como podemos discernir aquí y allí en los profetas. Esto es la "locura" de Dios, por la cual enloquece al mundo y a la sabiduría de la carne (cf 1 Corintios 1:20-21). Estos hombres eran personas muy marginadas (*abiectissimi*) y muy humildes. Parecía una locura que ellos quisieran resistir a reyes y a tantos profetas y sacerdotes, los cuales presidían el ministerio de la Palabra, al ser también personas prudentes instruidas en la ley del Señor. Parecía algo insólito para esas personas contradecir y enseñar algo nuevo y fuera de costumbre. Estas personas humildes eran consideradas como tontas y sus palabras eran despreciadas y blasfemadas. Así también, pues, hoy en día a los sabios de este mundo estas cosas parecen ser una paradoja (παράδοξα) las cuales son dichas y escritas por medio del evangelio de Cristo contra ese reino tan poderoso como el del Papa, exaltado por largo tiempo por hombres santos. Pues es por [el Papa] que esos reyes, príncipes, y los muy educados, en fin, todo el mundo, se vale. Esto es lo que el profeta propone cuando se nombra "pastor de Tecoa". Indica así que el lugar y la persona son de poco valor. Esto es, pues, lo que el apóstol Pablo dice en 1 Corintios 1:27: "Dios eligió lo necio y lo débil del mundo, para avergonzar a los sabios y los fuertes del mundo", etc. La palabra que traducimos aquí del hebreo como "pastores"[7] no equivale en realidad a un "pastor" sino a una persona que posee mucho ganado. Significa un dueño de ganado, un hacendado.

Tuvo una visión... dos años antes del terremoto. Aquí indica cuando profetizó durante los reinados de Uzías, rey de Judá, y de Jeroboam, rey de Israel. No se encuentra nada en las Escrituras sobre cuándo ocurrió ese terremoto. Sin dudas, pues, éste es un hecho mencionado en el libro sobre los hechos de los reyes de Israel,

7 נֹּקְדִים

el cual es frecuentemente mencionado en los Libros de los Reyes (cf 1 de Reyes 11:41), pero no poseemos [copia de] tal [obra]. Zacarías recuerda también ese terremoto en el capítulo 14:5. No cabe duda que ese terremoto, cuando fuera que éste ocurriera, es una señal de algo malo que se aproxima. Esto es algo que siempre ocurría también entre los paganos (gentiles), así como atestiguan las historias de los gentiles. De esta forma, así como una señal ya pasada, el profeta crea fe para su profecía.

2. Desde Sión el Señor lanza un rugido. [8] Este tema es la meta, o punto principal de todo el primer capítulo, es más, de todo el libro. Ya, pues, que es una costumbre de los profetas usar expresiones y figuras poéticas, este profeta es completamente de este género. Él es todo un poeta. Es, entonces, una metáfora, o quizás, una alegoría, cuando dice: "el Señor rugirá". Es así como señala la gran ira y amenaza de Dios. Es como si dijera: "El Señor que es de Sión, que habita en Sión, o reside en Jerusalén, ese Señor rugirá. Tiene ira. Levantará su melena como un león enojado. ¡Cuídense de sí mismos! (guárdense). Él promete destruirlos. Pues no importa cuánto ustedes lo detesten, así todo, pues, los amenaza en devorarlos a todos ustedes. Es más, que para devorarlos a ustedes, usará la garganta y los dientes de los asirios. Esto le sucederá a todos ustedes, a menos que recapaciten", etc.

Los campos de los pastores se marchitan. Es como si dijera: "El Señor los amenaza a ustedes con esto. Los devorará a ustedes. Reducirá sus tierras a un desierto. Sus hogares se convertirán en desiertos y lugares desolados. Habrá luto en sus tabernáculos, y esos lugares donde residen ahora los pastores serán abandonados."

Y la cumbre del Carmelo se queda seca. Se expresa de nuevo en un modo figurado. Existen dos Carmelo: el primero es el lugar donde habitaba Nabal, un hombre necio (duro), así es como lo llaman las Escrituras en 1 Samuel 25:3. Estaba situado hacia el sur. Pero aquí

8 La Cantera-Iglesias lo traduce del hebreo así: "Yahveh ruge desde Sión." Como es costumbre en la Vulgata, el nombre de Yahveh es siempre traducido como Señor al igual que la LXX (p ej La LXX traduce así a Amós 1:2: Καὶ εἶπεν Κύριος (Señor) ἐκ Σιων ἐφθέγξατο).

el profeta habla de esa grande y famosa montaña, admirada por sus variadas cosechas de fruta. El significado es, pues, éste: Carmelo sería reducido a un desierto sin poderse cultivar. Lo que hasta ahora crecía abundantemente y por todos lados, muy fértil y ricamente, yacería sin cultivarse. Al mismo tiempo, el profeta incluye que todo el pueblo sería destruido en su modo profético de hablar. Por medio de la frase "la habitación de los pastores", se refiere a la gente común, las personas más débiles. Con el nombre Carmelo señala a todos los grandes, los príncipes, y los sacerdotes. Todos ellos, dice él, perecerán al mismo tiempo. Es así como suelen generalmente expresarse ésos que llamamos los profetas "menores", usando así el sentido figurado mucho más que los profetas mayores.

3. Por tres pecados de Damasco. Ahora explica en detalle lo que él se refería por "la habitaciones de los pastores" y por "Carmelo". Es más, puede leer esto más correctamente del hebreo así: "Por tres crímenes de Damasco y aun por cuatro",[9] etc.

Con carretas de hierro.[10] Lo que nuestras palabras dicen aquí significan otra cosa en hebreo. No es una carreta sino un trillo, un instrumento con dientes (cuchillas) para triturar la paja como alimento para el ganado. Nosotros no usamos esta herramienta. Lo llamo yo un trillo. Se usa esa misma palabra en 1 Crónicas 3: "trillos de hierro".

5. Siria... Cirene (Quir). Esto no es correcto, y es también un versículo mal traducido. Pues Cirene se encuentra ubicada entre Egipto y África Menor. El rey de Asiria, pues, nunca tuvo a África bajo yugo. Por lo tanto, en el lugar de Cirene, debemos leer Quir. Basta pues con la gramática.

Nuestros traductores han manejado este pasaje (v 3) en varias maneras. Lira, quizás de acuerdo con el juicio de los intérpretes

9 Citado de Cantera-Iglesias. La palabra usada en latín por Lutero es *"praevaricationes"* que equivale mucho mejor a la palabra usada en hebreo (פֶּשַׁע), la cual significa crimen o transgresión.

10 La Vulgata usa *plaustrum*, o carretas. Pero la RVC usa la palabra correcta: "Trillos de hierro."

hebreos, piensa que debemos tomar las tres transgresiones como pecados irremisibles por el Espíritu Santo. Jerónimo es mucho más adepto a interpretar las transgresiones así: la primera es el pensar sobre el pecado, la segunda es el consentimiento a pecar, la tercera es el acto mismo, y la última es la impenitencia. Pero cuando el texto es suficientemente claro en sí mismo, ¿cuál es la necesidad de imaginar ἀπροσδιόνυσα?[11] Después de todo, no importa que ellos piensen que son cuatro pecados, pues él enumera siete pecados. Es mi juicio, pues, que esto es el uso figurado de las Escrituras, cuyo uso similar lo podemos leer en Levítico 26:18, 21, 24, donde encontramos repetidamente: "y siete veces los castigaré yo por sus pecados"; "yo lanzaré sobre ustedes plagas siete veces"; "y siete veces los heriré por sus pecados". El número siete indica la perseverancia en castigarlos y tomarlos en cuenta a ellos. Es como si [el Señor] dijera: "Los destruiré rotundamente. No desistiré en castigarlos. No disminuiré mis plagas contra ustedes." Entonces, pues, debemos entender este pasaje del profeta Amós como si el Señor dijera: "Ya, pues, que han perseverado obstinadamente en pecar contra mí, porque no han cesado en pecar, porque no le desplace a ellos sus pecados, sino que continúan en su obstinación actuando impíamente, los destruiré y los desvaneceré. Éste es mi juicio (interpretación) de este texto. No veo otro que puede ser mejor.

3. Por haber trillado... con trillos de hierro. Enumera aquí las transgresiones de Damasco. Es como si dijera: Él ha trillado y triturado y pulverizado la tierra de Galaad. La ha trillado así como se trilla la paja en el suelo." Pero Galaad se encuentra en la dividida tribu de Manasés.

No revocaré su castigo. Algunos han aplicado este [pasaje] como el regreso al arrepentimiento. Pero no apruebo esto. Me parece a mí pues que significa: "No los liberaré a ustedes de la mano de los Asirios. Ni tampoco disminuiré ni dejaré de castigarlos. No tendré misericordia de ustedes. Permitiré a los asirios que se enfurezcan con ustedes, así como ustedes procedieron a devastar Galaad." Esta expresión se

11 La palabra en griego ἀπροσδιόνυσα se refiere a "cosas irrelevantes".

usa frecuentemente aquí y allí en los Salmos. Leemos en el Salmo 6:4: "Vuelve, ¡oh Señor! [Yahveh] libra mi alma"; y en el Salmo 90:13: ¡Vuélvete, Señor! [Yahveh], ¿hasta cuándo...?"[12]

4. **Enviaré (le prenderé) fuego.** Él [el profeta] señala que la devastación llegará por medio de fuego bajo los asirios. Es como decir: ¡Cuídense! En determinado tiempo enviaré fuego. Causaré muchas calamidades que lleguen sobre ustedes. Ésas no la podrán ustedes ciertamente soportar.

5. **Quebraré los cerrojos de Damasco.** Llama figuradamente a las fortificaciones "los cerrojos". Se refiere también así a la aristocracia, a aquellos que son suficientemente fuertes y valientes para tomar las armas contra los asirios que se aproximan. Dice que les enviará sobre ellos un pavor como un fuego cuando el rey de los asirios venga, para que así ellos no se puedan defender.

Destruiré a los habitantes. Esto es, "Haré que se desplomen"; "Los exterminaré".

Del valle (llanura) de Avén.[13] Damasco se encontraba en una bellísima llanura, y no en un área montañosa. Encantadores campos la rodeaban completamente. Aquí pues el profeta alude a la belleza del lugar. Es como si dijera: "Ustedes habitan en campos bellísimos y muy fértiles." Allí donde está situada su ciudad es un lugar muy placentero, pero los exterminaré. Los llevaré a los asirios.

De Avén. Esto es lo que la lengua hebrea llama todo lo que no sea la verdadera religión instituida por la palabra de Dios. La palabra es tomada del "malestar del corazón", pues propiamente significa "pena".

12 Estas citas fueron tomadas de la Cantera-Iglesias, ya que es una traducción literal, al igual que la Vulgata de estos dos textos de los Salmos. La RVC no traduce exactamente estos versículos del hebreo. Los traduce así: "Hazme caso, Señor, y ponme a salvo" (Salmo 6:4); "Señor, ¿hasta cuándo te volverás de nosotros? (Salmo 90:13).

13 Citado de la RV 1960, cuya cita se aproxima al hebreo, el cual usa valle (llanura) אָוֶן. La Vulgata cita "*idoli* (ídolo de) *Aphen*". La RVC, como la Cantera-Iglesias hacen referencia solamente al lugar: "De Bicat Avén"; "Biq 'at-'Awen" pero no mencionan que es un valle o llanura, como en el hebreo.

El profeta alude aquí a esos celos por la iniquidad bajo los cuales los impíos fatigan sus conciencias y se afligen por una religión inventada por ellos.

Y de Bet Edén a quien empuña el cetro.[14] Esto es de nuevo una circunlocución, quiere decir: Quitaré al rey y haré que se lo lleven. Él promoverá la edificación de un espléndido y magnifico palacio en un lugar maravilloso para su propio bienestar (para sí mismo), pero logrará absolutamente nada. No lo disfrutará pues será derrocado y expulsado.

6. Por tres pecados de Gaza. El profeta procede a atemorizar y alarmar con el juicio de Dios a todos los pueblos que habitan alrededor de Jerusalén. Ciertamente el rey de Asiria, encomendado contra ellos por el juicio de Dios, no iba solamente a invadir al pueblo de Jerusalén sino también a todos esos pueblos impíos, como los moabitas, edomitas, etc. El Señor los amenaza a todos ellos con su rugir al indicar cómo perecerán junto a Israel. No obstante, el profeta está entrelazando especialmente esta gran amenaza contra Israel. No podemos determinar por medio de la historia sagrada qué cautividad y transmigración él menciona aquí. Pero, basados en el contexto del profeta, nos es permitido deducir que esta ciudad de Gaza, quizás durante un conflicto, capturaron algunos judíos y se los entregaron a los edomitas como cautivos. Pues esos pueblos que vivían alrededor de Israel rabiaban siempre con un odio perpetuo en cualquier manera que le fuera posible. Obraban con una perpetua envidia, no dejaban pasar ninguna ocasión, ningún momento, ningún esfuerzo, para dañar si le era posible a Israel. Así pues se sentían tan agraviados en su corazón contra el pueblo de Dios Israel. Esto es, pues Israel se encontraba en el medio de gente pagana, y estaba rodeado de enemigos extremadamente nocivos. El Señor dice que castigará este pecado siete veces.

Por haberse llevado cautivo a todo un pueblo. Es como si dijera: "Son de un ánimo tan hostil y agravante contra Israel, que no pueden

14 Mi traducción del texto en latín el cual se aproxima mejor al texto original del hebreo y la traducción de Cantera-Iglesias. La RVC traduce: "Y a los gobernadores de Bet Edén."

satisfacer ese ardiente deseo de vengarse. No le es suficiente para ellos vengarse contra el pueblo de Dios que posee la Palabra (Verbo) de Dios." Pues Satán no puede tolerar la palabra de Dios y contiende contra ella con todo su poder. En este contender excita a todos los impíos contra los devotos que poseen la palabra de Dios. Así pues hoy, los más viles de nuestros enemigos, son esos que pugnan contra la Palabra (Verbo) al ser instigados por Satán. Cuando él confisca la Palabra, atrae así fácilmente a todas las personas hacia sí. Así fueron de graves las emociones de esas gentes contra el pueblo de Dios.

9. Por tres pecados de Tira. Sin duda el pueblo de Tira había conspirado con los palestinos en el cautiverio de los hijos de Israel, el cual acaba de mencionar. El pueblo de Tira entregó a los israelitas para ser desterrados y los palestinos los secuestraron o llevaron.

Sin acordarse del pacto de hermanos. Esto es: "Aunque los de Tira no han causado ofensa espontáneamente, han traspasado contra mi pueblo y han quebrantado el pacto de fraternidad." No cabe duda que está hablando sobre el pacto entre Salomón y Jirán, rey de Tira. Ver 1 Reyes 5.

11. Por tres pecados de Edom. De nuevo el doctor Jerónimo se encuentra roncando mientras traduce este pasaje. Esto no nos sorprende. Pues, después de todo, él era la única persona que no daba la talla (medida) para esa gran labor intensiva de traducir, pues lo que traduce aquí como "...él violó su misericordia" es claramente una traducción absurda. Se debe traducir de esta manera: "Él destruyó su propia misericordia." Es como si dijera: "Debieron abrazarse con entusiasmo y cálidamente como hermanos. Debieron tener una gran y necesaria estrechez entre ellos. Sin embargo, se destruyeron mutuamente. En el idioma alemán no podemos traducir la palabra *viscera*[15] (compasión) apropiadamente. Tiene un significado muy específico en hebreo. Este significado específico lo podemos expresar

15 Lo que Lutero se refiere aquí es que la palabra en hebreo רָחַם, que significa entrañas o víscera en castellano, así como también es su significado original en latín o hebreo, si fuera traducida literalmente al alemán, no ofrecería un significado exacto o comparable al hebreo original como lo ofrece *viscera*.

aproximadamente en latín con la palabra *viscera*. Los apóstoles y los evangelistas usan frecuentemente esta palabra[16] en el Nuevo Testamento, así como podemos leer en Lucas 1:78: "Por la entrañable misericordia de nuestro Dios." Pablo la usa aquí y allí en sus epístolas, como por ejemplo en Filipenses 1:8: "Dios es mi testigo de cuánto los amo a todos ustedes con el entrañable amor de Jesucristo." También en Filipenses 2:1: "Si algún afecto entrañable."

Y conservó su ira para siempre.[17] Sería más correcto traducirlo así: "Guarda (conserva) su ira para siempre." Esto es, no tiene fin la venganza contra su hermano. Pues los edomitas son descendientes de Esaú, quien era hermano de Jacob, quien es también llamado Israel. Los dos nacieron de un mismo padre, Isaac. Ver Génesis 25:21ss. Esto es lo mismo que lo que sigue:

Y con furor. Esto es, el furor de este pueblo contra Israel es implacable. Así como este odio comenzó con Esaú, nunca ha cesado entre sus descendientes.

12. Le prenderé fuego a Temán. Temán era el nieto de Esaú. Luego, todo el territorio de los edomitas se llamó Temán [por razón] de él. Es así pues como las Escrituras suelen dar varios nombres a la misma región, así como podemos discernir en los Salmos, donde se nombra a Egipto con diferentes nombres. Esta tierra (Temán)[18] recibió su nombre de *Auster* (el sur). Era célebre porque tenía muchos hombres sabios sobresalientes. Es mencionada también en Job 6:19.

De Bosra. Ésta es una ciudad bien reconocida e importante de los edomitas.

13. Por tres pecados de los hijos de Amón. Al explicar este pasaje, los intérpretes varían en forma asombrosa, donde se menciona lo de

16 La palabra en griego es σπλάγχνα, que significa entrañas.

17 Tomada de Cantera-Iglesias. La RVC lo traduce así: "...guardarle rencor todo el tiempo."

18 La palabra תֵּימָן (*teman*) significa sur en hebreo.

"cortar en dos" (abrir en canal) a las mujeres embarazadas. Estamos que seguro que la palabra *scindendi* (cortado en dos) ha sido correctamente traducida del hebreo. Algunos quieren que la palabra *gravidas* (mujeres embarazadas) sea entendida como "montañas". Ellos prueban esto por lo que sigue en el contexto: "por haber ensanchado su territorio."[19] Así entonces su sentido es: Los amonitas han sido tan cautivados por su deseo de reinar y de acrecentar sus fronteras que hasta excavaron un trecho en las montañas y se las llevaron con ellos para así acrecentar sus fronteras. Ciertamente ésta era una labor inútil. Creo que éstas son simplemente ideas arbitrarias judaicas. Yo lo tomo como lo expresa simplemente el texto sobre el tajar en dos a las mujeres embarazadas; o lo tomo como una metáfora, así como podemos apreciar que éste es un profeta del campo que está plenamente [inspirado] bajo ese sentido figurado. Así pues, su sentido sería que los amonitas derrocaron y devastaron las ricas y distinguidas ciudades de Galaad. Esta metáfora concuerda mejor con lo que sigue sobre acrecentar las fronteras. Pues esta gente estaba tramando un crimen muy peculiar para montar un asalto en las fronteras de los israelitas. Pero no me agravia tampoco si alguien desea pensar que esto se trata de mujeres embarazadas. Pero es absurdo atribuir cosa tan salvaje a este pueblo.

14. Le prenderé fuego a la muralla de Rabá. Cada región tenía una ciudad distinguida y famosa de la cual toda la región compartiría su nombre. Se puede discernir esto en todas las historias sagradas.

Entre el alarido,[20] mejor dicho, "estruendo". Ya que pues, él está hablando sobre el júbilo o clamor victorioso de triunfadores, y de esos [clamores] de los que fueron vencidos. Es obvio, entonces, que los enemigos van a regocijarse en derrocarlos, etc.

---

19 Noten que en la RVC, "Por haber ensanchado su territorio", precede "y abrir en canal a las mujeres", pero en el hebreo como en la Cantera-Iglesias, que sigue el orden original del texto en hebreo se traduce así: "Por abrir en canal a las embarazadas de Galaad, a fin de ensanchar sus propias fronteras."

20 Así lo traduce la Cantera-Iglesias, que se asemeja mejor a la Vulgata. Pero la RVC usa mejor el sentido que Lutero entiende al traducir "¡Con el estruendo...!"

15. Y su rey (Milcón) (y todos sus príncipes) serán llevado al cautiverio. Esto no es un nombre propio sino apelativo (un nombre común). Por lo tanto debemos traducirlo así: "Su rey será llevado al cautiverio." Milcón fue también un dios de los amonitas (1 Reyes 11:5). Pues de la misma manera que cada región tenía sus ciudades particulares, así mismo cada pueblo tenía su propio dios. Los palestinos tenían a Dagón, los amonitas a Milcón y los moabitas a Baal-peor, así como vemos en las historias.

Capítulo Dos

Aquí de nuevo nos encontramos inciertos sobre ese episodio de la historia, la cual mencionamos al principio de este capítulo. A mí no me complacen esas fábulas de los judíos, pues ellas no nos ofrecen la certeza de las Escrituras y porque ellas no contienen esas historias sagradas por las cuales podemos recibir certidumbre. Por lo tanto, creo que debemos entender este texto como una metáfora. Los "huesos" aquí, pues, no representan los huesos de un cuerpo humano sino que significa esos príncipes poderosos que pueden hacer mucho con armas y para avanzar guerras. Es así, pues, que en las Sagradas Escrituras a los poderosos y fuertes se les suele llamar "huesos". El profeta, entonces, reprocha el insaciable deseo de los moabitas hacia la violencia cuando menciona la combustión de los huesos del rey de los edomitas (pues no debemos leer "incendió" sino "quemó"). Vemos en estos pasajes los maravillosos juicios de Dios. Creemos que los tales son pura casualidad o suerte, especialmente cuando algunas naciones se vuelven superiores a otras durante la batalla [y] cuando los ejércitos de algunas naciones son derrotados. Pero todas estas cosas suceden bajo el juicio de Dios. Es más, que Dios todopoderoso también vindica todas las injurias hechas contras los gentiles (paganos) para que así aprendamos que Dios es Señor de todo el mundo y que todo se hace de acuerdo con su voluntad. El apóstol Pablo también proclama esto: Él es Dios, no solamente de los judíos sino también de los gentiles (no judíos), (Romanos 9:24).

Queriot. Creo que debemos leer esto como un nombre común, esto es, que simplemente es una ciudad.

Mejor dicho: **"En medio de alaridos."**[21]

Y sonido de trompeta. Con júbilo. Ahora él ha terminado sus profecías contra los paganos (gentiles). Regresa pues a lo que había decretado y comienza a profetizar contra Judá.

4. Por tres pecados de Judá. Reprende a Judá, comenzando con la fuente de sus pecados, siendo la idolatría, la cual abandona el verdadero culto y la palabra de Dios, ya que ha batallado perpetuamente con esta maldad. Cuando abandonamos la palabra de Dios, le prosigue indudablemente la abominable idolatría, algo que podemos ver de hecho, no solamente aquí, sino también en toda las Escrituras.

Y… mis ordenanzas [mandamientos]. Más correctamente: "sus estatutos."[22] Ya trataremos luego sobre qué es la diferencia entre mandamientos y estatutos. Ahora es suficiente ofrecer la siguiente distinción: los estatutos son ceremonias pertinentes a Dios, las cuales pueden cambiarse de acuerdo al momento. En el Salmo 2 se predice acerca de Cristo. Él iba a declarar un estatuto o decreto u ordenanza de Dios. Él iba a declarar un decreto de Dios muy diferente de aquellos antiguos testamentos. Esto es, que él era el Hijo eterno del Padre; que reinaría; que sería el Rey del mundo entero; que condenaría cualquier cosa que fuera nacida de la justicia humana, hasta por medio de la ley de Dios; que tendrían que creer en él; que tendrían que adorarlo, etc. Todo el Salmo mantiene este tono, y afirma que de otra forma vamos a perder el camino de la justicia.

Sus ídolos me han decepcionado.[23] Es mejor traducirlo: "Sus mentiras los han descarriado." Les ofrece la causa por la cual van a ser

21 Cantera-Iglesias. La RVC traduce: "Con gran estrépito."

22 Así también es traducido en la Cantera-Iglesias.

23 Mi traducción del texto aquí en latín. La RVC lee: "Por haber seguido a falsos dioses". Y la Cantera-Iglesias lee: "Y los han descarriado sus mentiras." Esta traducción se aproxima mejor al hebreo y como Lutero traduce el texto.

rechazados: es porque han seguido los caminos impíos de sus malvados padres; ellos han seguido las mentiras con las cuales sus padres actuaron impíamente contra Dios y las cuales ellos continúan perpetuando en sus maldades. Así pues Dios, muy simplemente, quiere que solamente respetemos su Palabra para que no sigamos o aprobemos esas cosas que nuestros padres siguieron y aprobaron; para que sean así confundidos aquellos que hoy oponen contra la clara palabra de Dios una multitud de antepasados y un largo tiempo, cuando ven aquí que sus hijos son censurados por continuar la maldad de sus padres. Esto es algo también que el Señor prohibió en Levítico 18:30: "Cumplan con mis ordenanzas y no imiten las repugnantes acciones que se practicaron allí antes de ustedes, etc."

6. Por tres pecados de Israel. Hasta aquí el profeta aplica una digresión. Es como si hubiera ofrecido un preludio a su profecía. Ahora comienza esa misma profecía que había emprendido contra Israel. Un completo sumario de este pasaje es éste: El profeta argumenta contra la impiedad de Israel y condena su tiranía y su increíble avaricia. Dice pues que Israel vendió a una persona justa por plata y a una persona pobre por calcetines. Quiere decir entonces que han pervertido su sentido de justicia. Al pasar juicio no han seguido ni la justicia ni la equidad sino más bien han seguido su avaricia. Consecuentemente no tienen consideración con los justos. Por lo tanto, por necesidad, él tiene que juzgar a los que han abandonado el temor a Dios y no respetan las ordenanzas de Dios ni tienen ellos consideración por los derechos humanos sino que se dedican a satisfacer su cupido interior y se han entregado completamente a la avaricia.

7. Que pisotean contra el polvo de la tierra.[24] Se lee más correctamente: "Fueron absorbidos por el polvo." Él usa el verbo "absorbido", para exagerar la impiedad de ellos y su esmero para pervertir la justicia. Es como si dijera: "Están reduciendo a los pobres a absolutamente nada, como si fueran polvo. No juzgan favorablemente por los huérfanos, las viudas, y los pobres, los cuales ya se encuentran

24 Cantera-Iglesias. La RVC traduce: "Han aplastado en el suelo..." El verbo pisotear en hebreo es שֹּׁאֲפִים

suficientemente miserables y sin ese respeto como el que yo quisiera ser considerado. Sino que han pervertido sus juicios a favor de los poderosos." También así leemos en Oseas y lo que sigue es más concerniente a lo mismo

Han torcido el camino de los humildes. De acuerdo al hebreo: Desvían o pervierten la vía de los afligidos". "Vía" significa negocio, o asuntos personales. El significado es este: Hasta ahora no han tomado en consideración a los pobres como personas que debieron defender sus caminos, esos que debieron ser entre los primeros de ser encomendados. No solamente han sido tan negligentes con ellos sino también los han oprimido.

Hijos y padres, etc. Hasta ahora estaba señalando la tiranía y la tan marcada avaricia de Israel. Ahora él condena también la promiscua libido de ellos. Dice que era tan sobrepasado que padre e hijo por igual no temían violar a la misma joven. Así pues no tenían ningún aprecio por el honor y la castidad. Esto pudo suceder muy fácilmente entre el pueblo judío que tenía jóvenes mujeres como sus sirvientas. Ellas eran como esclavas que podían abusarlas así como quisieran.

Profanan mi santo nombre. La suma de sus iniquidades llega finalmente a este punto y recae totalmente en este punto: ellos están blasfemando y profanando el nombre santo de Dios. El nombre de Dios ha sido invocado sobre nosotros, esto es, por la gracia somos moldeados hijos de Dios, coherederos con Cristo. Brevemente dicho, somos llamados (nombrados) por los mismos nombres que Dios es llamado. Mientras que creamos, somos llamados justos, santos, sabios, ¡y hasta llamados dioses! El nombre de Dios, no obstante, es blasfemado y deshonrado por cuenta de nosotros y por medio de nosotros cuando andamos indignamente, y cuando nos comportamos y vivimos de otra manera de lo propio a los cristianos, y cuando nos entregamos a la impiedad y a la inmundicia.

8. Sobre las ropas que reciben en empeño. Ahora de nuevo los reprocha por sus avaricias. Habla pues sobre bienes injustamente adquiridos y sobre tesoros extorsionados de los pobres, y dice entonces que en contra de la ley se han quedado con ropas recibidas bajo promesa. Pues la ley ofrecía la provisión de que no se debía retener durante la noche, lo que se había aceptado del prójimo bajo promesa como [pago de] deuda si era pobre aquel que había aceptado la promesa [cf Deuteronomio 24:12]. Pero ellos tenían tanto desprecio por esta ley como lo tenían también por todas las otras [leyes].

Y en la casa de sus dioses se embriagan con el vino que reciben como multa. Solían extorsionar a los culpables con multas, pero esas multas eran injustas. Vean pues la indiscutible impiedad de los sacerdotes. A los sacerdotes que querían ingresar en el tabernáculo se les había prohibido que tomaran vino. Esto era demandado por la ley [Levítico 10:9]. Pero aquí dice él que no se encontraban satisfechos con la ley de Dios sino que la reprochaban. Así pues bebían [ese] vino que habían adquirido injustamente, vino que habían extorsionado ilegalmente. Así era su completa falta de respeto por lo que es bueno y piadoso [divino]. Por lo tanto, éste es su sentido: "Aceptaron inicuamente multas con las cuales compraron vinos para sí mismos y para vivir bulliciosamente. De las ropas tomadas de los pobres bajo promesa, ropa que Dios había prohibido que ellos la guardaran durante la noche, ellos se hicieron para su propio uso excelentes reposos divinos, para vivir en lujuria y deleitar así sin límites a sus ídolos (gustos personales)." [25] Éstas son palabras extremadamente apasionadas e impetuosas del profeta. Pues no los está acusando simplemente de lujo y pompa. Más bien dice que ellos están viviendo espléndidamente del botín tomado injustamente de los pobres, y han olvidado todas las leyes divinas.

Aquí la pregunta es por qué el profeta rechaza esta profanación del templo que Israel poseía cuando debió, pues, alabar la profanación de los templos y acciones de los malvados que se encontraban fuera de la palabra de Dios. Pues Israel no poseía un templo establecido por la palabra de Dios exceptuando a Betel. Es más, el único templo

25 La palabra en latín es *genio*, de *genius* que puede significar una divinidad tutelada, o gustar, probar el sabor de algo.

edificado por la palabra de Dios y por mandato de Dios fue aquél en Jerusalén. Contesto [así]: No pecaron ellos, pues, con menos severidad porque obraron contra la conciencia. Pues, después de todo, ellos creían que habían establecido este culto para el verdadero Dios, y no para ídolos. Así todo, el profeta los juzgade acuerdo a sus conciencias. Pueden ver, pues, que aunque su culto no fue un verdadero culto a Dios, dado a que ese culto fue instituido sin la palabra de Dios –y que en realidad fue instituido contra la palabra de Dios– y que aunque no sirvieron al verdadero Dios, a pesar de todo esto, es por causa del reproche de sus conciencias que son acusados de sus impiedades. Por lo tanto el profeta dice:

En la casa de sus dioses. Es como si dijera aquí: "No era el verdadero Dios ni tampoco la verdadera casa de Dios." Pero ya que ellos pensaban que servían al verdadero Dios pero no lo hacían, actuaron vilmente. Por lo tanto su negligencia de ese culto fue tan vil como si la hubieran presentado al verdadero Dios. Es lo mismo pues si uno fuera a decir sobre nuestros sacrificados sacerdotes y monjes: "Ellos han tomado votos de castidad y pobreza, y quién sabe de qué más, y así todo, no existe nadie que sea más entregado a la lujuria que ellos. Son excesivamente ricos, y viven con extremados lujos. Por lo tanto podemos acusarlos de impiedad, ya que ellos no cumplen sus votos, votos que son impíos y contra Dios pues no pueden cumplirlos. Pero ya que ellos desean aparentar que los cumplen, son ellos impíos."

9. Ante sus ojos destruí a los amorreos. El Señor les reprocha prestándoles una bendición y los acusa de ingratos. Ellos son como aquellos que no son alentados por tantas e innumerables bendiciones para amar a Dios, y seguir su Palabra. Ellos siempre lo han experimentado como protector y Padre. Él los ha hecho superiores a sus enemigos con distinguidas victorias. Es como si él les dijera: "Es así, pues, como me dan las gracias."

Les arranqué sus raíces. Esto es: "Lo arrasé a él, a los mayores como a los menores." Por lo tanto él extinguió y extirpó de raíces a los amorreos para que ninguno de ellos quedara en pie o sobreviviera.

12. Pero ustedes dieron vino a los nazarenos. "No les fue suficiente que actuaran impíamente contra mi ley y bebieran vino en el templo, sino que también prestaron ocasión para que otros pecaran contra la ley. Así fue pues cuando les dieron a beber vino a los nazarenos." Esto es lo que la ley prohíbe en Números 6:3.

13. He aquí que yo haré hundir [el suelo] bajo vosotros.[26] Ésta es una frase hebrea expresada en sentido figurado. Es como si [el Señor] dijera: "Así como gime una carreta bajo su carga de paja, así también los haré gemir a ustedes bajo los carruajes de los asirios. Ustedes gemirán al ser oprimidos por la gran carga y opresión. Ustedes que son tan arrogantes y fastidiosos serán ahora de nuevo oprimidos. Esto es lo que él entiende al decir "bajo vosotros". Es una frase que no podemos traducir de forma adecuada en latín.

14. Ni el ligero de pies podrá escapar. Les quita hasta la más pequeña protección. Los amenaza con quitarles todo aquello bajo lo cual ellos se han prometido salvación y fuga, toda clase de fuerza y voluntad para escaparse. Esta frase es un hebraísmo cuando él dice: "La fuga desvanecerá (perecerá)." David también la usa en el Salmo 142:4: "La fuga desvanece (perece) ante mí."[27] Esto es: "No veo forma de escaparme. He perdido toda esperanza de escapar. Tendré que morir." También aquí el Señor amenaza con lo mismo. Es como si dijera: "Los rodearé con muchos enemigos poderosos y con el poder de otros. Les enviaré tal terror que no podrán escapar. [Ésos] tan poderosos líderes de sus ejércitos se desesperarán. La confianza de ellos en el futuro de ustedes se disipará, y se fugarán. Por lo tanto, ustedes no tendrán auxilio. Sus guerreros, líderes (generales), arqueros, toda la caballería de ustedes, perderán toda esperanza de victoria." Éste es el final del primer discurso en este profeta. Pueden ver que los profetas no ofrecen toda su profecía inmediatamente. Sigue pues otro sermón.

---

26 Cantera-Iglesias. La RVC traduce: "Por eso voy apretarlos allí donde están."

27 Mi traducción del latín. No he encontrado una versión en español que traduzca esta frase tomada del hebreo en una forma satisfactoria y a gusto con lo dicho por Lutero. La RVC traduce: "Refugio no tengo" (Salmo 142:4).

Capítulo Tres

La ocasión o sumario de este capítulo, o el siguiente sermón, es éste: Muchos han sido ofendidos por causa del sermón anterior del profeta. Ellos no cesaron de acusar al profeta de estupidez y de ser una persona que hasta ahora no temía de acusar a todos por igual y de acusarlos por sus maldades. Así todo, el rey era bueno y el pueblo era devoto en su gran mayoría. Por tanto la buena fortuna del rey les daba ocasión para resistir al profeta. Por este motivo el profeta regresa y se apresura con fervor a condenarlos, diciéndoles pues que la hipocresía con que habían cubierto sus impiedades por nada le valdría. Comienza entonces:

1. Escuchad esta palabra que el Señor ha pronunciado contra ustedes.[28] El mismo [profeta] ofrece el motivo de esta predicación. Es como si dijera: "El Señor los ha elegido a ustedes para ser su pueblo. Sean pues célebres por todo el mundo, ennoblecidos por cuenta de las muchas obras y bendiciones de Dios a favor de ustedes. Sea conocido pues que no ha hecho lo mismo por cada nación. No es por esta razón que ustedes son justos pues ustedes son transgresores de la ley divina. Siguen mientras tanto, pues, complaciéndose de vuestra inocencia. Pero de por seguro se la quitaré y la condenaré." La divina majestad siempre actúa así con nosotros cuando deseamos ser buenos y santos. Ante Dios somos impíos y pecadores. Él no rechaza a los pecadores al no querer reconocer sus pecados. Lo hace porque se hinchan de su propia santidad. Por esto es que Dios los rechaza. Pero así todo, aquellos que reconocen su pecado, a pesar de que fueron grandes pecadores, y aquellos que no patrocinan su impiedad con alguna hipocresía, ellos piden y reciben consecuentemente el perdón. El Señor los recibe. De hecho, Cristo vino no a llamar a justos sino a pecadores [Mateo 9:13]. Esto lo vemos aquí:

28 Mi traducción del texto en latín, el cual se aproxima mejor al del hebreo. La Cantera-Iglesias usa también este énfasis de "Escuchad". El verbo oíd, escuchad, se usa aquí de modo imperativo en el hebreo: שִׁמְעוּ. La RVC lo traduce así: "Ésta es la palabra que el Señor ha pronunciado."

2. Por lo tanto yo los castigaré [por todas sus maldades]. Es como si dijera: "Piensan pues que debo excusarlos ya que son mi pueblo. Pero yo los castigaré aún más para que así entonces puedan aprender a conocerme y a tener fe en mí." Pues [el Señor] disciplina a quien ama [Hebreos 12:6]. Esto es lo que dice Ezequiel 9:6: "Comiencen por mi santuario." Y en 1 Pedro 4:17: "Ya es tiempo que el juicio comience por la casa de Dios." Y, si comienza primero con nosotros ¿cuál será el final de esos que no creen en el evangelio de Dios? Así es pues la forma que es castigado el cachorro para que el perro lobo [Lycisca] viva en temor.[29] Dios castiga a sus propios hijos para así castigar más severamente a los impíos que no recapacitan, y poder enfurecerse contra ellos con gravedad.

3. ¿Andan dos juntos, [si no están de acuerdo]? Jerónimo ignora con bravura este pasaje pues no llega a una conclusión sobre su significado.[30] Pues la palabra que tenemos aquí en hebreo נוֹעָדוּ, tiene varios significados: "Saben", "concuerdan", también "ellos se congregan". Algunos la entienden como si se aplicara al rey de los asirios y a Dios, pues iba a mandar al rey asirio contra Israel. A mí me parece que este texto es simplemente una frase proverbial. Su significado pudiera ser éste: "Dos personas no pueden caminar juntos a menos que estén de acuerdo, y que concuerden. Aplicamos este proverbio de esta manera: Estos dos son Dios y su pueblo. Es como si el Señor dijera: "Ustedes entienden por esto que soy su adversario y que no respondo por ustedes. Es más, que ni caminamos en la misma vía como deberíamos hacerlo. No estoy de acuerdo con ustedes. Así todo ustedes quieren escapar sin ser castigados. Ustedes son impíos y transgresores de la ley, pero así todo abogan acerca de vuestra inocencia. Entonces, ya que soy justo, no excusaré sus injusticias. No cesaré de perseguirlos hasta que ustedes concuerden conmigo, algo que no hacen ahora, ya que ahora siguen una vía que se aparta de mí."

4. ¿Ruge el león en la selva? Este punto es pertinente al pasaje previo. Éste también tiene el ímpetu de un proverbio. Es como si el Señor

29 Juvenal usa esta expresión en *Satires*, VI, 122.

30 Lutero se refiere al comentario de Jerónimo sobre este texto. No cree que Jerónimo haga el énfasis suficiente de lo que implica este verbo. Se refiere a una unión recíproca.

dijera: "Si un león se encuentra hambriento, rugirá en la presencia de su presa, a la cual despedazará en pedacitos y podrá satisfacer su hambre. Así pues no desistiré en rugir contra ustedes. No sería sus adversarios si no fueran tan malvados e impíos y si no me brindaran la ocasión para rugir contra ustedes. Encontramos una manera similar de expresarlo en Job 6:5: "¿Rebuzna el asno montés si no le falta hierba?" Todo lo que sigue es pertinente a este punto.

5. ¿Acaso caerá el pájaro en una red?[31] Es como sí él dijera: "Pues ya que soy cazador de aves, he extendido mis redes." Los estoy amenazando con calamidades. Ya que ustedes no se fugan de la trampa, y proceden actuar con impiedad, serán capturados y no podrán escaparse de mi juicio. Lo que sigue es lo mismo:

¿Acaso se levantará una red del suelo...?[32] Aquí se considera la intención del cazador de aves y no su propia obra. Pues es posible engañar al cazador de aves para que no pueda cazar ni una sola ave. Así todo extiende sus redes con esta intención o propósito para cazar algo. "De esta manera" dice el Señor, "no los estoy frustrando en vano a ustedes con calamidades, sino que los apresaré a ustedes por medio del rey asirio".

6. Si se toca el cuerno [la trompeta en la ciudad].[33] Sería más claro traducirlo así: ¿Se toca el cuerno [la trompeta] en la ciudad...?[34] Vemos pues que el traductor [del texto] al latín opaca [su] significado al traducirlo como algo condicional. Debemos aplicarlo todo a la

31 Cantera-Iglesias lo traduce así, y por lo tanto se aproxima mejor al texto hebreo y a la Vulgata. El latín usa la palabra *"nunquid"*, que puede ser traducida "acaso" o "es posible que", dando así un énfasis que no es captado en la traducción de la RVC: "¿Cae el ave en la trampa...? El sentido es que no es por pura casualidad que un ave cae en una trampa. Existe la trampa porque existe el cazador.

32 De nuevo la Cantera-Iglesias captura en su traducción el énfasis de la Vulgata que usa *"nunquid"* aquí también. Los verbos son traducidos con este énfasis del hebreo al latín, pues los verbos conjugados en hebreo demuestran esta clase de posibilidad de acción. La RVC lo traduce así: ¿Salta del suelo la trampa...?

33 Mi traducción del texto en latín.

34 Cantera-Iglesias. La cual se asemeja a la traducción de Lutero del hebreo. La RVC lo traduce así: "¿Se da la alarma en la ciudad...?"

proclamación del profeta con la cual los amonesta a ellos sobre un eminente cautiverio si no se arrepienten. Es como si dijera: "Cuando la trompeta suena, el enemigo se acerca o la ciudad se encuentra en llamas. No duden pues que están por venir calamidades contra ustedes. Después de todo, yo no los amenazo tan severamente."

¿Pasa algo malo en la ciudad [que el Señor no haya hecho]? Argumenta basado en la justicia de Dios, así como Pablo hace en Romanos 9:14: "¿Que Dios es injusto?" [35] Es como si dijera: "Deberían atemorizarse y llenarse de miedo pero en vez continúan pecando contra mí."

7. Lo cierto es que nada hace el Señor Dios... Esto es: "Si algo va a suceder, si algo malo les es inminente a ustedes, el Señor siempre lo notifica por medio de sus profetas, por aquellos que manda para anunciar sobre el inminente estrago. Entonces pues no duden que una significativa persecución está por llegar a ustedes, ahora que me mandó él [Dios]." Esto es pues lo que dije sobre este profeta al comienzo [de este comentario]: que los profetas fueron enviados para amonestar al pueblo del plan de Dios antes que sucediera algo terrible.

8. Si el león ruge, ¿quién no tiembla? Continua reafirmando su sermón previo contra los impíos, los que se jactan por su justicia, los hipócritas, y contra todos aquellos que se han convencidos de su propia santidad, así como ya hemos mencionado al principio de este capítulo. Confiados por su prerrogativa, pensaban que el profeta o estaba mintiendo o estaba loco. Así pues, él los amonesta de nuevo sobre la ira y furia del Señor. Les dice que perecerán por la ira y juicio de Dios a menos que se arrepientan; que el Señor ruge y enfoca calamidad contra ellos, que los amenaza con la cautividad, etc.

9. Proclamen en los palacios de Asdod. Compara a los pueblos en los alrededores con el pueblo de Dios, para que así después ellos se disturben y se avergüencen por su impiedad cuando vean que [lo

35 La traducción de la RVC usa "injusto" y estoy de acuerdo con ella. El texto en la Weimar usa *iustitia*, pero nuestra traducción usa una palabra equivalente a *iniustitia*, la cual se aproxima mejor al texto de la Vulgata la cual usa *iniquitas* en Romanos 9:14.

suyo] sobrepasa hasta a los paganos [gentiles]. Es como si el profeta dijera: "¡Vean pues ustedes los paganos que viven alrededor de nosotros! Reúnanse con nosotros. Prueben a ver si podemos ser comparados a ustedes. El pueblo que quiere ser llamado el pueblo de Dios, les gana a ustedes en iniquidad, aunque ustedes no adoran al verdadero Dios." Así es entonces como casi todos los profetas justifican a los paganos al compararlos con el impío Israel. Ezequiel escribe así en el capítulo 16:48: "Ni tu hermana Sodoma ni sus hijas hicieron lo que hicieron tú y tus hijas." Vemos lo mismo en Jeremías (23:14).

"Reúnanse sobre los montes de Samaria…" Aquí declara la impiedad de Israel, de la cual ya habló anteriormente. Dice: "En este reino no existe la administración de justicia, ni tampoco πολιτεία (gobierno civil), no existe tampoco fin para la pompa y la avaricia." Isaías reprende el mismo pecado en el capítulo 2:7: "Su país está lleno de plata y de oro, y sus tesoros son ilimitados." Este vicio –la tiranía malvada de los príncipes– es condenada en este pueblo por casi todos los profetas.

10. No saben hacer lo recto. Esto es: "Están tan apartados de hacer lo bueno y lo piadoso que hasta carecen de sentido común. Se obstinan tanto como un ganado que no razona."

11. De todos los rincones de la tierra vendrá un enemigo…[36] Su significado es éste: "Ustedes arrebatan de los pobres su sustancia. La avaricia de ustedes no tiene límite. Pero por el otro lado, el juicio de Dios les espera. Serán capturados. Todos sus bienes y pompas, sus reinos y sacerdocios, les serán arrebatados."

Y derribará su [tu][37] **fortaleza.** Esta palabra "fortaleza" en las Escrituras se toma como "reino", así como la debemos tomar aquí y como se toma en muchos de los Salmos.

36 En latín lee: "Un adversario rodeará la tierra." (*Tribulabitur undique terra*).

37 Se usa aquí en latín "tu" de modo familiar.

12. Como cuando un pastor logra rescatar. Dios no se enoja así como se enojan los seres humanos. Es cierto que los seres humanos guardan tanta amargura contra aquellos que odian que prefieren que ellos sean completamente exterminados antes de que sobrevivan por sólo una hora. Este odio es mucho mayor en esos que persiguen la Palabra. Isaías describe esta ira (cf Isaías 5). Pero no importa qué tan furioso esté Dios, en su ira, así todo, él castiga de tal modo que siempre queda salvo un remanente. Aquí vemos lo mismo. Los amenaza con un horrendo cautiverio, devastación, y pillaje de sus propiedades. Dice él que el Señor los invadirá por medio del rey de los asirios, pareciendo así que todos ellos serían aniquilados. Así todo un remanente sobrevivirá, para que así no todos perezcan. El profeta ciertamente usa duros y horrendos símiles, bajo los cuales quiere exhibir la miseria del cautiverio de ellos. Ya que el profeta es un pastor y hombre de campo, toma sus símiles de esos lugares que conoce muy bien, tales como los rebaños, los ganados, etc. El significado de estos símiles es pues: "Así como entonces un hueso o pedazo de la oreja de una oveja, arrebatado de un león no se puede comparar –de hecho no es nada– en relación a todo el resto del cuerpo que ha sido devorado, así también serán consumidos ustedes por el rey asirio. Así pues, preservaré muy pocos, para que no desaparezca el pueblo de Israel. El profeta Isaías, quien se expresa más elocuentemente que este campesino de Tecoa, usa símiles más placenteros expresándose en el capítulo 65:8 en este sentido: "Así como alguien que halla un racimo con uvas jugosas, dice: 'Esto es una bendición. No hay que dañarlo', así voy actuar a favor de mis siervos: No los destruiré a todos." Los profetas se encuentran llenos de pasajes de este tipo.

En el borde de una cama. Sobre esta expresión ni los mismos judíos se ponen de acuerdo. La traduzco yo como "una esquina (borde) de una cama y sobre un diván de Damasco". Tenemos, así todo, que adivinar sobre su significado. Estoy completamente seguro que lo debemos aplicar a la tribu de Judá. Él llama al reino de Israel "una cama". Dice, pues, que ellos están satisfaciendo su apetito sobre esta cama, es decir, en este pacífico y maravilloso reino. También entiendo que el diván de Damasco se refiere al reino. El significado del profeta, entonces, es éste: Solamente un borde de la cama será salvado, y todo el resto será destruido. Una porción del pueblo, y ésta será una cosa mínima, debe ser salvada y el resto será destruido. Solamente un remanente de Damasco y Samaria sobrevivirán. De que esto sucedió podemos tomar cuenta en la historia sagrada. Después que el ejército asirio devastó a los israelitas, sólo unos pocos que se habían acercado a Israel y que tenían un corazón piadoso, quedaron. Así como, pues, no todos los de Israel vivían continuamente en pecado, ellos tampoco fueron secuestrados y destruidos. Ya que mi evaluación concuerda con la historia, estoy muy de acuerdo con ella.

13. ¡Escuchen esto, y háganlo saber [a la casa de Jacob]! Él explica aquí la declaración anterior. Es como si dijera: "Han fomentado, de acuerdo a su propio juicio, un admirable culto a Dios. En Betel tienen un sacerdocio rico[38] y opulento. Complacen sus apetitos de manera extravagante. Viven bajo extremada lujuria. Poseen residencias donde pueden invernar. Aquellas residencias donde pasan los veranos las construyen suntuosamente a un costo extremo. Descansan tranquilos. Pero ya llegará, pues, el día que castigaré a los sacerdotes, templos, y objetos sagrados. Es entonces cuando los sacerdotes y sus monasterios serán despedazados."[39] Es así como los profetas describen por todos lados la opulencia de los falsos profetas y de los sacerdotes impíos. Mientras tanto, los sacerdotes íntegros no son honrados. Ellos se encuentran hambrientos y sedientos, pero los otros carecen de nada.

Capítulo Cuatro

Aquí él se dirige a esas mujeres malvadas de los impíos. Las llama "vacas gordas". Pues este sexo después de todo es tan débil, para poder aprovecharse de esas situaciones prósperas, las cuales también fatigan

38 La palabra usada en latín es *pingue*, que conlleva el significado de rico o gordo.

39 Esta última oración Lutero la cita en alemán: *"und denn werden pfaffen und stifft als zuscheitern gehen."*

hasta los ánimos de los sabios. Isaías también habla en ese mismo sentido en el capítulo 3:16: "Por la soberbia de las hijas de Sión; por andar con el cuello erguido y con miradas provocativas, etc." Así se expresa también aquí sobre las esposas de los obispos, sacerdotes, y príncipes, para las cuales los bienes de los pobres son una presa.

1. Ustedes, vacas de Basán (gordas). Esto es, "Ustedes poderosas y ricas mujeres entre ese pueblo. Ustedes son una causa de la impiedad de sus esposos. Sus avaricias son insaciables. Sus lujurias y pompas no tienen límite." (Ya que esta clase por naturaleza tiende a darse a esas cosas a menos que se les inculque el temor). Aquí es pues lo que añade:

Que ordenan a sus señores,[40] esto es, "a sus esposos".

¡Traed para que bebamos![41] Es expresado mejor así: "Para que festejemos y vivamos en espléndido lujo." Por lo tanto, "ya que ustedes buscan la misma cosa, el Señor ha jurado por medio de sí mismo[42], o por su santidad, que va a guiar al rey de Asiria sobre ustedes. Los va a sacrificar como si fueran gordas vacas".

2. Ustedes serán arrastradas con ganchos. De nuevo emplea ilustraciones del campo. Esto [es] como si dijera: "Así como solemos cargar la carne que hemos tomado del matadero en un gancho o pincho, así mismo él los cargará a ustedes a un miserable cautiverio."

Y vuestros remanentes.[43] Es traducido mejor: "sus descendientes", "vuestra posteridad", es decir, sus hogares, sus hijos e hijas, con los cuales ustedes viven ahora en lujo, hasta con ésos cargará el rey asirio.

40 Mí traducción del texto en latín. La RVC lee: "Ordenan a sus esposos."

41 Cantera-Iglesias. La RVC lee: "Llevarles vino."

42 Lee en latín *"per sanctum suum"* que traducido es: "por su Santo." Uso en vez la frase del manuscrito de Zwickau que traduce el significado de esta frase "por sí mismo."

43 Traducido literalmente del latín. La RVC lo traduce "sus descendientes; y la Cantera-Iglesias "vuestra posteridad".

En ollas hirvientes o en calderos de pescador.[44] Ellos perecerán miserablemente con ustedes en el cautiverio.

3. Y por las brechas [abiertas en la muralla] saldréis una a una y seréis arrojadas al Hermón.[45] "No podrán ir por una vía recta, sino como puedan a través de la muralla destruida. Pues sucederá que ustedes que se encuentran bien asentados dentro de la muralla fortalecida, huirán cuando llegue el [rey] asirio. Él destruirá sus murallas y fortificaciones y los lanzará a ustedes fuera de la ciudad por medio de esas brechas en las murallas. Él no tendrá ninguna consideración de la dignidad de ustedes, sino que al caer ustedes en sus manos, los hará salir de la ciudad. Los lanzará afuera. Los lanzará a ustedes hacia afuera así como los que guían el ganado hacen con su presa.

Hermón. Los intérpretes creen que ésta es una montaña elevada o Armenia o quién sabe qué. Pero esto no me es suficiente. No me convence. Estoy satisfecho con la simplicidad de esta historia (narración). Así como él nombra anteriormente en el capítulo 1:5 la ciudad de Quir, aquí pues debemos entender éste como un lugar o una región en Asiria adonde los israelitas fueron llevados al cautiverio. Pues como ya he dicho anteriormente los israelitas no fueron secuestrados [y llevados] para Asiria ni tampoco para Armenia, sino entre los medos y persas.

4. ¡Vayan a Betel, [y sigan pecando]! ¡Aumenten sus rebeldías en Gilgal! Estos dos, Gilgal y Betel, son lugares notables y célebres, pues en estos lugares emuló la gente el sacerdocio de Judá. Instituyeron allí un culto grandioso a Dios aunque éste era en contra de la palabra de Dios. Este texto, consecuentemente, es una amarga y punzante concesión por medio de la ironía. Es como si él dijera: "Condeno el impío culto de ustedes. Siempre prohibiré el culto instituido por mi

44 Traducido literalmente del latín. La RVC lee: "Con ganchos... con anzuelos de pescador."

45 Tomado de Cantera-Iglesias, cuya traducción sigue casi literalmente al texto aquí en latín. La RVC traduce así: "Saldrán en fila por las brechas una tras otra, y serán expulsadas del palacio". Se traduce palacio, por Hermón, ya que esta palabra en hebreo, הַרְמוֹן, puede ser referencia a una fortaleza o palacio enemigo.

Palabra. Pero ustedes están tan llenos de desprecio hacia mí y continúan actuando impíamente. ¡Háganlo pues! ¡Continúen haciéndolo! Como si ya antes no hubieran sido suficientemente malvados. Sí, sí, continúen haciéndolo."[46] Pues así sucede con todos los impíos cuando quieren ser justos, y cuando piensan que están obrando bien, pecan aún entonces más gravemente.

¡Traigan sus sacrificios [cada mañana]...!, etc. Esto ya se vuelve una ironía (sarcasmo). Este profeta tenía gran audacia. No temía condenar y rechazar hasta esas obras hechas para el verdadero Dios que parecían ser también sumamente extraordinarias y completamente buenas.

¡...cada tres días! Sigo aquí el significado ofrecido por Lyra. Es como si el profeta dijera: "Ustedes han instituido el culto a Dios, imitando a Judá, quien posee la ley para comparecer ante el Señor tres veces al año, así como dice la ley. Ustedes también siguen la misma regla. Se congregan y predican y así multiplican su iniquidad, pues lo hacen sin la palabra de Dios y sin fe. Estas cosas son de sus propios inventos. Se ríen así pues de Dios y Dios se ríe de ustedes. Nada tiene, entonces, valor ante Dios a menos que sea lo que Dios mismo ha instituido.

5. ¡Ofrezcan sacrificios[47] [de alabanza] con pan leudado! De acuerdo al texto en hebreo: "encendidos". Tenían diferente clases de sacrificios: holocaustos [quemados], de paz, otros relacionados con votos [promesas], y otros espontáneos que eran ofrecidos para dar gracias. Así que la traducción más adecuada es: "sacrificios de alabanza".[48] Pues hacían tales sacrificios en acción de gracia por ciertos beneficios, como vemos en Moisés (cf Levítico 7:12). Así que él ha tomado este texto de Moisés. Es como si dijera: "Vayan, enciendan sus sacrificios, ustedes grandes sacerdotes que usan aquello fermentado en sus

46 Lutero usa aquí esta frase en alemán: *Ja, ja, geht nuhr fort* (Sí, sí continúen haciéndolo).

47 La palabra usada en hebreo aquí por sacrificio (קָטַר, *qatar*) se usa para significar un sacrificio de incienso o de humo.

48 La Vulgata solamente sólo señala "sacrificios" y no "sacrificios de alabanza", así como lo traduce la RVC, y como sugiere el contexto del texto en hebreo.

sacrificios, sobre los cuales la ley quiere que se tengan el máximo cuidado." O (tomando esto como una ironía) él aquí de nuevo toma nota de sus malvadas imitaciones de la ley, cuando ellos hacían todo lo contrario a la ley. Dios había prescrito un solo lugar donde él quería ser adorado. También ellos emplearon pan leudado (fermentado) en sus sacrificios de paz, de acuerdo a Levítico 7.

¡Anuncien sus ofrendas voluntarias...! Dondequiera que la palabra "anuncien" aparece, Pablo la traduce con el verbo "prediquen". Es así como la debemos traducir en este pasaje. Es como si dijera el profeta: "Con vuestra predicación, están ustedes invitando a su pueblo a las iniquidades que ustedes han instituido." Voluntarias significa espontáneas. Éste es un término legal tomado de Moisés, ya que en la ley ciertos sacrificios radican (pertenecen) bajo este nombre. Tenemos lo siguiente en el Salmo 119:108: "Acepta las ofrendas voluntarias de mi boca, oh Señor."[49]

6. Los es dejado con dientes limpios [en todas las ciudades].[50] Es como si dijera: "No puedo retractarlos de sus iniquidades. No pude promover (influenciar) algo por medio de las plagas que les presente, no importa qué tan enormes y numerosas fueran éstas. Por lo tanto, estoy finalmente obligado a rechazarlos. He logrado absolutamente nada con la peste, ni tampoco con la sed, ni tampoco con el hambre, ni siquiera con la ruina de las cosechas (maizales). Pues cuando debieron ustedes regresar a mí –siendo ésta la razón de mi persecución a ustedes– ustedes siempre volvieron a su propio culto, aunque éste es una abominación para mí." Tenemos aquí también pues una metáfora del idioma hebreo, la cual es bastante difícil de aceptar. No la podemos traducir con nuestras propias palabras. Lee literalmente del hebreo así: "Le es dado a ustedes limpieza, u ocio dental", quiere decir, entonces: "No han comido en largo tiempo. Les mandé hambre, pero ustedes persisten en pecar." Pues, cuando el Señor perseguía a los

49 Mi propia traducción del texto en latín. La Cantera-Iglesias se aproxima bastante a esta traducción. La RVC traduce: "Señor, espero que te agraden mis votos."

50 Así lo traduce la Cantera-Iglesias. La RVC traduce: "Yo les hice pasar hambre en todas las ciudades." Se entiende que si no tenían comida tampoco sus dientes serían manchados.

judíos, ellas creían que la causa era por ser negligentes a su culto en Betel. Cuando en realidad el plan del Señor era perseguirlos para que ellos reconocieran su error y corrieran a él para recibir el perdón. Así también pues, nosotros luchamos con la misma impiedad. Cuando el Señor se enfada y nos presenta con alguna calamidad, instituimos fiestas (procesiones) alrededor de nuestros campos, para orar por una buena cosecha, celebramos misas, aunque al hacerlo provocamos gravemente al Señor. La misma cosa ocurre anualmente cuando tenemos que batallar con los turcos.[51] Como resultado de esto los turcos siempre llegan a ser superiores a nosotros. Esto es lo mismo que dije anteriormente: Cuando los impíos piensan que están actuando bien, caen en pecados muchos más graves, etc.

7. En una parte llovía. Esto significa en un campo, pues en hebreo a un campo se le llama "una parte", pues los campos eran distribuidos a cada ciudad.

8. La gente de dos o tres ciudades venía. En hebreo dice así: "titubeaban". Entiende él aquí ese movimiento, de ir y venir de un pueblo sediento.

9. Los herí... la multitud. Significa esto, pues, "toda la cosecha de frutas". Observamos lo mismo en Oseas (2:12).

10. Envié contra ustedes mortandad. Se traduce mejor: "les envié a ustedes la peste". No sé dónde y cuándo ocurrió este evento.

Dejé que sus caballos fueran capturados. De acuerdo al hebreo debe ser traducido "al cautiverio".

11. Los destruí a ustedes, como cuando Dios destruyó..., etc.[52] Uno puede leer esto como un subjuntivo o indicativo. Pero el significado

---

51 Esto es de nuevo una referencia de la defensa de Lutero contra la bula Papal *Exsurge Domine*. Cf. Joel, capítulo 2, nota 26.

52 Mi traducción del texto en latín. La RVC lo traduce así: "Los trastorné como cuando trastorné..."

es el mismo que yo ofrecí anteriormente en el capítulo 3 acerca del remanente que fue salvado. "A ustedes los he destruido y los he doblegado con la miseria, para que fueran arrastrados y estimados bajo el desprecio. Pero así todo, un pequeño remanente ha sido rescatado. Una pequeña reliquia ha sido salvada, a menos que Israel perezca completamente. Aunque a ustedes los he afligido considerablemente con una inmensa miseria, así todo, no han cambiado su curso de perseguirme a mí, esto es al Señor vuestro Dios." Pero emplea aquí una de sus acostumbrados símiles: "Así como un solo tizón, encendido y tomado del fuego, no se puede comparar con el incendio de toda una casa, así mismo un remanente de ustedes no se puede comparar con todo el pueblo." De esta manera, pues, cuando el Señor está por justificarnos[53], aterroriza y confunde nuestras conciencias de tal forma, que creemos que éste es nuestro final, como si él nos fuera a condenar eternamente. Pero él siempre nos deja algo de esperanza, para que así no nos desesperemos. Nos saca como un tizón del fuego. Este texto, como otros similares, por lo tanto, ha sido escrito para atemorizarnos y consolarnos. Estos [textos] atemorizan aquellos que tienen cuello torcido y perseveran obstinadamente en su propia justicia. Pero estos [textos] consuelan a esos humildes y afligidos quienes reconocen su pecado. Bendito es aquel que entiende estas cosas.

12. Por lo tanto, Israel, voy a darte el trato que te mereces. Algunos quieren creer que aquí falta algo, por lo tanto ofrecen este significado: "Hasta ahora he obrado así con ustedes. Continuaré haciendo mucho más." No estoy de acuerdo con este significado [interpretación]. Después de todo, ¿por qué el Señor va añadir esto para ésos que ya ha despojado como despojó a Sodoma anteriormente y que los derrocó de tal forma que solamente un diminuto remanente fue apenas rescatado como el hueso de un cordero de la boca del león o como un tizón del incendio? Yo lo entiendo así: Es como si el Señor dijera: "O Israel tú piensas que tienes un Dios dispuesto hacia ti. Tú lo buscas e invocas en Betel contrario a la ley. Pero denme una mirada, soy yo, aquel que los persigue. Lo hago así, pues, para que puedan

53 Literalmente: "Hacernos justos."

regresar a mí y se puedan preparar para encontrarse conmigo. Pero no están haciendo esto."

Para encontrarte conmigo.[54] De nuevo los traductores difieren. El sentido ofrecido por la Septuaginta es elegante, pero la gramática del texto lo rechaza. Este texto es pertinente al mismo punto como muchos otros en los profetas, como por ejemplo aquel en Ezequiel 13:5: "No se han trepado a las brechas, ni han levantado una muralla firme que, en mi día,[55] proteja al pueblo de Israel de los estragos de la guerra." También [vemos] en Ezequiel 22:30: "Yo he buscado entre ellos alguien que se enfrente a mí e interceda en favor de la tierra, para que yo no la destruya. ¡Pero no he encontrado a nadie!" Y también en Isaías 64:7: "Ya no hay nadie que invoque tu nombre, ni que se despierte y busque tu apoyo." Aquí pues el sentido es el mismo. Es como si él dijera: "Con esos latigazos que te infligí, quería que volvieras a mí, para que te encontraras conmigo, y que salieras delante de mi ira, a menos que yo continuara vengándome. Pero tú claramente haces lo contrario." Todo concuerda con lo ya transcurrido cuando constantemente repite: "¡Pero ustedes no se volvieron a mí!"

13. ¡Aquí está el que forma los montes! Declara aquí la grandeza de su poder. "¿Por qué es, pregunta, "que ustedes se fugan para refugiarse en ídolos o en la protección humana, cuando lo que deben hacer es temerme, pues ustedes saben que soy el creador de todas las cosas y puedo causar su destrucción? Yo soy el creador de todas las cosas sublimes, de la noche, del día, del aliento vital, todo esto procede de mí. Por lo tanto, pues, ustedes son necios, los que piensan que van a poder escapar de mi mano. Soy tan poderoso que sostengo todas las cosas en mis manos. Si tomo posesión de alguien, no hay nadie que pueda arrancarlo de mí." Es así como presenta su omnipotencia en oposición a sus obstinadas maldades. Se expresa también en un modo similar en Isaías 51:15: "Yo soy el Señor tu Dios, el que agita el mar y hace rugir las olas."

54 Mi traducción del latín. La RVC lo traduce: "Para encontrarte con tu Dios."

55 Lee en latín: "el día del Señor."

¡Aquí está el creador del viento![56] Yo entiendo esto como espíritu o aliento. Es como si él dijera: "Hasta ahora no han podido resbalarse de mis manos, cuando estoy a punto de vengarme de ustedes, pues hasta ustedes también poseen su vital aliento (espíritu) de mí. Cuando se los quito ni por un momento podrán vivir."

El que da al hombre su propia elocuencia.[57] Expongo esto así: él le da al ser humano el poder de hablar. Su divina majestad nos pertenece de manera tan apropiada, que [Dios] nos da las palabras que vamos a usar. Pues, la palabra en hebreo significa propiamente esto. Cuando las Escrituras expresan la elocuencia de Dios o de la palabra de Dios, usan la palabra "*ʾāmăr*" (אָמַר) o "*dabar*" (דָּבָר).[58]

¡El que hace la aurora y las tinieblas![59] Esto es: "Ustedes todavía no temen al Señor, quien puede privarles del día, del cual no pueden (deben) separarse.

¡El que recorre las alturas de la tierra! Todo aquello que es grandioso y excelso en la tierra está sujeto a él. Por cuenta del sentido literal, uno puede jugar felizmente aquí con alegorías. El Señor formó los montes; esto es, todo poder, todo dominio procede de él. Como [Dios] quiere, ocurre y se sujeta a él, así como él declara, "recorre las alturas de la tierra". Él también hace la aurora y el día, y también las nubes, esto es, el buen tiempo. De acuerdo a su voluntad, las cosas

56 La palabra usada en hebreo es רוּחַ (*rûaj*). Este nombre se usa para indicar el poder divino de Dios, consecuentemente se identifica con el mismo Dios.

57 Mi traducción del latín. La RVC lo traduce: "El que nos da a conocer sus planes". La Cantera-Iglesias lo traduce: "Quien manifiesta al hombre el pensamiento de éste".

58 Se usa por ejemplo אָמַר (*ʾāmar*) en el acto creador de Dios por su palabra (Génesis 1:3,7, 11, 14; se usa específicamente en relación a la creación del ser humano en la imagen de Dios (1:26). La palabra דָּבָר (*dāḇār*) es usada por ejemplo en Génesis 15:9 de manera significativa pues es la palabra activa de Dios que se presenta a Abrán. La palabra de Dios es siempre activa pues crea y logra lo que quiere. A esto es lo que Lutero se refiere.

59 La traducción usada es la Cantera-Iglesias es en mi evaluación la más correcta. La RVC lo traduce así: "El que convierte en luz las tinieblas." Pero esto no es lo que se lee en el texto en latín. Éste se debe traducir así: "El que hace la aurora oscura". Entiende aquí algo diferente. La idea es que Dios tiene el poder de cambiar la luz a las tinieblas. De aquí parte el comentario de Lutero.

nuestras prosperan. De nuevo, de acuerdo a su voluntad, todo se torna a la infelicidad y el disturbio.

Capítulo Cinco

Antes, al principio del capítulo tres, mencioné que los profetas no completaron estos libros de profecías o sermones en un sólo año. Tampoco hicieron todas sus profecías en un año. Aquí también [tenemos] otro sermón que el profeta presentó en otro año. Su significado es el mismo que el de los previos sermones. Todo vuelve al mismo tema. Exceptuando, pues, que en cada sermón usa diferentes palabras y diferentes modos de expresarse. Pueden ver, entonces, que estos libros de los profetas no son nada más que sermones.

1-2. Ustedes, pueblo de Israel, oigan este canto fúnebre que elevo por ustedes. La virginal Israel ha caído y no volverá a levantarse. "Que elevo por ustedes" es un hebraísmo común de todos los profetas. Cuando ellos llaman la palabra del Señor "una carga", los profetas están anunciando un mal que oprimirá al pueblo. Así pues, titulan a la Palabra, "carga". Después de todo, los profetas eran un disturbio, detestable, carga humana, que solamente anunciaban una carga, la devastación de regiones, y la amenazante ira de Dios. Pablo (así como todos los predicadores de la Palabra) proclama: "La ira de Dios se revela desde el cielo contra toda impiedad..." (Romanos 1:18). La carne no quiere cargar esta proclamación que aparenta ser severa y grave pues depende de su propia justicia y piensa que no se merece castigo. Pero los profetas amenazan con un mal temporal, para que no seamos forzados a cargar con uno eterno si no nos arrepentimos. También tenemos la misma expresión en este pasaje, cuando él dice: "que elevo por ustedes." No podemos imitar esta [frase] hebrea en latín.

La virginal Israel ha caído. Israel había sido desposada al único Dios por cuenta de la palabra de Dios y fe en la Palabra, lo cual guardó sus almas en castidad. Pero lo que él dice es que Israel cayó o va a caer, que ella será destruida y devastada por el rey de los asirios. Consecuentemente, entonces, el profeta pone frente sus ojos la ruina que sobre a ellos, como si la misma estuviera sucediendo ahora. Ésta era la costumbre de los profetas. Él no se refiere aquí a la virginidad, como algunos intérpretes, entre ellos Jerónimo, ineptamente lo interpretan.

Y no volverá a levantarse. Esto es lo que Oseas profetiza en el capítulo 1:6: "Porque no volveré a compadecerme de la casa de Israel, sino los eliminaré[60] por completo." Pues ellos fueron totalmente devastados y dispersados, y nunca fueron regresados a su propio reino. Esto lo tenemos [escrito] en la historia sagrada.

[Yace tendida] sobre su suelo.[61] Se encontrará desolada y solitaria, y solamente un pequeño remanente sobrevivirá. Este puñado, pues, no se debe comparar con aquellos que serán rechazados y que [también] perecerán. Apenas un diez por ciento sobrevivirá, como podemos apreciar en lo que sigue.

3. La ciudad que salga con mil soldados, etc. Esto es lo mismo que dijo anteriormente sobre el remanente que sería salvo como una pierna arrebatada de la boca del león y como un tizón arrebatado del fuego.[62] Aquí se expresa claramente sin usar un lenguaje figurado. Es como si dijera: "Ustedes serán destruidos miserablemente. Pero a pesar de todo, un pequeño remanente sobrevivirá."

4. ¡Buscadme...![63] Ahora el Señor comienza con una gentil amonestación y advertencia. Es como si dijera: ¡Buscadme!, ¡Yo!, ¡Yo soy aquel quien te persigue!", es así como dijo anteriormente.[64] "Yo también

60 En latín lee: "los olvidaré (*obliviscar*) a ellos por completo."

61 Cantera-Iglesias. Se traduce en la RVC: "Se halla postrada, en el suelo." El énfasis en el hebreo es que se encuentra completamente derrotada en su propia tierra.

62 Cf Amós 3:12.

63 Cantera-Iglesias expresa en esta traducción del hebreo la urgencia que demanda aquí el profeta. Se debe leer como un imperativo y no de manera condicional, que es como lo traduce la RVC: "Si ustedes me buscan... " Lutero nota esta urgencia.

64 Cf Amós 4:9.

podré sanarles. ¿Porque corren ustedes a su malvado culto en Betel? ¡Regresen corriendo a mí!" El Señor siempre tiene un ojo fijado sobre Betel, así pues añade inmediatamente. Buscamos al Señor no por medio de obras externas o por medio de una manifiesta hipocresía, sino pues, como se declara en los Salmos (Salmos 119:2, 10): "Lo buscan de todo corazón." El corazón no requiere un externo desgarre de vestidos, así como Joel 2:13 declara: "Desgárrense el corazón, etc." También leemos lo siguiente en Isaías 21:12: "Si quieres seguir al Señor, síguelo, regresa, y vuelve a él."[65]

Vivirán. Esto es un hebraísmo que traducimos así en latín, tratando lo mejor posible: "Todo estará bien contigo." Este hebraísmo es algo común en las Escrituras. Lo encontramos pues en el Salmo 142:5: "Mi porción en la tierra de los vivientes."[66] Lo vemos también en el cántico de Ezequías en Isaías 38:11: "Yo creía que ya no vería al Señor en la tierra de los vivientes"; esto es, en la tierra donde todo prospera y se vuelve bien.

5. Por Berseba. Este pueblo tenía también la misma necedad e impiedad que tenía los nuestros, pues habían construido un templo o altar en honor a los santos, allí donde los santos vivían o habían hecho algo. El pueblo de Judá ostentaba el mismo furor. Jacob estuvo en Betel y fue circuncidado en Gilgal, y Abrahán residió en Berseba. Consecuentemente, eligieron estos lugares como más santos que otros e instituyeron [allí] cierto culto a Dios. El Señor, no quería pues, que imitemos las obras de los santos, sino la fe de ellos. Esto es algo que siempre nos inculca en la ley: "Tú cumple lo que yo te mando" (Éxodo 34:11). Es decir: "No lo que yo hice con los santos." Ya que los santos profetas enseñaron tales cosas, ellos fueron considerados herejes, seres malvados que prohibían el culto a Dios. Los profetas, no obstante, hacían esto completa y simplemente para llamarlos a que regresaran de sus obras únicamente a la Palabra. Esto es algo que nosotros tenemos que hacer también. Pero así como los profetas fueron despreciados y maldecidos, lo mismo nos ocurre hoy a nosotros.

65 Mi traducción del latín. Aquí Lutero no cita literalmente sino frasea a su entender este texto.

66 Mi traducción del latín. La RVC traduce: "¡eres todo lo que tengo en esta vida!"

Betel será aniquilada.[67] Será exterminada en Áven (אָוֶן). Aquí se encuentra la palabra Áven (אָוֶן), la cual mencione anteriormente.[68] El profeta la ha usado aquí en su sentido germano y original, así como es usado en el Salmo 90:10: "Pero esa fuerza no es más que trabajos y molestias." Aquí, entonces, su significado es: "Betel se encontrará en Áven (אָוֶן). Esto es, pues: "Así como han obrado con su malvada justicia en Betel, y por motivo de esto se encontraban infelices y molestos, el Señor también ejecutará lo mismo con ustedes (él convertirá a Betel en Bet Áven)."[69] Esto es, tendrán problemas y miserias por cuenta de esto. Esta Betel será ocasión para una tremenda calamidad entre ustedes.

Casa de José. El reino de Israel era conocido por el alias casa de José o de Samaria, o de Israel. Los profetas lo llaman también Monte Efraín, o la casa de Efraín, etc.

7. Ustedes, los que convierten el juicio en amargura.[70] Estas dos palabras [justicia y ajenjo] siempre se encuentran unidas en las Escrituras. Pero este pasaje es tomado de Moisés en Deuteronomio 29:18: "No vaya ser que haya entre ustedes alguna raíz que produzca hiel y ajenjo." El autor de la carta a los Hebreos también cita este texto (Hebreos 12:15) y también en Hechos 8:23. Ésta es la idea: "[Se encuentran] ustedes tan confiados en su propia justicia, que desprecian a Dios, a quien ustedes deben temer. Así pues, aquello que debe ser tan dulce, ustedes lo vuelven en amargo veneno para ustedes y otros."

---

67 Cantera-Iglesias lo expresa así como en el hebreo. La RVC lo traduce: "Los de Betel serán exterminados."

68 Lutero hace referencia aquí a su Comentario sobre Oseas, donde explica esta palabra en Oseas 12:11 y 13:11. La palabra tiene dos significados importantes para este contexto. Puede ser una referencia a ídolos o a la aflicción. La idolatría lleva a la aflicción. Betel es aniquilada llevada a la aflicción por causa de su idolatría.

69 Se convertirá pues de "Betel" (Casa de Dios) en "Bet Áven" (Casa de Calamidad).

70 En la RVR 1960 como en la Cantera-Iglesias se usa la palabra לַעֲנָה (*lăᵃnāh*), ajenjo en vez de amargura. Ésa es la palabra literal correcta en hebreo. El ajenjo es una planta muy aromática pero a la vez muy amarga.

Las Pléyades.[71] Aquí los hebreos inventan varias cosas, pero no son evidentes. Debemos intentar algo nosotros, pues. El profeta tiende completamente, como antes, en poner el poder de Dios en oposición a esos despreciables malvados. Lo que sigue indica también esto.

Que el día se oscurezca como la noche. Es como si dijera: "Los dioses que ustedes buscan en Betel, Gilgal, y Berseba no los socorrerán." En vano se regresan ustedes a ellos, desbocando sus riquezas e invocándolos. Yo soy el Señor y creador de todas las cosa. Regresen a mí y ustedes vivirán.

Al que llama las aguas del mar. Esto es lo que el salmista proclama (Salmo 147:8): "El Señor cubre de nubes los cielos, y hace que llueva la tierra." Cuando desea brindar la lluvia, él hace que las nubes asciendan (se levanten)[72] sobre el mar, así como vemos en la narración sobre Elías, etc. [1 Reyes 18:44].

9. El que se sonríe de la destrucción.[73] Esto ha sido traducido malamente. Del hebreo debe ser traducido así: "quien confirma la destrucción." Ésta es la misma palabra, בָּלַג (*bā·lăḡ*), que encontramos en el Salmo 39:13: "Pero déjame recobrar las fuerzas (בָּלַג) antes de que parta y deje de existir." Los traductores varían en su traducción de forma extraña. Me parece a mí que los profetas se expresan en un modo figurado, así que "confirmar la destrucción" es la misma cosa que inferir una destrucción tan poderosa que nada la puede resistir.

71 Las Pléyades son un grupo de estrellas, conocidas también como las Siete Hermanas o Siete Cabritos. Las mismas tomaban un prominente lugar en la mitología antigua. Su nombre en griego significa "palomas".

72 Por *descendere* leemos *ascendere* como en el manuscrito de Halle. Éste concuerda mejor con el sentido en 1 Reyes 18:44.

73 Traducido aquí del texto de la Vulgata: *Qui subridet* (sonríe) *vastitatem*. El texto en hebreo usa la palabra (בָּלַג), sonreír o reírse. La RVC lo traduce: "despoja de su fuerza al violento". Si Dios ofrece una carcajada al violento, en realidad se burla, y desarma así su importancia y violencia. Veo aquí este modo figurado de hablar que en realidad concuerda también con el texto. Dios hasta con sus risas y burlas confirma su poder sobre lo violento. La Vulgata creo, contrario a Lutero, capta con más elegancia aquí lo que en realidad expresa la frase en hebreo. Pero las dos interpretaciones concuerdan.

Al violento. Más exacto: "contra el poder o el reino y autoridad" (*Gewalt*)[74], como en el Salmo 62:11, "Tuyo, Dios mío, es el poder." Todo está sujeto a él. Todas las cosas se encuentran en sus manos. No existe potencia ni tan gran poder que puedan resistir a Dios. De hecho esto no proviene de él, así como expresó anteriormente el profeta.

10. Pero ustedes aborrecen a quienes los reprenden en la puerta de la ciudad. Donde se encuentra la corte, donde se sientan los jueces, y senados dictan sentencias, esto los hebreos le llaman "la puerta" [o el portal]. Su significado aquí es: "Esos malvados no quieren ser reprendidos al convenir al pueblo, en público, en la asamblea. Así pues también nuestros príncipes y siniestros obispos se alejan de la Palabra de Dios tan viciosamente que logran que su maldad sea evidente hasta entre el vulgo, etc.

Hablan con rectitud. Encontramos la misma expresión[75] en el Salmo 119:1: "Dichosos los de conducta perfecta." Esto es, benditos son quienes caminan sanamente. Así también lo interpreta Pablo (cf 2 Timoteo 1:13). Es evidente, entonces, que ellos no deseaban soportar aquellos de sana doctrina, sana fe, y sana caridad. Experimentamos diariamente hoy lo mismo; la maldad no puede soportar la sana doctrina.

11. Y puesto que ustedes ultrajan [a los pobres]. Después de una muy amistosa exhortación, añade una advertencia por medio de otra parábola. Él lamenta todo eso que siempre ha lamentado anteriormente, esto es, que la suma de todas las maldades se debe a la falta de fe hacia Dios y por violencia contra el prójimo.

Ustedes ultrajan. Es mejor expresado así: "Cargan, oprimen a los pobres, e imponen sus yugos sobre ellos. Ellos no pueden sobrellevar esas cargas. Ustedes devoran a esas masas miserables, les

74 Lutero usa *Gewalt* en alemán para explicar a qué clase de poder o autoridad se refiere aquí. Ésta es la clase de poder que llega por fuerza o violencia.

75 Amós y el Salmo usan el adjetivo *tāmîm* (תָּמִים) que significa algo perfecto, completo, incuestionable o sin pecado.

demandan intolerables impuestos. Les exprimen sus bienes legalmente e ilegalmente."

Ultrajan sus mejores bienes.[76] Esto es, "Cualquier cosa buena que los pobres poseen, ustedes las usurpan." Los excelentísimos campos, granjas, hortalizas de ellos los hacen suyos por cuenta de sus rapiñas y tiránica avaricia." Que el papa mismo y los suyos, nuestros príncipes, todos aquellos ladrones y devoradores de los pobres, mediten sobre todas estas cosas, si han obligado al pobre a pagar tributo con su campo fértil o con cualquier cosa que posea.

Hermosas viñas. Éstas son viñas apetecidas. Ésta es una palabra usada frecuentemente por los profetas y en los Salmos: Viñas bellas, hermosas, apetecibles.

12. Pues conozco que numerosos son vuestros crímenes.[77] Cuando él usa ese verbo: "Yo sé", indica entonces el estado mental de ellos y el suyo. Es como si dijera: "Ustedes son feroces con los pobres, los oprimen como si yo no lo fuera a ver y saber. Pero lo veo completamente bien. Yo fijo mis ojos en los pobres. Nada de todas esas cosas que ustedes hacen me es oculto, aunque disimuladamente aparento por un tiempo que es así. Esto es lo que los ciega a ustedes." Vemos esto también pues en el Salmo 10:11: "Piensa para sí que Dios se ha olvidado, que esconde la cara y no ve nada." Leemos así en Ezequiel 8:12: "El Señor no nos ve. El Señor ha abandonado la tierra." Y en Isaías 29:15 tenemos: "¡Nadie nos ve! ¡Nadie nos conoce!"[78]

13. ¡Vivimos en tiempos tan corruptos, que la gente prudente prefiere callar! Sobre todo esto el Salmo 11 es pertinente: "Ciertamente, los malos preparan su arco y disponen las flechas sobre la cuerda

76 Mi traducción del texto en latín. RVC solo traduce "ultrajan".

77 Cantera-Iglesias. La RVC traduce: "Yo sé muy bien que ustedes son muy rebeldes." La palabra usada en hebreo, peša (פֶּשַׁע) indica transgresión, rebelión, crimen. Es mucho más que ser rebeldes. No es meramente una condición sino que es un hecho y una obra atroz.

78 La Cantera-Iglesias lo traduce mejor pues el texto se ofrece en el hebreo de manera interrogativa: "¿Quién nos ve y quién nos conoce?"

para atacar desde las sombras a los justos." ¿Pero qué puede hacer el hombre honrado cuando son socavados los cimientos? Que perezca pues aquel que no quiera salvarse. El que es sucio que continúe siendo sucio.

En tiempos tan corruptos. Lo llama tiempo corrupto porque los malos predominan.

14. El Señor, el Dios de los ejércitos, estará con ustedes, como dicen que está. Esto es una anticipación. Los impíos judíos no reconocieron sus propias impiedades. Continuaron protegiéndose con las promesas de Dios. Esto es, que ellos eran el pueblo de Dios, que Dios había prometido estar en el medio de ellos, y que Dios no había hecho lo mismo con todas las otras naciones. Así pues acusaban a los santos profetas de mentirosos porque ellos anunciaban la ira venidera de Dios. Los acusaban como personas malvadas que pregonaban contra la ley de Dios y contra las promesas de Dios. Miqueas se expresa elocuentemente sobre tales voces impías en el capítulo 2:6-7: "Ustedes ordenan a los profetas que no profeticen" –pero ellos profetizan– y [ustedes] dicen que 'no tendrán que avergonzarse'." Ustedes, que dicen ser de la casa de Jacob, preguntan si se ha acortado mi espíritu, y si ésta es mi forma de actuar. Aquí el profeta Amós diluye estas voces impías cuando dice: "Busquen lo bueno, y no lo malo [y vivirán]." Es como si dijera: "El Señor ha prometido que estará con ustedes, pero solamente con ustedes los devotos, los que han guardado mis preceptos." Miqueas 2:7 también añade: "¿Acaso mis palabras no hacen bien al que se conduce con rectitud?"

16. En todas las plazas habrá llanto. Usando una tremendamente áspera transición, pasa ahora a impartir una amenaza, como si dijera: "Porque ustedes no juzgan rectamente, caerán pues bajo un horrendo juicio. Todos los lugares serán llenos de llanto, todas sus plazas y calles. No solamente los ciudadanos llorarán sino que también los labradores de las viñas se lamentarán."

Y los que sepan cantar endechas, a endechar. Es como si dijera: "Voy a crear un luto general en todo el reino, para que el que pueda gemir, que gima. Tan enorme será la miseria que no habrá nadie que quiera estar vivo. Tanto los jóvenes como los ancianos gemirán tanto cuanto les sea posible.

17. En todas las viñas, esto es, en el medio de los viñadores. Es una mala traducción "en las vías".[79]

Cuando yo pase en el medio de ustedes. Esto es, cuando yo los atropelle y los persiga en mi furor, así como perseguí a Egipto.

18. ¡Hay de los que anhelan que llegue el día del Señor! Dice esto contra los detractores, quienes desprecian su proclamación, quienes continuaban acusando al profeta de falsedades y necedades, los cuales también continuaban insultándolo y diciendo que todas las cosas que predicaba en realidad no tendrían lugar. Sobre esta gente leemos en 2 Pedro 3:4: Decían: "¿Qué pasó con la promesa de su venida? Desde el día que nuestros padres murieron, todas las cosas siguen tal y como eran desde el principio de la creación." Así como los impíos no creyeron la promesa de Dios desde el comienzo del mundo, también ellos despreciaron sus advertencias, hasta que perecieron sin ni siquiera pensar sobre estas cosas. Nuestros impíos sacerdotes, pues, hacen lo mismo hoy. Hartados de su plena invencibilidad, desprecian irritablemente la palabra de Dios, revelada ahora de nuevo por su suprema bondad. Se ríen de aquellos que los amenazan con la miseria y la destrucción. Dicen así: "Esto sobre el clero es algo temporario. La situación cambiará. Llegará el momento que todas estas cosas cesarán y los sacerdotes disfrutarán la más aceptada estimación. Ellos se encuentran bajo la misma condenación que se encontraron los impíos judíos mencionados por Amós y a los cuales Pedro hace referencia.

Será un día de tinieblas, y no de luz. "Día del Señor", así llama todo ese tiempo de aflicción del cual él profetiza. Como ya he dicho anteriormente para los hebreos "día" significa "buena fortuna", un tiempo cuando todo es prosperidad y alegría. Ésta es una expresión muy

79 La Vulgata lee *"in viis"* en vez de *"in vineis"*.

común en los Salmos. Él dice, pues, que todas las cosas se convertirán de alegría a la infelicidad, y se llenarán de plena tristeza.

19. Será como cuando alguien huye de un león y se topa con un oso. Ahora él los amenaza con horrenda aniquilación a esos que [lo] desprecian. Les dice, entonces: "¡Háganlo! Desprecien completamente la palabra de Dios." Se encuentran tan seguros de sí mismos. Ustedes no piensan que llegará a cabo que ustedes caerán frente al mal que se avecina. Pero ésta es la razón que será entonces imposible que ustedes no perezcan, del mismo modo que es imposible para alguien huir de un león cuando se tropieza con un oso. Definitivamente no podrán escapar. Pues cuando se crean tan confiados de que pueden escapar, correrán entre la plena calamidad. Les arrebataré su completa protección." Hoy nuestros sacerdotes van a considerar a esos mismos príncipes que acuden para refugiarse, sus enemigos. Es obvio que buscan por una verdadera protección contra el Dios de quien huyen.

21. Yo aborrezco sus fiestas solemnes. Aquí de nuevo, como si lo anticipara, él le responde a ellos, ya que ellos sin duda pensaban que el culto a Dios todopoderoso que ellos habían instituido y consideraban de supremo valor, era agradable a Dios, ya que cantaban muchos himnos, hacían muchos sacrificios, y construían grandes templos. Presentaron todas estas objeciones a los profetas, así como hoy pues, nuestra gente impía, nos presentan sus objeciones a nosotros por medio de sus suntuosos templos y cánticos. El profeta le responde: "Odio y desprecio todas esas cosas. Hasta sus santísimas celebraciones (fiestas solemnes) me disgustan, ya que ustedes son malvados y hacen todas las cosas con un corazón impío. Vemos todas estas cosas con gran detalle en Isaías 1. Así pues, las Escrituras y el Espíritu en las Escrituras condenan totalmente todo lo que los impíos hacen, y todo lo que ellos instituyen, con los cuales creen que complacen a Dios y piensan también que han seguido (observado) las obras de la ley. Pero sus corazones son impíos y sin fe. Esto es lo que dice Proverbios 21:27: "El sacrificio de los impíos es repugnante." Y en 1 Samuel 15:22: "Entiende que obedecer al Señor es mejor que ofrecerle sacrificios." ¿Si tales obras, consideradas tan santas por los judíos, quienes eran el pueblo de Dios y tenían la palabra de Dios, son condenadas como obras hechas fuera de la fe, qué vamos, pues, a decir de nuestros impíos sacerdotes[80] que insolentemente hacen sus necias y frígidas obras?

¡No las soporto, ni me complacen sus reuniones! Moisés añade esta expresión a todos los sacrificios, diciendo que los sacrificios de los piadosos serán una dulce fragancia al Señor, así como podemos discernir por todas partes. Pero aquí, él indudablemente condena los sacrificios de los impíos, diciendo que no va aceptar sus fragancias. Esto es: "Cuando se congregan para hacer sacrificios, no aceptaré esa fragancia, no aceptaré vuestros sacrificios. Ellos serán inaceptables para mí."

22. מִנְחָה *(minjâh)* **[Ofrendas].** Éstas son ofrendas de cereal, llamadas en alemán *Speiseopfer*, las cuales eran añadidas a las ofrendas de holocaustos (quemadas).

Los animales engordados que me presentan como ofrenda de paz. Quiere decir: "No me complace, sea lo que sea que me han ofrendado, no aceptaré las ofrendas de paz, hasta las gordas, aunque me ofrezcan los animales más engordados.

23. [Alejen de mí la multitud] de sus cantos. Aquí vemos también que ellos acostumbraban a cantar. Pero, de la misma manera que piensa que todo lo otro es impío, así pues también condena sus cánticos. Esto ciertamente es una gran audacia de parte del profeta, que se atrevió a condenar obras que aparentaban ser completamente santas. Pero aquellos profetas que continuaron condenando esas observaciones (prácticas) fueron asesinados como personas malvadas, pervertidores de la ley, quienes prohibían el culto a Dios. Así pues hoy también somos forzados a aceptar las mismas objeciones lanzadas a nosotros. El Señor, así todo, quiere que el pueblo lo adoré a él. Pero los impíos no complacen al Señor, a pesar de qué tan grandiosas y espléndidas sean sus obras.

80 Lutero usa *papistae* (papistas) en vez de sacerdotes.

24. Que fluya la justicia como un río. Aquí, después de las amenazas, él interpone el reino de Cristo. Esto es una transición. Es como si él dijera: "¿Por qué se jactan de vuestras oblaciones, sacrificios de paz, y con cosas como éstas? Llegará la hora, entones, cuando cesarán todas estas ceremonias externas, y la justicia de Dios será manifestada abundantemente." Me parece que se refiere él aquí al evangelio que será revelado por medio de Cristo. Pues "será revelado" significa que será proclamado y manifestado, y eso no había ocurrido todavía. Así que aquí, pues, pasa del culto que ha reprobado al verdadero culto que complace a Dios. Esto es pues lo que todos los profetas suelen (acostumbran) hacer cuando proponen la verdadera justicia por medio de Cristo, condenan todas las obras de los infieles aunque aparentan ser perfectamente santas. Observamos lo mismo en el Salmo 40:6: "Las ofrendas y los sacrificios no te agradan... pero me has abierto los oídos." Cuando, entonces dice "como un río", significa, pues, una abundancia de gracia que debe ser anunciada por medio del evangelio. Se pueden notar pasajes similares en Isaías (48:18).

Como un impetuoso río. Destaca aquí el poder y la eficacia de la Palabra. Pues la Palabra irrumpe y corre a pesar del tropiezo por el furor de Satán y sus siervos adversarios. Aunque los príncipes lo deseen o no, irrumpe y fluye como un río impetuoso. No pueden oprimirla.

25. ¿Me ofrecieron ustedes sacrificios y ofrendas? Esteban cita este pasaje en Hechos 7:42, pero usando diferentes palabras. Así todo, acierta el sentido del texto maravillosamente bien, como suelen hacer todos los apóstoles cuando citan a los profetas. ¿Pero, qué vamos a decir sobre este texto, el cual confronta muchos de los otros textos en las Escrituras? Pues es clarísimo que todos los de ese pueblo no eran personas impías. Las Escrituras dan testimonio de esto aquí y allí, como también lo hace Balaam en Números 23:21-23: "Dios no ha hallado iniquidad en Jacob ni ha encontrado perversidad en Israel: El Señor su Dios está con ellos." Allí él alaba al pueblo al señalar su piedad, de modo que algunos intérpretes se ofenden y se atormentan de varios modos por esto. Pero es así como concuerdan: En las Sagradas Escrituras es muy importante observar y tomar nota de ese sentido figurado del idioma que los gramáticos llaman sinécdoque, por lo tanto las dos cosas son dichas sobre el mismo pueblo. Es así, entonces, como este texto debe ser entendido. Por lo tanto en el Salmo 78:18[81] el salmista los reprueba por sus impiedades y los acusa de incrédulos, porque ellos pidieron comida. Dice él: "Decidieron poner a prueba a Dios y pidieron comida a su antojo." En otro Salmo (105:40) encomienda el mismo pecado, diciendo que sus demandas por comida la hicieron con devoción. Así que sobre un solo episodio en la historia tenemos significados diversos y contrarios. Pero como ya he dicho anteriormente, éste es un caso donde la palabra de Dios toma en consideración a todo el pueblo y a la vez lo divide en dos partes. Pues no cabe duda que entre ellos tenemos personas devotas que no rechazan cuando los ídolos son mencionados. También, pues, hace una excepción de los impíos cuando menciona el devoto y verdadero culto a Dios, el cual los devotos siguieron con Moisés. Ésos que continuaban murmurando por su alimento eran impíos. Pero el alimento fue proveído por cuenta de los devotos. Por lo tanto, las dos ideas concuerdan. Por cuenta de esas pruebas fueron condenados los que no creían, pero los devotos fueron salvados, y es por ellos que la comida fue suministrada. Es así como debemos entender este pasaje en Amós: Pues con Jacob vivían muchas personas devotas que no adoraban a los ídolos. No hace él mención de ellos, aunque sí hace referencia de Jacob. Pero la mayor parte de ellos era impía. Es esa idolatría la que él rechaza. Ellos cometieron muchas obras malvadas, que el Señor por un tiempo soportó, así como podemos ver en el Salmo 95:10: "Cuarenta años estuve disgustado con esta gente, etc." Tomen nota también de Hechos 3:8-12. Aquí los acusa también de idolatría. Es como si dijera: "Ustedes son igualitos a sus padres (antepasados). Sus padres pecaron contra Dios con sus abominables idolatrías y ustedes continúan en la misma impiedad. Por lo tanto, él derrocará y arrebatará de ustedes todo eso en que ustedes confían –todas sus vanaglorias– y serán llevados de aquí.

¡Cuya estrella ustedes mismos hicieron! Lo que era esta estrella, no podemos acertar por las Escrituras.[82]

81 Los textos de los manuscritos Weimar y Erlangen citan al Salmo 11, pero el manuscrito de la Zwickau cita el texto que Lutero obviamente citaba, el Salmo 77, que en nuestras versiones castellanas equivale al Salmo 78.

82 Cf Hechos 7:43: "La estrella de su dios Refán."

Capítulo Seis

El profeta persevera en su denuncia del cautiverio que ha de venir, el cual ya ha sido anteriormente una continua amenaza. Aquí él comienza de nuevo otro sermón (discurso), en el cual incluye simultáneamente a las dos tribus, ésas que estaban en Samaria y las que estaban en Israel. Él profetiza que ellas van a ser devastadas y llevadas [al cautiverio] por Asiria. Mantendremos este simple significado, ya que entendemos que éste es el cautiverio a Babilonia, no otro nuevo cautiverio, como algunos quieren pensar, ya que la necesidad no nos obliga a abandonar el sentido simple del texto. También, pues, profetiza contra los príncipes y los aristócratas del pueblo, quiénes abundan en lujos y toda clase de riquezas. Pero no los acusa de maldad por esto, de ser ricos, sino por adquirir sus riquezas por medio del fraude y por su opresión de los pobres, así como ya vimos anteriormente. Pues la posesión de riquezas no es necesariamente algo malo. Adquirir esas riquezas injustamente y usarlas abusivamente, esto es lo malvado.

1. ¡Hay de ustedes, los que viven confiados en el monte de Samaria! La expresión "ustedes... que viven confiados" no la debemos relacionar con lo que sigue. Su significado es éste: "Ustedes son insolentes y testarudos, su orgullo es muy peculiar, ustedes que se encuentra en el monte de Samaria, ustedes que se encuentran sentados allí confiados en vuestro reino."

Ustedes la gente notable...[83] **y a quienes acude la casa de Israel.** Esta expresión no es necesariamente algo malo: "Ustedes son orgullosos y ambulan enardecidos en la casa de Israel." Pero no podemos leer esto en hebreo así: "Ustedes entran en la casa de Israel", esto es, "Ustedes buscan sus propios privilegios en el reino de Israel, ustedes vierten todo para sus propios beneficios". De hecho "entrar y salir" es una frase en hebreo que significa "estar envueltos en", así como Lucas

83 El latín usa: "la gente pomposa (*pompatice*)."

dice en Hechos 9:28[84] y como vemos también en Deuteronomio 28:6: "Bendito serás cuando entres, y bendito cuando salgas." Aquí también, entonces, es como si dijera: "todo lo hacen por su tiranía, y buscan sus propias ganancias. Todo lo que hacen lo hacen a favor de ustedes mismos para recibir sus ganancias.

2. Pasen a Calne, y miren. Aquí ven ustedes la intención de él cuando dice: "Ustedes que entran en la casa de Israel." El significado de este pasaje es: "El reino de ustedes es pequeño, pero así todo alimentan tantos poderosos príncipes defraudadores que reinos más poderosos apenas hubieron podido abastecerlos." Esto es lo mismo que si fuéramos nosotros a decir acerca de Alemania, que Alemania alimenta tantos obispos quienes roban al pueblo, que las riquezas del reino Asirio apenas hubieran podido abastecerlos a ellos. Los intérpretes ofrecen diferentes significados extraños sobre lo que Calne significa. Denle un vistazo a esas interpretaciones.

Jamat. Ésta es la región que hoy se llama Antioquia en Siria.

Vean si aquellos reinos son mejores. Esto es: ¡Vean a esos reinos! ¡Observen a sus príncipes! ¡Compárenlos a ver si todos aquellos reinos son mejores que los reinos de ustedes! Ustedes verán que los reinos de ustedes son mucho mejores tanto en príncipes como en lujos. Podemos leer esto también usando el género masculino: "Todos sus mejores hombres."

Si su territorio es más extenso que el de ustedes.[85] Esto es lo que dice Isaías 5:8: "¡Ay de los que anexan una casa a otra casa, un terreno a otro terreno, hasta poseer todo lugar!" Esto es: "Raptan todo para sus propio uso que ya no hay ni un solo lugar disponible para el pobre. También aquí pues: "Sus territorios, esto es, el límite de vuestras posesiones, son amplísimas", etc.

84 Hechos 9:28 hace referencia a que Pablo... entraba y salía de la ciudad", se relacionaba él con los asuntos de la ciudad.

85 Lutero declara esto en forma de pregunta en el texto original en latín.

3. ¡Ay de ustedes, que creen posponer [el día de la calamidad]! "Serán preservados hasta el día del cautiverio, cuando serán exiliados."

Pero hacen que se acerque el reino de la violencia. En el hebreo lee así: "Se aproximan para sentarse en la injuria", esto es, "todo lo que ustedes hacen, todos vuestros intereses, todo esto está destinado a un propósito: que se vuelvan ricos, que abunden en todo, aunque lo hagan justamente o injustamente. Piensan ustedes que no importa cómo logran su propósito".

4. [Malditos sean] Ustedes [que] duermen en camas de marfil. Ahora él describe sus malvadas pompas y lujurias.

Y reposan sobre sus divanes. Más exacto: "Ustedes que lujurian o disfrutan de abundancia." Condena el lujo y las riquezas de sus esplendidos divanes y recamaras. Los cuales también abundan hoy para nuestros príncipes.

Ustedes... se alimentan con los corderos de los rebaños. Se refiere aquí a todo lo mejor de lo mejor.

Con los novillos que sacan del engordadero. Lo mejor de lo mejor se reserva para los señores de entre los señores.

5. Como si fueran David, inventan instrumentos musicales. Esto es, si al imitar a David pudieran cantar el Salterio, pues ellos son en realidad los más pobres (ineficaces) entre los imitadores. David usaba el Salterio para alabar a Dios, para enriquecer su devoción a Dios, y para mover (renovar) el espíritu por la palabra de Dios. Mas ellos usan el Salterio para sus propias lujurias, y para satisfacer sus propios odios, etc.

6. ¡Pero nada les importa que José se halle en el desastre! Esto se refiere a lo que yo ya dije al principio de este capítulo: el Señor no condena el poseer riquezas sino el mal uso de la misma, esto es, su uso para nuestras lujurias desbordadas, y como infieles mayordomos de los bienes otorgados por Dios, en vez de usarlas para apoyar a los pobres. Aquí él condena esta impiedad de no angustiarse por la ruina de José, esto es, por los pobres y afligidos en el reino de Israel. No solamente los juzgaron, sino que oprimieron y afligieron a los pobres en la puerta, así como mencioné anteriormente. Así también, hoy nuestros príncipes operan en todos los asuntos con la misma impiedad. Definitivamente, no se ve fin a sus lujurias. Quieren hartarse de todo. Mientras tanto los pobres se mueren de frío y de hambre. En todo lugar se ve puro fraude. No escuchan a sus propios súbditos, y es más, los explotan con impuestos intolerables y los exprimen de lo poco que poseen. Ésta es una situación que no requiere muchas palabras ya que los hechos hablan por sí mismos.

7. **Van a encabezar a los que marchan al exilio.** Esto es, aquellos con mayor culpa serán los primeros en ser castigados.

¡Ha llegado el fin de tantos festines! Esto es, "las fiestas de los pomposos cesará". Se lee mejor así.[86]

8. **Nuestro Señor y Dios ha jurado por sí mismo.**[87] Hilario osaba citar pasajes de las Escrituras como éste en sus libritos (panfletos).[88] Éste es un pasaje similar a uno en Génesis 19:24: "Entonces el Señor llovió desde el cielo... fuego procedente del Señor.[89] Vean a Hilario sobre esto.

Aborrezco sus casas (*domos*). Mejor expresado es: sus palacios, esto es, esos suntuosos edificios construidos a gran costo, edificios donde ellos se pasean tan soberbiamente.

86 Lutero sugiere aquí leer "*convivium pomposorum*" en vez de como lo traduce la Vulgata "*factio lascivientium*".

87 En la Vulgata lee: "jurado... por su propia alma." (*Juravit Dominus Deus in anima sua*).

88 Lutero se refiere aquí a Hilario De Poiters (c 315-367), Obispo de Poiters, y gran defensor de la teología nicena contra el arrianismo.

89 Mi traducción del texto citado de Lutero de la Vulgata, el cual se aproxima mejor al hebreo que la RVC: "Entonces el Señor hizo llover desde los cielos..." Hilario hace referencia a Génesis 19:24 en su obra *De Trinitate*, Libro IV, capítulo 29 para afirmar que Dios el Padre, quien engendra; Dios el Hijo, quien es engendrado; y Dios el Espíritu Santo, quien procede del Padre y del Hijo, son un Dios.

La ciudad y todo lo que hay en ella.[90] En hebreo esto lee: "toda la plenitud de ella." Esto es, todo lo que se encuentre en la tierra perecerá. Ésta es una frase hebrea que ocurre también en el Salmo 24:1: "¡Del Señor son la tierra y su plenitud!"

10. Quiere sacar de la casa los huesos. Describe aquí la miseria del cautiverio. Es como si dijera: "La miseria, el desastre, será tan quebrantador, que por cuenta de la multitud de los muertos, no habrá oportunidad de sepultar a los cadáveres. En vez, serán obligados a quemarlos en las casas." Ésta es una dura amenaza por la cual los aterroriza.

Éste dirá: "Calla, no vaya suceder que mencionemos el nombre del Señor." Sobre este pasaje los intérpretes se atormentan de varios modos. Pero a mi juicio, pues, ésta es una frase hebrea usada frecuentemente en las Escrituras. Leemos lo siguiente en el Salmo 45:17: "Recordaré tu nombre por todas las generaciones."[91] Encontramos textos similares en varios lugares en los Salmos. Pues recordar el nombre de Dios es predicar y exclamar el nombre del Señor. Es divulgarlo en predicarlo. Cristo también se expresó usando esta frase: "Hagan esto en memoria de mí" (p ej Lucas 22:19). Esto es: "acuérdense de mí: Usen la Palabra (el Verbo) cuando hagan esto." Lo observamos también en Isaías 64:5: "De los que se acuerdan de ti." Consecuentemente el significado de este pasaje es el siguiente. Es como si el Señor dijera: "Todo será lleno de plena miseria. No tendrán ni un recurso bajo el cual puedan recibir consolación. Todo será lleno de plena lamentación que claramente no podrán recordar la proclamación del nombre del Señor. Todo lo que podrán hacer es quejarse. Llenos de morosidad, no podrán proclamar el nombre del Señor. Cesará todo culto y alabanza y predicación del nombre del Señor.

11. Reducir a escombros la casa mayor, y de abrir brechas en la casa menor. Esto es, "destruirá todas sus casas, las mayores como las

---

90 La Vulgata lee aquí en latín: "Junto con todos sus habitantes."

91 Así lo traduce la Cantera-Iglesias, cuya traducción se aproxima mejor al texto en hebreo. La RVC traduce: "Yo perpetuaré tu nombre para siempre." En las Sagradas Escrituras el acto de recordar los hechos de Dios es importantísimo en la fe del pueblo.

menores, en las cuales ustedes se vanaglorian ahora y se encuentran tan confiados de sus maldades."

12. ¿Acaso corren los caballos por las peñas? [¿O se ara en ellas] con bueyes? Se ofrece aquí una metáfora rústica de la rústica Tecoa. Este pastor siempre se expresa en forma similar. Recuerda los animales de campo, los caballos, y las vacas. Quizás el profeta quiere hacer referencia aquí a las vacas reservadas para recoger la cosecha y no las para arar. Sino pues, estamos ciertos que araban con bueyes o vacas. El sentido de esta metáfora es como si dijera: "Ese pueblo es inepto. No son idóneos para lo que el Señor los usa. Son completamente ineptos para todo ministerio de Dios. Dios no tiene uso para ellos. Ya que se encuentra tan disgustado de ellos, los desprecia y los rechaza. Ellos no hacen nada para complacerlo a él." Esto es lo mismo que lo que sigue:

Han convertido la justicia en amargura (*amaritudinem*). Mejor dicho "en veneno". Esto fue lo que mencioné anteriormente. Esto es: "Ustedes afligen y maltratan a los miserables y afligidos. No ejercen la correcta justicia con los pobres."

Carnayin (Cuernos).[92] Ésta es una metáfora que los latinos[93] suelen usar. Es como si dijera: "Se vanaglorian ustedes de su tiranía. Con su cerviz erguida proceden en contra de la ley y el Señor, como si ejercieran justamente. Así, ustedes se complacen en su maldad. Así serán arrasados. Mandaré sobre ustedes al ejército asirio para volver en polvo desde la entrada al reino de Israel hasta su salida. No quedará nada allí."

Capítulo Siete

Lo que hasta ahora él ha profetizado y amenazado con claras palabras, ahora profetiza por el uso de enigmas y visiones. La misericordia y

92 El nombre Carnayin significa dos cuernos o doble cuerno.

93 Nombre dado también a los "romanos".

longanimidad de Dios son encomendadas a nosotros. Dios no desea la muerte del pecador, sino que se convierta y viva.[94] Él difiere su castigo, al hacer una invitación al arrepentimiento. Finalmente, cuando [Dios] ve que promueve las cosas sin amenazas ni pompas, se irita enormemente y comienza a atacar. Es así como siempre actuó con los judíos, con el faraón, con Judas, el traidor. En esos instantes él reveló sus terribles juicios para que ellos fueran ejemplos de su ira. Vemos lo mismo aquí. Mandó su Palabra con gran detalle, ofreció varias exhortaciones por medio de sus profetas y de visiones, para invitarlos a que se arrepintieran. Ya que por medio de esto logró nada, rechazó horrendamente a todo este pueblo.

1. Estaba él criando langostas. Esto es, estaba formando langostas cuando la lluvia tardía comenzó a intensificarse o formarse. Esto es una cronología con la cual él indica que las langostas fueron formadas en el momento oportuno, en el momento que las cosechas comienzan a crecer, cuando el heno y todos los frutos no pueden apenas tolerar algún contratiempo, especialmente las langostas que devoran esas cosechas.

Que sale después de las cosechas del rey. Esto significa la poda de las ramas de los árboles en el campo, como nuestros agricultores hacen al brotar los primeros frutos. Los reyes se quedaban con esas primicias de las cosechas para su uso personal, de la misma manera que nuestros príncipes usurpan los peces y las fieras del bosque para sí mismos.

2. Y cuando las langostas acabaron de comerse [todas la hierba de la tierra]. Ésta es la amenaza de Dios con la cual él indica cómo el ejército de los asirios, a quien llama langostas, vendrán a destruirlo todo, y así nada quedará allí por delante.

Señor, Señor, ¡por favor perdona a Jacob! Aquí se opone el profeta como un muro frente al pueblo, para divertir (desviar) la ira de Dios

94 Cf Ezequiel 18:23.

para que ellos no perezcan. Pero no puede desviar toda la ira de Dios, ya que el Señor sólo pospone ese golpe, para así no castigar desde el principio, como ya había amenazado. Éste es, pues, el estado de ánimo del profeta cuando declara:

¿Quién podrá levantarlo, si aún es tan pequeño? Es como si dijera: "Señor, sé clemente con él, para que no lo destruyas. No envíes contra Jacob el rey de los asirios, ya que Jacob es nada al compararlo con los asirios." ¿Quién podrá, entonces, levantarlo? Esto es: ¿Quién puede hacer que Jacob se levante contra los poderosos asirios?

6. El Señor cambió de parecer, y dijo: 'Esto tampoco lo voy hacer.' Esto es: "Esto no va a suceder por ahora mientras el reino todavía florece." Pues el reino de Israel disfrutó su mayor florecimiento durante el reinado de Jeroboam (Jeroboán)[95], aparentemente un extraordinario y buen rey, así como mencionamos al principio.

4. El Señor también me hizo ver esto: Estaba el Señor convocando a juicio por medio del fuego.[96] Esto es, "Vi que una causa era juzgada. En ésta exigían que el caso que se investigaba fuera juzgado por medio del fuego." No describe aquí a los abogados y jueces bajo los cuales el caso iba a ser juzgado. Pero el fuego era tan enorme, que no solamente consumía leña sino también –esto va en contra de toda la naturaleza– "el gran abismo", esto es, las aguas estancadas, y la profundidad del mar. Él señala la vehemencia del fuego hasta el punto que no solamente consumió a esas aguas que normalmente el sol ardiente seca, sino también consumió el profundo mar.

La tierra. Mejor expresado: "los campos." Déjenme resumir todo esto: Él está comparando al reino al gran abismo y un campo fértil. Durante ese tiempo floreció el reino de Israel, como ya dije previamente, bajo el reinado de Jerobam. Que ese reino fuera devastado

95 Se rinde el nombre tradicionalmente como Jeroboam pero en la RVC, como ya hemos indicado, se rinde el nombre como Jeroboán.

96 Noten como aquí Lutero regresa a comentar sobre el versículo cuatro en vez de proseguir al siete.

parecía algo imposible e increíble. Pero así todo, él aquí amenaza que todo será consumido por el fuego. Pues, después de todo, el abismo o un campo común no son nada comparable con el fuego devorador. Así pues el reino de Israel es considerado nada en comparación con el poder de los asirios, quienes iban a venir por causa del juicio de Dios.

7. **Y tenía en la mano una trulla**[97] de albañil. La palabra en hebreo (אֲנָךְ) no significa una trulla sino una plomada o plomo, lo que comúnmente llamamos en alemán *Richtscheit*. Los albañiles la usan para cementar derecho los muros. Cuando él dice aquí: "Estaba el Señor junto a un muro... y tenía en su mano una plomada de albañil", esto es un hebraísmo. Esto es, lo mantenía derecho [rectificaba] usando un plomo.

8. **¡No voy a pasarle una más!** Esto es: "Aunque posponga por un tiempo ese cautiverio, con el cual he amenazado a Israel, así todo ya no pasaré por alto una vez más sus pecados." "En cierto modo castigaré, rectificaré, y adaptaré con mi plomo las rocas que sobresalen. Esto es, castigaré los pecados o la casa del rey." En esta tercera visión el Señor amenaza con calamidades a la casa del rey Jeroboam, y excluye a ese otro pueblo (o esas personas), de quien ha dicho que está dispuesto a no castigarlos por un tiempo. El significado es como si dijera, entonces: "El albañil usa su plomada para enderezar las lápidas [rocas] las cuales sobresalen y no encajan bien con las otras. Lo hace así para que todas ellas cuadren bien. De la misma manera, yo con mi juicio voy a rectificar la casa del rey Jeroboam en el medio del pueblo antes del gran cautiverio de todo el reino", así como añade inmediatamente.

9. **Voy a destruir los lugares altos de Isaac.**[98] Él mezcla simultáneamente aquí las tres visiones. Es como si dijera: "Esas cosas que he profetizado sucederán. Pero esas dos con las cuales he amenazado a

97 La Vulgata, como Lutero, cita aquí en latín "trulla" que es la misma palabra en español que en latín. La RVC usa la palabra "plomo" que se asemeja correctamente a la palabra usada en el hebreo *ʾănāḵ*, (אֲנָךְ).

98 En vez de Isaac se debe leer en latín "ídolos".

todo el reino, las voy a posponer por un tiempo. Sin embargo, a la tercera no la voy a posponer."

Los lugares altos de Isaac [ídolos]. Lo que leemos aquí se lee mejor como "los altares de la ilusión". Él llama correctamente a ese culto impío "altares" o "casas de ilusión". Pues los impíos se ríen a carcajadas de Dios con el culto que ellos han inventado. Pues Ismael se burlaba del bondadoso Isaac, como Pablo lo explica en Gálatas 4:29: "Pero como entonces el que había nacido según la carne, perseguía al que había nacido según el Espíritu, así también sucede ahora." Así pues los impíos con sus propias tradiciones se burlan siempre de la predicación de los piadosos. Esta batalla entre Isaac e Ismael nunca cesará.

Los santuarios. Un santuario es una institución (*Stift*) dotada. Leemos en el Salmo 114:2: "Judá se convirtió en el santuario del Señor y el pueblo de Israel su dominio." Esto es, Judá es su diócesis (*Bistum*).[99] En Judá él quería tener su sacerdocio y en Jerusalén su dominio, su reinado. Dice pues que todo esto quedará desolado.

Además, voy a levantar la espada contra la casa de Jeroboán [Jeroboam]. Esto apropiadamente es pertinente al rey. Él amenaza aquí la casa del Rey, esto es, con la muerte a los descendientes del rey. Esto sucedió después de la muerte de Jeroboán cuando Zacarías, el malvado hijo de Jeroboán, fue asesinado según 2 Reyes 15:8-10.

10. Amasías, el sacerdote de Betel, mandó [a decir a Jeroboán]. Aquí tenemos un ejemplo de esa contienda y burla sobre la cual hablé un poco antes. Es muy digno anotar este evento. En el mismo podemos ver lo que es la impiedad y lo que ella piensa sobre la palabra de Dios, cómo deprecia todo lo que es de Dios para así pues guardar con seguridad sus cosas. Aquí el malvado sacerdote Amasías se burla y deprecia al profeta Amós, un humilde y depreciado pastor. Así que exhorta al rey para que no crea la profecía de Amós. Dice que la

99 Residencia o asiento episcopal.

misma es una mentira, ya que Amós habla contra el rey y contra el reinado, cuyo reino ellos están muy ciertos que Dios había instituido. Es así como los malvados se ciegan y se seducen mutuamente, así como observa el apóstol en 2 Timoteo 3:13: "Pero los hombres malvados y los engañadores irán de mal en peor; engañarán y serán engañados." Él añade ahora la doctrina impía del malvado sacerdote.

Amós anda entre los de la casa de Israel conspirando contra ti. Éste es un argumento de la regente dignidad, de multitud y magnitud. Así también pues, hoy en día los enemigos del evangelio, oponen impíamente contra nosotros la dignidad y majestad del emperador,[100] como también la autoridad de la iglesia.[101] Aquí, entonces, el malvado sacerdote, pone en oposición contra el profeta el reino y el rey de Israel, de los dos cuales están muy ciertos que Dios los había instituido. Esto no podía ser negado por los profetas. Y ya que los impíos sabían que Dios había instituido rey y reino, ellos no escuchaban cuando los profetas condenaban al rey y al reino. Al contrario, argumentaban de esta manera: "Si el rey ha sido instituido divinamente, por tanto Dios está con el rey, y confirma su reinado. Por lo tanto el rey no puede errar." Entonces cuando los profetas condenaban al rey y reino, ellos eran asesinados al ser acusados por incitar sedición. Así es como Amasías dice aquí: "El país no puede seguir soportando todas sus palabras." Cristo escuchó lo mismo: "Éste alborota al pueblo con lo que enseña por toda Judea, etc." (Lucas 23:5). Esto es, así todo, la forma de la palabra de Dios; ésta es la apariencia de los predicadores de la Palabra.

11. "Jeroboán morirá a filo de espada." Aquí Amasías calumnia impíamente las palabras del profeta para hacer de él un mayor objeto de odio. Pues está contando una mentira. Propone algo siniestro ante el rey sobre las palabras del profeta. El profeta había amenazado con la muerte a la casa de Jeroboán, esto es, a sus hijos. [Amasías] tuerce siniestramente esta profecía sobre Jeroboán. Vemos que sucede

100 El manuscrito usa César, refiriéndose al emperador del imperio de esos días.

101 Creo que aquí se pudiera tomar como la Iglesia Católica, y por tanto se puede traducir como Iglesia.

lo mismo hoy entre nosotros. Esta maldad es condenada por todos los profetas. Ellos condenan la impiedad del pueblo, pero ese pueblo malvado se opone a ellos, y patrocina su propia impiedad al pregonar que ellos son el pueblo de Dios, que ellos tienen la palabra de Dios, etc. Pero los profetas les declaran que esas promesas no son para los impíos sino solamente para los devotos, los cuales siempre fueron poquísimos. Ellos continuaron diciendo que solamente aquellos serían salvos por cuenta de las promesas hechas a sus padres, pero el resto se perdería. Esto es lo mismo que dice Isaías 10:22: "Pues aunque fuera tu pueblo Israel como la arena del mar, [sólo] un resto volverá."[102] Y como Pablo dice en Romanos 11:1: "Por lo tanto pregunto: ¿Acaso Dios desechó a su pueblo? ¡De ninguna manera! Porque también yo soy israelita, etc." Claramente [se refiere él] a la mejor parte del pueblo.

13. Aquí está el santuario del rey. Es como si dijera: "Váyanse, no profeticen aquí. Éste es el santuario del rey. Cuídense en no oponerse al reino de Israel, el cual fue instituido por Dios. Hagan fuga, no vaya ser que sean capturados y matados. Aquí no habrá nada para que ustedes puedan comer. Vayan a Judá." Esto es los que los ministros de la Palabra oyen. Es así como ellos tienen que ser corridos afuera.

14. Yo no soy profeta. Los intérpretes se atormentan de varios modos sobre este pasaje pero lo hacen en vano. Pues lo que yo dije anteriormente sobre las órdenes de los profetas es pertinente también aquí.[103] Su significado es, entonces: "Yo no pertenezco al rango u orden de los profetas." Pues, existían órdenes de profetas. Por lo tanto, los hijos de los profetas son llamados auditores o seguidores de los profetas.

Soy boyero [vaquero] y recojo higos silvestres. Es como si dijera: "Yo no profetizo para ganar mi sustento por medio de esto. No estoy

102 Citado de la Cantera-Iglesias, la cual se asemeja más exactamente al texto en latín y griego. La RVC lee así: "Israel, si tu pueblo llega a ser como la arena del mar, que vuelve a él, la destrucción acordada rebosará de justicia."

103 Cf Las observaciones hechas por Lutero sobre Amós 1:1 al comienzo de su comentario. Esto es, que Amós no era un profeta, sino un pastor, y no pertenecía a la orden de los profetas.

buscando lucro o riquezas. Pues busco por mi sustento usando mis propias manos. Me contento en cultivar sicómoros (higos)."[104]

16. Tú me dices que no [derrame palabras] profetice yo contra Israel.[105] Los profetas usan frecuentemente la palabra *stillabis* [derrame palabras] en lugar del verbo "predicar". Es cierto pues que quien predica, derrama sus palabras, es decir, cuando anuncia la ira de Dios y el castigo que ha de venir. Esto es, cuando advierte y amonesta antes que llegue la calamidad; pues cuando llegue lloverá torrencialmente.

17. Tu mujer se prostituirá. Esto es, será raptada.

Fraccionada. Esto es, tu tierra será distribuida.

En un país impuro. Esto es, en el cautiverio.

Capítulo Ocho

Los últimos[106] dos capítulos de este profeta son sus dos últimos discursos. Con éstos actúa como si le pesara predicar y profetizar que todo el pueblo sería completamente destruido, tanto el reino como el sacerdocio. La forma en que se expresa sobre la devastación y el cautiverio bajo Babilonia es en realidad muy similar a la última de las destrucciones y cautiverios que tomó lugar durante el tiempo de Cristo, cuando el sacerdocio pereció también como el reino.

1. Un cesto lleno con frutas de verano. Juegos de palabras en un idioma no se pueden traducir a otro idioma. Aquí tenemos un juego de palabras

104 Así cita la Cantera-Iglesias: "Pues soy un vaquero y cultivador de sicómoros." El texto en hebreo indica que cultiva con sus propias manos a los higos y no que solamente los recoge.

105 En la Vulgata lee *"non stillabis super"*.

106 Lutero usa aquí la palabra *"novissimia"*, que en realidad significa los más recientes o nuevos. Pero el contexto dicta que son sus últimos discursos y lo traduzco así.

en hebreo que tenemos que circunscribir. La palabra en hebreo significa cesto, o como una jaula, o canasta de madera en donde se retienen o apresan las aves.[107] La interpretación ofrece dos sentidos. Algunos traducen esta [palabra] como un cesto de frutas, otros como una jaula de aves. Prefiero la última traducción, ésa de la canasta donde las aves son engordadas para llevarlas al matadero. Su significado es éste, pues: Parece que el profeta está diciendo que: Ya que todo lo que digo a este pueblo es en vano, la devastación y matanza son inminentes. No queda más aquí que la muerte miserable, pues veo una jaula repleta de animales para el matadero. Todo lo que pertenece a este pueblo finalmente será completamente destruido y devorado. Vemos esto claramente en lo que sigue, donde él explica este juego de palabras.

2. **"Ha llegado el fin de mi pueblo Israel."** Aquí se ve el mismo juego de palabras en hebreo como si uno fuera a decir en alemán *Ich sehe ein Reis*, y alguien más fuera a contestar *Ich will dich recht reissen.*[108] Vemos una gran diferencia entre Reis (rama) y *reissen* (ruptura), pero así todo vemos una relación bajo un juego de palabras. Tenemos aquí la misma alusión en hebreo que no podemos traducirla al idioma latín.

No voy a pasarle una más. Él usó la misma frase en el capítulo anterior: "¡No voy a pasarle una más!" (v 8). Esto es, no voy a cerrar una vez más mis ojos a sus impiedades. No les dejaré pasar una más."

3. **Los cerrojos del templo gemirán.**[109] Esto es, cuando llegue el último cautiverio y ese final que ya he mencionado, todos los palacios[110] serán demolidos y destruidos. Todo el reino será derrocado, y la casa real caerá en ruinas. Será completamente destruido por un ataque.

107 La palabra en hebreo es: כְּלוּב (k^e*lûḇ*).

108 El juego de palabras usado aquí en alemán depende de la consonancia de sonido entre palabras y no de sus significados. Se puede ver este juego de palabras bajo estos ejemplos en castellano: "Voy a tomar el autobús"; "Voy a tomar agua"; "La pelea se calienta"; "Se calienta el agua". Las dos palabras usadas en ese juego de palabras en el texto hebreo son קַיִץ [*qayits*; fruta de verano) y קֵץ (*qets*; fin).

109 Mi traducción del latín. La RVC traduce: "En el palacio habrá llanto."

110 Lutero usa *palatium* como un sinónimo de *templum*.

Muchos morirán, en todas partes.[111] Esto fue malamente traducido. Lo leemos así del hebreo: "La multitud de los cadáveres lanzará su silencio [consumación] por todas partes."[112] Aquí describe la miseria del cautiverio. Él entiende dos cosas [aquí]: Primero, que el reino cesará y lo que pertenezca al reino será completamente destruido. Entonces predice también que gentes por todas partes serán aplastadas y destruidas. Está profetizando que tendrán tantos cadáveres que existirá un gran silencio, una gran miseria, una gran soledad por todas partes. Esto es lo que en hebreo la palabra "silencio" denota, esto es, la destrucción, la devastación, y la muerte de todo. El silencio prosigue de esto; es como si fuera un desierto, o cuando una plaga avanza en cierta ciudad y no se puede ver presente a muchos del pueblo. Virgilio llama esto las "sombras silenciosas".[113] Pero cuando el profeta dice: "por todas partes", él quiere decir, la destrucción y la muerte de todo el pueblo, así como ya yo mencioné al principio de este capítulo.

4. Oigan esto, ustedes los que explotan a los menesterosos.[114] Aquí los amonesta sobres sus impiedades, esto es, que ellos mismos son la causa de sus calamidades por cuenta de sus pecados, los cuales él ya reprendió anteriormente.

Dejan en ruinas. Mejor dicho: "Ustedes que devoran a los pobres y causan su miseria." Ustedes siguen oprimiendo a los pobres al punto que nada que era de ellos les queda. Todos sus bienes van a ustedes por causa de vuestra impía avaricia y tiranía.

5. ¿Cuándo pasará el mes?[115] Esto es el mes (*mensis*) y no la cosecha (*messis*).

111 Traducido del texto de la Vulgata pues Lutero critica esta traducción. Es traducido así en RVC: "Por todas partes abundarán los cadáveres, los cuales serán arrojados en silencio."

112 Aquí Lutero enfatiza el hecho de que se ven tirados cadáveres por todos lados en el texto en hebreo y no que "muchos morirán" (*multi morientur*) que es como lo traduce la Vulgata.

113 Virgilio, Aeneid, VI, 264.

114 La Vulgata usa *"pauperem"*, "pobre" como la Cantera-Iglesias. La palabra citada en el hebreo (אֶבְיוֹן) que significa necesitado o pobre.

115 Lutero quiere decir aquí que la lectura correcta en la Vulgata es *mensis* (mes) y no *messis* (cosecha). La RV1960 traduce este texto casi igual que la Vulgata: "¿Cuándo pasará el mes?". La RVC lo traduce ¿Cuándo pasará la fiesta de luna nueva? En realidad la palabra usada en hebreo חֹדֶשׁ (*ḥōḏěš*) significa "nueva luna" o "mes". La Cantera-Iglesias lo traduce "novilunio".

¡Entonces podremos vender el trigo! ¡Achicaremos la medida, [subiremos el precio, y adulteraremos la balanza!]. Toca aquí las cosas más sobresalientes de su avaricia. Encuentra en ellos cuatro cosas que son reprensibles, como ustedes pueden notar. Es como si dijera: "No hay nadie que les iguale su avaricia. Pues ustedes devoran a los pobres y son tan eficaces con su avaricia, que pueden lograr que todo lo que los pobres posean llegue ser de ustedes. Hacen esto pues bajo tan efectivo y malvado fraude, cuando corrompen la balanza y la mercancía."

6. [A cambio de] un par de zapatos. Esto es, ustedes los consideran a ellos algo muy barato.

Los desechos. Éste es el cuarto vicio de que los culpa; esto es, que ellos venden los desechos o sobras, u hollejos o cáscaras del grano como buen grano; que ellos no venden el buen grano a los pobres sino una mezcla de desechos y hollejos para así obtener una mayor ganancia. Esto es algo que hacen nuestros negociantes también como otros que tienen algo que vender. Pero aquí está reprobando la excesiva avaricia de los sacerdotes cuando dicen que se impacientan con el nuevo mes, esto es con la nueva luna. Pues ése era un día sagrado en que ellos feriaban (descansaban). Dice que los sacerdotes se indignaban con la nueva luna pues no les era permitido negociar en ese día y tenían que esperar por el dinero de los pobres. Entonces, ya que esto le impedía su malvada avaricia, las celebraciones de días festivos o el día de reposo les irritaba.

7. [Pero el Señor ha jurado] por la soberbia[116] [de Jacob].

8. ¡Toda ella subirá como un río [el Nilo]! Vemos de nuevo que esto ha sido mal traducido en nuestras Biblias latinas. El hebreo ofrece

116 Traducido de la Vulgata que lee "por la soberbia de Jacob" (*in superbiam Jacob*). La RVC lee: "Por la gloria de Jacob". La palabra usada en hebreo (גָּאוֹן; *gáown*) tiene dos sentidos. Uno es negativo, como en este contexto que señala la soberbia o arrogancia de Jacob (cf Job 38:11). Es así como se usa aquí. Pero también puede significar algo positivo como en Isaías 4:2: "[E]l renuevo será de gloria, orgullo, (גָּאוֹן) y grandeza."

este significado: "Su consumación subirá como un río. Se agitará y menguará como el río de Egipto." La palabra en hebreo (יְאֹר; *yâ'or*) puede significar "río" o "luz". No se puede determinar, pues, cuáles de estas dos palabras quiso emplear. El sentido aquí es como si dijera: "Así como aparece una tormenta repentinamente, de la misma manera llegará la consumación y la devastación sobre mi pueblo. Se hundirán como el río de Egipto, esto es, serán tragados por los asirios. Migrarán a Asiria para ser tragados y devorados como el río de Egipto que desemboca en el mar y es tragado [por el mismo mar].

Haré que el sol se ponga a mediodía. Como ya he dicho anteriormente, éstos son hebraísmos, ya que nunca leímos que de hecho el sol se puso al mediodía. Las tinieblas significan adversidad e infortunios mientras que la luz significa felicidad y buenos momentos. Por lo tanto, la serenidad en sus rostros significa alegría, así como vemos en el Salmo 38:10: "Y hasta mis ojos se van apagando." Así como dijo anteriormente en el capítulo 5:8: Al que convierte la luz en tinieblas", así pues dice aquí "que el sol se pondrá al mediodía" (que es lo que él llama el mediodía) cuando el sol es más conspicuo y claro. Esto es: "Cuando el reino se encuentra en su mejor florecimiento, y cuando se siente más seguro de sí mismo, es entonces cuando ustedes perecerán, sin sospechar nada de esto. Ustedes serán arrasados al abismo, para ser así derrotados con la más enorme ruina." Esto es lo que Dios hace con todos los malvados. Y cuando ellos creen que nada en realidad va a suceder sobre su ruina, entonces el Señor los visitará y los juzgará con su destrucción. Esto es lo que Pablo dice en 1 Tesalonicenses 5:3: "De repente, cuando la gente diga; 'Paz y seguridad', les sobrevendrá la destrucción." Jerónimo transfiere (aplica esto) al tiempo de la pasión de Cristo, pero el contexto y lo que sigue no le permite hacer esto, si le ofrecemos una lectura más minuciosa.

10. Cubriré todos los dorsos (lomos) de saco.[117] Era costumbre entre los hebreos vestirse con sacos para llorar y mostrar su dolor. Con este

117 Mi traducción de la Vulgata, la cual se aproxima mejor al hebreo: El texto describe la costumbre de los hebreos al entrar en luto. La misma era vestir en sacos usados para almacenar las cosechas. La RVC: lo traduce así: "Haré que todos se vistan de luto."

hábito externo mostraban su tristeza interior y su dolor en el corazón (alma). Es así como Cristo nos muestra en el Salmo 69:11: "Dejé mi ropa y me vestí de cilicio." Esto es, hizo del cilicio (saco) su ropa cuanto se conmovía de tristeza. También "la rasura de cada cabeza" significa que cuando estamos muy afligidos solemos arrancarnos los cabellos.

Que lloren como si se hubiera muerto su único hijo. Quiere informar, pues, que el cautiverio será desde ahora y para siempre; que nunca regresarán del cautiverio. Aquí ofrece el ejemplo del luto de una madre por su hijo unigénito. El dolor de una madre se vuelve incontrolable cuando su único hijo ha muerto y no hay ni siquiera una pequeña esperanza de tener más hijos.

El final será [un día de amargura]. Expresado mejor: "sus descendientes."[118]

11. Vienen días en que habrá en la tierra una gran hambre. Éste es el último golpe. Es el peor y más miserable de todos. Todos los otros golpes serán tolerables, pero éste es absolutamente horrible. Pues él los amenaza con arrebatarles los verdaderos profetas y la verdadera palabra de Dios. Así pues, no hay nadie quien predique, aunque haya personas completamente dispuestas a escuchar la Palabra, y aunque estuvieran dispuestas a correr aquí y allá para poder escucharla. Esto les sucedió a los judíos en su cautiverio bajo los asirios [como así también] en este último. Debemos estar vigilantes y orar, no vaya a ser que la misma hambre sea también enviada a nosotros. Ahora somos abrumados, por la gracia de Dios, con una abundante manifestación de la palabra de Dios. Pero debemos ser vigilantes y orar para que ésta no nos sea arrebatada otra vez, y esas palpables tinieblas y los más espantosos errores nos sean enviados, y así, aunque quisiéramos escuchar la Palabra, no tengamos pues quién nos predique, así como le aconteció a los judíos, a los griegos, y a los romanos, quienes abundaron una vez

118 Lutero sugiere aquí interpretar la palabra *"novissima"*, usada así en la Vulgata, usando la palabra *"posteros"*.

en la palabra de Dios. Pues cuando la Palabra ha sido arrebatada, ¿qué más queda sino la más terrible tiniebla de la razón humana, quien quiere ser nuestra dueña y quien no nos puede enseñar algo mejor que las doctrinas de los demonios? ¿Pues qué más nos puede enseñar las tinieblas sino más tinieblas y errores? No existe la luz, sino por medio de la fe en la Palabra. Lo que sucede después, aquí lo añade el profeta:

12. **Andarán errantes de mar a mar.** Esto es, buscarán por la Palabra. Correrán de aquí para allá, pero no la encontrarán. Esto lo experimentamos suficientemente bien antes de que la Palabra fuera promulgada por medio de la gracia de Dios. Es por esto que tenemos las innumerables sectas de monjes. Uno se convierte a franciscano, otro a cartujo. Uno instituye cierta clase de vida, la otra, otra clase bajo la cual piensa que complace a Dios, pero no hay paz de conciencia. Uno corre a Roma y otro a Santiago [de Compostela].[119] Debemos ahora tener gratitud hacia Dios todopoderoso, y debemos usar ese inestimable don correctamente a menos, pues, que sea arrebatado de nuevo de un pueblo ingrato y caigamos nosotros en un mayor error que el anterior. No sea que ahora nosotros que somos alimentados con delicadeza, caigamos de nuevo en la porquería, así como Jeremías dice en Lamentaciones 4:5. Pues, antes que el evangelio fuera promulgado, ¿qué otra cosa comíamos, sino fuera la misma porquería del papa; y todo esto a cuenta de dinero y del alma? Pero somos ingratos. Los príncipes continúan jugando el rol de Midas.[120] Su responsabilidad debe ser la de motivar y nutrir los estudios de las personas educadas [los doctores]. Aquí deben emplear esos enormes recursos de la Palabra para que así se empleen estudios correctos. Anteriormente estos príncipes emplearon inmensos recursos monetarios para el ministerio de Satán, pero nadie escucha. Estamos narrando la fábula de una persona sorda. Pero si continuamos para ser tal clase de personas, entonces el mismo juicio, del cual el profeta amenaza, nos llegará. Éste es el punto ahora, de comenzar por medio de los profetas impíos.

119 Es en la catedral de Santiago de Compostela, Galicia, España, donde se supone, por una tradición católica, que los huesos de Santiago Apóstol se encuentran enterrados.

120 Figura o rey mitológico de Frigia que todo lo que tocaba se convertía en oro.

13. Cuando llegue ese día, la sed hará desfallecer a las doncellas más hermosas. Éste es el fruto de esa terrible hambre. Es como si él dijera: "Se encontrarán allí un gran número de hermosas y bellas doncellas; también veremos allí muchos jóvenes fornidos. Pero todos ellos serán emaciados y perecerán, y por lo tanto ninguno de ellos podrá ser útil." Esto es, su maravillosa juventud perecerá. Si se hubieran instruido y educados bajo la palabra de Dios, ellos habrían podido ser líderes para el estado. Podrían haber instruido a otros correctamente. Hubieran podido dirigir a otros correctamente por medio de Dios. Pero ya que la palabra de Dios se les ha arrebatado, los jóvenes son seducidos por el error y perecen, y son útiles para nada. Pues hasta ahora, ¿qué han sido nuestras universidades en todas partes del mundo, sino devoradoras de nuestros mejores jóvenes? Cuando eran enviados por sus padres para aprender lo correcto [piadoso] y para aprender las buenas artes para así poder servir en posiciones de liderazgo en el estado, solamente aprendían a distinguirse en la borrachera y la fornicación. Persuadidos así por toda clase de impiedad y barbarie, perecieron. Y así entonces todos sus excelentes talentos perecieron por cuenta de esa impiedad. Los monasterios han producido también ese mismo fruto. Se hace necesario. Se nos hace necesario, entonces, en pleno mediodía, palpar nuestro andar como un ciego envuelto en tinieblas al no poseer la palabra de Dios, la cual nos puede guiar y proveernos con la luz.

14. Esos que juran por el pecado de Samaria. Esto es, por el ídolo de Samaria. Él llama correctamente ese culto de la razón humana, instituido fuera de la palabra de Dios, "pecado". Así pues indica que él quería que ellos honraran y adoraran no a Satán sino al verdadero Dios. Pues –ellos continuaban pensando– como ya hemos dicho anteriormente en gran detalle, que estaban complaciendo a Dios con ese culto, ya que lo habían instituido en honor al verdadero Dios y no para ídolos. Pues ellos habían ligado a Dios a un culto que habían inventado ellos mismos, el cual no se basaba en la palabra de Dios, pero así todo ellos pensaba que podían complacer a Dios por medio de éste. Por lo tanto este culto era una abominación a Dios. Así también han sido pues todas las obras de nuestros monjes y sacerdotes. Vean arriba.

Capítulo Nueve

Como ya he mencionado, los dos últimos capítulos están dedicados completamente a la destrucción final del reino y el sacerdocio. El capítulo anterior trata solamente con la ruina del reino. El capítulo final contempla la destrucción del sacerdocio, como ya veremos en la visión.

1. ¡Derriba el capitel! ¡Que se estremezcan los umbrales! ¡Que se hagan pedazos sobre la cabeza de todos! A los que sobrevivan [los mataré a filo de espada]. Esta visión revela que las bisagras de la puerta van a ser golpeadas. Cuando sean percutidos (golpeados violentamente) los umbrales se estremecerán. En resumen, significa esto: "Quebrantaré al sacerdocio y los llevaré a todos ellos con el reino y todo lo que quede del pueblo. Así pues cuando todo el reino y el sacerdocio sean destruidos, vagarán por aquí y por allí a través de todo el mundo. No tendrán un domicilio estable donde puedan permanecer. Van a tener siempre un albergue inestable donde residir." Esto es lo que quiere expresar con el estremecer de los umbrales. El golpazo de las bisagras, –esto es, el derrumbamiento del capitel, como dice él aquí– significa el arrebatamiento completo del reino y del sacerdocio. Encontramos este modo de expresarse aquí y allí en los profetas, como por ejemplo en el Salmo 68:21: "Dios herirá[121] la cabeza de sus enemigos, la melena de los que andan en sus pecados." Vemos lo mismo en Habacuc 3:13: "Has destrozado el tejado de la casa del impío,[122] y lo dejas desnudo de pies a cabeza." En resumen, todo esto indica que los dos, el reino y el sacerdocio, serán quitados de entre ellos, así como Cristo dice en Mateo 21:43. ¿Pues, que más son

121 La Cantera-Iglesias usa "quebranta", que expresa mejor el sentido de la palabra en hebreo (יִמְחַץ), y de la palabra usada en el texto en latín (*confringet*). La misma significa golpear violentamente, traspasar, quebrantar.

122 La primera parte del versículo citado fue tomado de la Cantera-Iglesias, y la segunda parte de la RVC. Así vemos una traducción que se asemeja mejor al texto en latín. El versículo en la RVC lee: "Abates la casa del jefe malvado, y lo dejas desnudo de pie a cabeza."

los judíos que viven todavía, sino un miserable tronco sin una cabeza? Han sido dispersados miserablemente por todo el mundo. No poseen una sede estable, ni un reino, ni un sacerdocio. Este golpazo de las bisagras, él mismo lo explica al añadir:

¡Que se hagan pedazos sobre la cabeza de todos! Esto es, él les arrebatará el reino y el sacerdocio. El temblor o la conmoción de las bisagras lo expone en gran detalle en los versículos que siguen: "Los que queden de ellos los mataré con la espada. No habrá posibilidad de que ellos escapen, y nadie podrá escapar."

2. Aunque se escondan en el fondo del sepulcro [infierno],[123] etc. Debemos tomar esto en un sentido potencial, así como solemos hablar nosotros. Quiere decir aquí que nunca se encontrarán seguros, sea donde sea que se hayan fugado. Moisés también les brindó esta terrible amonestación en Deuteronomio 28:66-67: "Tu vida estará en constante peligro, y el miedo de dominará noche y día, y no tendrás vida segura... que por la mañana dirás: '¡Cómo quisiera que ya fuera tarde, etc...!"

4. No les voy a quitar mi vista de encima. Esto es. "Los observaré diligentemente para poder dañarlos, para poder destruirlos, y no para hacer bien con ellos." Ofrece su razón por esto, es decir, por qué ellos no podrán fugarse. Les dice que tienen contra ellos al Dios todopoderoso, creador de todas las cosas, a quien nadie puede engañar, de quien nadie puede escapar, y frente a su magnificencia toda criatura debe temblar. Ellos no podrán, entonces, fugarse de su ira. Él confronta entonces el poder y la majestad divina contra ellos cuando dice:

5. Cuando el Señor de los ejércitos toca la tierra, ésta se derrite. Es como si dijera: "Ustedes buscan por vanas esperanzas para poder escaparse."

123 La Vulgata usa "*infernum*", "infierno".

6. Y asentó sobre las tierras la bóveda celeste.[124] Ésta es la misma palabra usada en la traducción de 1 Samuel 10:5: "Con un grupo [agrupación] de profetas."[125] La palabra aparece también en Éxodo 12:22: "un manojo de hisopo." Algunos quieren que esto signifique "la colecta de los elementos". Pero me complace mucho más la explicación de Jerónimo, que es como decir: "El Señor se sienta y abarca sobre los cielos, y así todo él guarda su manojo, su pueblo, esto es su iglesia sobre la tierra y la protege." Pues él la ha establecido [fundado] firmemente sobre la tierra, no sea que Satán pueda hacer algo contra ella. Pero si alguien puede probar otro significado, estoy de acuerdo con eso.

7. ¿Acaso ustedes, israelitas, son ante mí diferente a los etíopes? El profeta anticipa una objeción y responde a la pregunta de ellos con silencio, como lo hizo anteriormente en el capítulo 5. Allí hablamos detenidamente sobre este asunto cuando él dijo: "El Dios (Señor) de los ejércitos, estará con ustedes, como dicen que está." Déjenme ofrecer un resumen de este pasaje. No existe acepción de personas ante Dios. Es como si él dijera: "No es porque ustedes se glorían que son el pueblo de Dios, esto es, que Dios los ha llamado a ustedes su propio pueblo antes que todos los otros pueblos de la tierra, así como Moisés ya ha dicho [cf Éxodo 19:5]. Es porque ustedes no observan el pacto del Señor que serán arrebatados de la tierra. Quien haya pecado será hallado culpable ante el Señor, sea israelita o egipcio. Nada les será provechoso, ya que ustedes defienden su propia impiedad ante las promesas que Dios les ha mostrado. Ellas no les son pertinentes mientras que ustedes no crean en la palabra de Dios, pues son seres impíos, así como Pedro expresa en Hechos 10:34-35: "En verdad comprendo ahora que Dios no hace acepción de personas, sino que a él le agrada todo aquel que le teme, y hace justicia, sea de la nación que sea." Es como si dijera: "Él tiene respeto por todos los que le temen y

124 Así lo traduce la Cantera-Iglesias. La RVC lo traduce así: "El Señor extendió el cielo sobre la tierra." La traducción de la RV1960 se acerca mejor al hebreo y a la Vulgata: "Él edificó en el cielo sus cámaras." La palabra *"fasciculum"* (manojo de flores, grupo) es usada aquí por la Vulgata en lugar de la palabra en hebreo אֲגֻדָּה. Se interpreta como bóveda, cámara, lugar donde se guarda, agrupa, lo infinito de Dios.

125 En 1 Samuel 10:5 y 10 la palabra en hebreo es חֶבֶל, y la Vulgata la traduce *"gres"* y *"cuneus"* respectivamente.

observan su Palabra. A aquellos que lo desprecian los destruye, sean judíos, egipcios, o etíopes.

8. Mis ojos están atentos y en contra de este reino pecador. Aquí vemos claramente que el Señor transfiere reinos e incita a un pueblo contra otro para hacerlo su tributario, para derrocar a un reino y para usarlo para sí mismo. Es así como hizo que pereciera el tan poderoso reino romano. Bárbaros, a quienes eran tan aborrecidos por los romanos, ganaron su superioridad por medio de la victoria. Él hace lo mismo con todo reino que quiere destruir, así como dice aquí: "Los ojos del Señor están atentos y en contra de este reino pecador." Es como decir: "No importa cualquiera que fuera." Él mismo enumera aquí ejemplos de reinados que él transfirió: los egipcios, los palestinos, y los asirios, como Quir. Este último es equivocadamente leído como Cirene, como ya hemos mencionado detalladamente en el capítulo 1(:5) de este profeta.

Pero no destruiré del todo la casa de Jacob –Palabra del Señor. Esto es lo que hablamos anteriormente en detalle sobre los capítulos anteriores, 3 y 4. Pues los profetas tienen esta costumbre: después de una amenaza añaden una consolación por cuenta de los devotos. El significado, por lo tanto, es éste: "Aunque todo el reino, y todo el sacerdocio perezcan, así todo salvaré a un remanente para mí, no sea que todos perezcan." Isaías (10:22) dice lo mismo, también: "Porque si tu pueblo, oh Israel, fuere como las arenas del mar, el remanente de él volverá."[126]

9. Voy a ordenar [que la casa de Israel] sea zarandeada... Ésta es una clara exposición de todas las citas previas. Está diciendo: "Daré el mandato, cuando me complazca hacerlo, entonces no fallará su hecho, voy a derrocar a toda la casa de Israel."

126 Esta cita fue tomada de la RV1960. La Cantera-Iglesias traduce: "Pues aunque fuera tu pueblo Israel como la arena del mar, [sólo] un resto volverá. La RVC no traduce claramente que es un remanente el que volverá a Dios: "Israel, si tu pueblo llega a ser como la arena de mar, que vuelve a él." El texto en hebreo es claro sobre un remanente שְׁאָר ($š^{e}$'*ār*) que volverá a Dios. Isaías 10:21 enfatiza esto también: "El remanente volverá; sí, el remanente de Jacob, se volverá al Dios fuerte" (RVC).

Entre todas las naciones, como se zarandea el grano en la criba. Entiende él aquí la clase de emoción que las Escrituras revelan que tenía Caín [Génesis 4:14] y la clase que las personas tienen cuando sacuden sus cabezas. Esto es lo mismo que Oseas 9:17 dice: "Por eso andarán errantes entre las naciones." Con una comparación áspera declara cómo va a sacudir a Israel y en qué modo:

Sin que caiga a tierra un solo grano. Lira explica que esta frase es un modismo hebreo, así que su significado es éste: Ni una sola palabra de los profetas caerá bruscamente de tal manera que no sea implementada. Sigue aquí el pasaje en 1 Samuel 3:19: "No dejó caer en tierra ninguna de sus palabras." [127] Pero no me complace esto. Creo que, a mi juicio, su significado parece ser como si dijera: "Voy a zarandear y sacudir la casa de Israel para que ni un solo grano caiga en la tierra; esto es, para que nadie pueda evadir esa conmoción. Nadie caerá fuera de la criba. Nadie que caiga en esta criba mía podrá liberarse de ella." Vemos también lo mismo hoy en día en el caso de los judíos. No tengo otra mejor idea [interpretación] que ésta. Hasta ahora ha durado la preocupación del profeta sobre la destrucción de todo Israel. Ahora sigue un pasaje elegante [bello] sobre el reino de Cristo, quien va a restituir el reino de David y regresar a Israel a una eterna seguridad, es decir, en una vía espiritual por la predicación del evangelio de fe.

11. Cuando llegue el día, yo volveré a levantar el tabernáculo de David. Este versículo es citado en Hechos 15:16-18. Vamos pues a ofrecer un resumen: "Cuando yo haya destruido el reino y el sacerdocio, congregaré y reedificaré todos los pedazos del tabernáculo de David que cayeron. A éste vendrán hasta personas de todas las naciones que llegarán a creer, aunque no son de la casa de David." Como ya he dicho anteriormente debemos entender esto propiamente como el reino de Cristo.

El tabernáculo de David. Entiendan esto como el pueblo de David, los descendientes de David (*dem Stamm Davids*) así como vemos

127 Tomado de Cantera-Iglesias. La RV1960 lee: "y no dejó caer a tierra ninguna de sus palabras." La RVC no traduce estas palabras del texto en hebreo sino que parafrasea al traducir: "Y lo respaldaba en todo lo que decía."

en Isaías 11:1 donde se entiende algo similar: "Una vara saldrá del tronco de Yesé." Éste es el reino de David de donde el Mesías reinaría. Éste había sido claramente un objeto de desprecio. Casi había desaparecido y cesado cuando Cristo vino. Solamente sobrevivieron los insignificantes desperdicios. Era como un tronco muerto y nada florecía [de allí]. Había caído y había sido quebrantado. Pero cuando Cristo vino, fue revivido. Ese tronco muerto comenzó a florecer y producir excelente flor y fruto. Todo fue completamente renovado y restaurado. Todo lo que fue quebrantado fue reconstruido, y todo fue hecho completamente fructífero. De una manera maravillosa ésta es una elegante y bella profecía, pues él había dicho que de esa tan despreciable tribu de Judá, la cual ya había dejado de existir, edificaría para sí mismo una magnifica iglesia de los elegidos; una iglesia plena de gracia y del Espíritu Santo, hecha noble por medio del Espíritu. Claro que él se refiere aquí a esa demostración pública del Espíritu bajo la cual todo el reino de David fue administrado, pues tenía líderes[128] llenos del Espíritu Santo.

12. Del resto de Edom. Esto es, no solamente los judíos morarán en el tabernáculo. También se encontrarán remanentes de Edom y de todas las naciones que van a creer en el evangelio. Ésta es una maravillosa y dulce profecía. Esto se expresa con mucho más delicadeza en el hebreo.

13. Los que aran alcanzarán a los que siegan. Ocurrirá una maravillosa metamorfosis de este reino, donde la siega sucederá inmediatamente después de la siembra. Dice él que restablecerá y reconstruirá este reino a tal velocidad y tan rápidamente que todos se maravillarán y ararán y segarán al mismo tiempo. Señala pues el tan veloz curso de la palabra del evangelio entre todas las naciones.[129] Es como si dijera: La palabra de Dios se moverá tan velozmente entre los gentiles que ellos se convertirán de sus pecados, y brotarán frutos al mismo tiempo. Ellos llegarán a creer al mismo tiempo que los judíos, los cuales han

128 Lutero usa aquí "príncipes" pero yo lo traduzco líderes.

129 Lutero escribe: "entre todos los gentiles." Significa, entre todos los pueblos o naciones.

sido cultivados e instruidos por largo tiempo. Pueden observar lo mismo en Joel 2:32.

Los montes. Esto es los apóstoles y los predicadores de la Palabra.

14. Haré volver del cautiverio a mi pueblo. Habla sobre una restauración espiritual y un regreso. Pues fue él quien hizo anteriormente esa amenaza, que los entregaría al cautiverio. Todos fueron regresados, con esto guiándolos a regresar, así como muchos otros que creyeron en el evangelio cuando Cristo vino, y fueron guiados al tabernáculo por medio de la fe. Allí, allí solamente se encuentra la suma seguridad, paz, y regocijo de la conciencia. Todos los que residen allí producen ricos frutos. Fortificados en fe por el Espíritu Santo dado del cielo, no serán arrebatados del mismo, ni ahora ni nunca. Moisés siempre les ordenó que obraran, y nunca lo hicieron. Consecuentemente las promesas que les fueron hechas fueron frustradas. Aquí, no obstante, el Señor promete que él actuará, que él los hará volver, que él los plantará [dará raíces]. Por lo tanto esto sucederá para que "nunca más [vuelvan] a ser arrancados de ella" (Amós 9:15).

Final. Alabanza sea a Cristo. 1525.

COMENTARIO SOBRE ABDÍAS

Clases impartidas en latín por el Dr. Martín Lutero en La Universidad de Wittenberg

Desde diciembre de 1524 a febrero de 1525

Prefacio[1]

Los intérpretes no concuerdan sobre la fecha de cuándo Abdías profetizó. Ellos ofrecen varias conclusiones sobre el profeta ya que al comienzo de su profecía él no menciona ni la fecha ni bajo qué rey profetiza. Esto es algo que uno puede [también] observar en los libros de varios de los profetas. Jerónimo dice que Abdías es aquel que, bajo esos malvados Ajab y Jezabel, temía por los cien profetas en las cuevas, así como está escrito en 1 Reyes 18:3-4. Como resultado de esto [de acuerdo a Jerónimo] Abdías recibió el don de la profecía.[2] Pero esto suena similar a un sueño de viejas mujeres [solteronas], como muchos de los otros comentarios de Jerónimo cuando hace juicios ásperos sobre cosas sagradas. En sus propios comentarios los judíos llegan a otra conclusión. Me parece a mí que es casi seguro que profetizó después del cautiverio en Babilonia y que tomó esta profecía de Jeremías, pues ciertos acontecimientos en este profeta lo indican. También se observan

1 Traducido del texto de Altenburg en D. Martin Luthers Werke. Kritische Gesamtausgabe, Volumen XIII: 215-223.

2 Jerónimo, *Commentaria in Abdiam profetam, Patrologia*, Series Latina, XXV, 1099: "Abdías es esa persona sobre el cual los hebreos dicen que bajo Ajab, rey de Samaria, y bajo la tan malvada Jezabel, alimentó a cien profetas en las cuevas, profetas que no se postraron ante Baal y que se encontraban entre los 7.000, sobre los cuales Elías no tenía conocimiento... Ya que Abdías alimentó a cien profetas, recibió el don de la profecía, y así de líder del ejército se convirtió en líder de la iglesia."

ciertos detalles clarísimos que me convencen que él era contemporáneo de Jeremías. Instituye esta profecía contra los edomitas; los cuales se enorgullecían y se regocijaban enormemente por la captura y la devastación de los judíos durante el tiempo del cautiverio en Babilonia. Esto lo podemos percibir en el Salmo 137:7: "Señor, recuerda lo que decían los edomitas el día que Jerusalén fue destruida: '[Decían] ¡Arrásenla, destrúyanla hasta sus cimientos!'" Esto significa: "Recuerda, Señor, y vindica ese insulto de los edomitas con el cual ellos insultaban durante el tiempo de adversidad a tu pueblo cuando era llevado al cautiverio. Recuerda qué clase de gente era ella cuando Jerusalén era destruida." Como ya he dicho, esto es lo que me lleva a pensar que Abdías era contemporáneo a Jeremías. Éste es pues un sumario del profeta: Profetizó que la vindicación de Dios ocurriría contra los edomitas ya ellos se deleitaban durante el tiempo del cautiverio de Babilonia cuando los judíos eran miserablemente afligidos y llevados al cautiverio. Pero, ya que los judíos eran hermanos de los judíos,[3] debieron demostrarle misericordia. Entonces, de la devastación de esos pueblos, quienes por el juicio de Dios destruyeron el reino de Judá, él pasa al reino de Cristo, el cual llegará por medio del evangelio y en el cual deben florecer los remanentes de Efraín, Israel, y otros. Por lo tanto, la transición no parecerá abrupta, y todo concuerda bien una cosa con la otra; cosa que concuerda solamente con gran dificultad entre los otros intérpretes.

1. Así ha dicho Dios el Señor acerca de Edom: ¡Levántense, declarémosle la guerra a este pueblo! Él usa aquí una metáfora tomada de un contexto militar para atemorizar a los edomitas y para exagerar la calamidad que le espera. La metáfora es tomada de una costumbre militar cuando emisarios, que tienen astucia para reconciliar alejados amigos, suelen ser enviados al enemigo con importantes asuntos. Es como si dijera: "Otros reyes y príncipes logran sus cosas por medio de emisarios. Yo expedito todo por medio de mi Espíritu.

2. Como puedes ver, te he hecho pequeño entre las naciones. Aplasta así la fortitud de ellos, e hincha la arrogancia y hombría de

3 Al ser los edomitas descendientes de Esaú, el hermano de Jacob.

los edomitas por las cuales estaban acostumbrados de vanagloriarse contra los judíos. Pues entre los judíos y edomitas existían severísimos y mutuos odios; el tipo de odio y animosidades que suelen existir entre hermanos. Así pues los edomitas tenían ἄσπονδοςπόλεμος (una lucha impecable) contra los judíos, no tanto porque Jacob arrebató la bendición de su hermano Esaú sino por el hecho de que fueron forzados a tomar el yugo de Israel, un yugo que no podían romper de sus cuellos al ser ellos más débiles que Israel. El significado es, entonces, como si el Señor dijera: "Tan enorme fuerza y tan poderoso ejército de naciones voy a levantar contra ti, que cuando tu poder se compare con el de ellos, parecerás ser como un mosquito y ellos te tendrán en ridículo en comparación a ellos. Estimarán que vales nada. En un solo bocado te tragaran para que así no existas nunca más."

3. **Tu soberbio corazón te ha engañado**. Añade la razón por la cual él va a descubrir a los edomitas para un saqueo lleno de burlas bajo las manos de un ejército opositor: "Es porque te jactas de tus propias opiniones, de tus propio poder y bienestar. Te vuelves más insolente. No desconfías de tu futuro." Por lo tanto añade también:

A ti, que habitas en las más altas montañas. Él indica la causa por esta insolencia: Sus regiones fortificadas, ciudades y fortalezas[4] les da a ellos ese ánimo para ser tan soberbios. Pues es claro [evidente] también para Moisés que esta tierra de los edomitas era rocosa. Leemos así en Deuteronomio 2:2-4: "Ustedes ya han rodeado bastante este monte [Seir]... 'Cuando ustedes pasen por el territorio de sus hermanos, es decir, los hijos de Esaú, que habitan en Seir, etc.'" Los latinos la llaman la Arabia Petraea, la cual recibió su nombre de Sela, la gran y reconocida ciudad de Arabia Petraea. Para los hebreos Sela significa "roca" (petra). Buena parte de esta Arabia es la tierra de los edomitas. El sentido de este versículo es el siguiente: Tú confías en tu poder, porque tu tierra es montañosa, y por lo tanto no existe paso fácil para ningún ejército y porque así tu tierra es difícil de atacar. Pero les

4 Así lee en el manuscrito de Halle, "arces" (fortalezas), mientras que el de Altenberg, el que empleamos en esta traducción lee "agros" (campos, cosechas).

arrebataré esta esperanza. Alude sobre esa destacada ciudad Petra, así como acostumbraban [a hacer], los hebreos, es como decir: "Tienes una ciudad real, minuciosamente fortificada; una "roca", en cuyas peñas piensas que encontraras seguridad. Pero tu esperanza será tu falla. Es así porque te encuentras muy lejos de estar seguro sobre esas peñas formadas por las rocas o hasta en los lugares más ocultos, o, de hecho, en cualquier lugar de toda tu tierra no te podrás esconder del ejército que se avecina sobre ti."

Habitas en las más altas montañas. Esto es, tienes murallas fortificadas en las montañas.

Piensas que nadie te hará rodar por los suelos. Él describe aquí ese orgullo insolente de ellos y su confianza en su propio poder, y les dice que su confianza ciertamente no está basada en el auxilio y la protección de Dios sino solamente en sus rocosas defensas. "¡Pero escucha!", les dice, "no importa qué tan fortificado te encuentres con tus poderosas fortalezas, así todo, arrancaré de ti toda esperanza. Te reduciré a la nada, hasta esto haré.

4. [Yo te haré caer], aunque levantes el vuelo como el águila y pongas tu nido entre las estrellas. Tan poco puede Dios todopoderoso cargar con nuestra vanagloria, pues él odia la vanagloria de nuestra carne y la insolente soberbia de nuestros corazones impíos que podemos observar, por toda las Escrituras, que él nos reclama del brazo de la carne, de confiar en nosotros mismos, para que depositemos nuestra esperanza en él. Solamente entonces, pues, estaremos verdaderamente seguros, etc.

5. Si por la noche te atacaran ladrones. Ofrecemos un resumen de este pasaje: "Debes preferir que los ladrones y bandidos ataquen tu tierra y tomen tus riquezas de ellas (ya que ellos no se llevan todo, algo quedaría para ti). Eso sería mejor, y no que yo llegara en contra de ti, pues registraré todo diligentemente y buscaré tan detenidamente en los lugares más ocultos en las cavernas de las montañas que nada quedará para ti, pues todo será destruido, y todos ustedes perecerán con todas sus cosas.

¡Cómo te han destruido! Este verbo[5] es usado de varias maneras en las Escrituras. Los intérpretes lo traducen de varias maneras. Aparece en Oseas 4:5: "Y a tu madre la destruiré." Leemos también en el Salmo 49:20: "Los mortales no entienden; lo mismo que las bestias, un día perecen." También vemos en el Salmo 4:4: "Mediten en sus camas, y guarden silencio." Esto significa propiamente: reducir algo al silencio o a la nada, derrocar algún reino o pueblo a tal punto que pocos meros vestigios se pueden identificar, que ellos mantienen su silencio y no se atreven ni siquiera a susurrar. Así es como los alemanes dicen acerca de alguien quien ha aprendido por su propia maldad ***Er ist so fein still worden.***[6] Aquí el significado es el mismo en todo detalle, es como si estuviera diciendo: "Quiero hacerte tan pequeño para que tengas que guardar completo silencio" por esa calamidad que va a suceder cuando con mi ejército caiga contra ti. Será tal, que los ataques de los rateros y ladrones, no importa qué tan furiosos sean, comparados con esta calamidad no podrán ser considerados pillajes ni saqueos. Tú deberías haber optado ser oprimido y reducido al silencio bajo la opresión de los ladrones. Pero eso no se puede comparar con la devastación que ocurrirá cuando yo venga, etc. Pues ni les dejaré un mero racimo de uvas. Les arrebataré todo lo que tienen escondido, sea dinero o individuos que esperaban salvar. Así pues, nada se escapará cuando yo los destruya.

7. **¡Te han hecho llegar a los extremos!** Ésta es la misma frase que encontramos en Isaías 5:8: "¡Ay de los que anexan... terreno a otro terreno hasta poseer todo lugar [llegar a los extremos]!" Significa esto, pues: "Te expulsarán y te arrastrarán hasta los límites o extremos de tu tierra. Te arrojarán totalmente fuera de tu tierra, y así no tendrás lugar donde habitar."

¡Todos tus aliados te han engañado! Les quita completamente la confianza, de tal manera que no podrán confiar en nada cuando

5 El verbo דָּמָה (*dāmāh*), significa "causar que cese"; "destruir"; la Vulgata lo traduce con *conticesco* ("caer en silencio").

6 "Él ha aprendido realmente a guardar silencio."

la devastación rompa contra ellos. Ni siquiera sus más fortificadas ciudades y fortalezas les servirán para algo, y hasta sus vecinos, los pueblos aliados, les serán falsos, y no tomarán en cuenta sus alianzas con ellos.

¡Esto es algo incomprensible! Lo expresamos así en alemán: ***Du narr, du merkst nicht*** (**eres un imbécil**, no lo entiendes). No puedes entender que estás vanamente confiando en el brazo de la carne. Tendrás en el futuro vara de caña, y si tú quieres afincarte sobre ella, te caerás. Ningún discernimiento, ningún plan, ningún clase de poder, podrá socorrerte. Haré también de tus líderes más sabios unos imbéciles, para que ésos que están contigo y te confían, cambien de parecer y te opongan. Esto es lo mismo que Ezequiel 23:22 dice: "Mira que voy hacer que tus amantes, de los cuales quedaste hastiada, vengan contra ti y te pongan sitio." Y leemos en Jeremías 30:14: "Todos tus amantes te han olvidado." Le ocurrió exactamente lo mismo al pueblo de Constantinopla, cuando tomaron a los turcos como sus aliados. En poco tiempo llegaron a ser vasallos de los turcos. Lo mismo es hoy en el caso del emperador y el papa. Cuando el emperador confía que el papa lo apoya porque tienen un tratado, el papa cambia de parecer y se vuelve un adversario del emperador. Los judíos experimentaron lo mismo. Cuando solicitaron la amistad (alianza) de los romanos con la idea de salir victoriosos contra todas las naciones, esos romanos que ellos deseaban que fueran su auxilio, inmediatamente se convirtieron en sus señores. Esto es también lo que los escritores latinos escriben con tanta elegancia, que debemos ir en busca de nuestros socios (colegas) como (si fueran amigos), y estar vigilantes con los que son más poderosos (fuertes).

8. ¿Y no haré yo que en ese día perezcan los sabios de Edom...? No solamente los amenaza a con perder su protección externa –armas, poderío, fortificaciones– sino también de perder sus sabios líderes[7] los cuales pudieran ofrecer consejos en esos descontrolados momentos. Después de todo, esta tierra ha tenido líderes sabios y con

7 Ofrezco como traducción "líderes" en vez de hombres.

discernimiento –Esaú fue uno de ellos– pero todos estos, dice él, los volverá imbéciles y los destruirá. Muchos textos aquí y allí en las Sagradas Escrituras señalan esta confusión presente en la sabiduría y en el consejo de la carne. El Salmo 107:27 lee: "Inseguros, daban traspiés como ebrios, ¡de nada les servía toda su pericia!"; y en el Salmo 33:10: "El Señor anula los planes de las naciones." La carne, por lo tanto, no puede en el tiempo de la tentación, curarse a sí misma con su propio consejo y sabiduría.

9. ¡Ay, Temán, tus valientes serán amedrentados! Más correctamente expresado: "Tu gente más poderosa se volverá temerosa", ***flüchtig und schüchtern werden.*** Pues esto propiamente significa ese terror que suele invadir a un ejército cuando va a ser triturado en la batalla, y cuando no ve forma de evadirlo. También, lo que hemos escrito en nuestra traducción como un nombre común,[8] debe ser traducido con un nombre propio, es decir, "en Temán". Pues eso es lo que él llama la tierra, donde Temán, un nieto de Esaú, mencionado en Génesis (36:11, 15, 42), se nombra a sí mismo, como suelen hacer algunas veces los príncipes y reyes.

Todos los guerreros del monte de Esaú perecerán. El [texto] hebreo añade "por matanzas", etc. "Así pues me ocuparé de que todos los del monte de Esaú sean arrasados, que ni siquiera una persona sobreviva." Pero la lengua hebrea ofrece un significado más detallado que no puede ser fácilmente traducido a otro idioma. Es como si dijera: "Habrá una pila [de cadáveres] aquí y otra pila allá. Serán eliminados por toda la ciudad, si se atreven a resistir. También, durante esa terrible matanza tus líderes sabios se encontrarán tan espantados que se convertirán en seres torpes.

11. [En ese] día... tú estabas allí, en primera fila. Ésta es la razón porqué se encuentra tan bravo con ellos. También revela esto claramente el hecho de que el profeta profetizaba cerca del tiempo (acontecimiento) del cautiverio en Babilonia.

8 El texto de la Vulgata lee *"a meridie"* (hacia el sur) en vez de Temán.

Un ejército. Es más correcto decir que es "su riqueza". Éste es el texto que me hace pensar que este profeta profetizó durante el tiempo del cautiverio en Babilonia, pues Jerusalén nunca fue capturada antes de ese cautiverio por los caldeos.

12. No debiste haber sido un mero espectador.[9] El texto en hebreo lee: "Por lo tanto no podrás ver." Pero así todo, la palabra en hebreo no simplemente significa "poder ver". Significa pues, lo que queremos comunicar cuando decimos en alemán ***Du wirst nicht mehr deine Lust sehen***, "Nunca más te vas a divertir por la ruina de tus hermanos."

No debiste haber ufanado. "Nunca más vas a insultarlos en el día de su aflicción. Ciertamente caerá sobre ti una gran calamidad."

En el día de su angustia. Sobre este [significado] el hebreo ofrece solamente dos palabras.[10] El traductor al latín, así todo, aunque tan deleitado se encontraba por tan copioso recurso de vocablos latinos, lo traduce algunas veces con *perditio*, otras veces con *angustia*, otras veces con *ruina*, etc.

14. ¡No debiste pararte en las encrucijadas!... [En ese día angustioso]. La palabra en hebreo פָּרַק significa dos cosas: esto es, "una entrada forzada" o una "devastación" así como podemos percibir en el Salmo 50:22: "...no vaya ser que los despedace [destruya] y no haya quien los libre de mí."[11] Así pues, aquí podemos captar dos significados. Su sentido es éste: "Tú, Edom, no te contentabas con saquear a tu hermano, con robar su riqueza cuando te instigué para que fueras con otros pueblos contra él, pero tú también retuviste y demoraste a quien deseaba refugiarse en la fuga, y te deleitabas en matar a esos quienes fueron así demorados."

9 No debistes en latin "*despicies*" ("despreciar" o "mirar con desdén").

10 No está claro que palabras en hebreo quería Lutero indicar, ya que tenemos tres sinónimos para la palabra "calamidad" en el v 12, otro en el v 13, y dos en el v 14. Sus equivalentes en la Vulgata son *peregrinatio, perditio*, y *angustia* en el v 12; *ruina* y *vastitas* en el v 13; *exitus* y *tribulatio* en el v 14.

11 El texto citado no contiene el verbo פָּרַק sino su sinónimo הִצִּיל.

No debiste pararte en las encrucijadas. Esto es: "A aquellos que no podían fugarse los presionaste severamente para cerciorarte que fueran eliminados."

16. Así como en mi santo monte ustedes bebieron. Él amenaza a todas las naciones con la devastación. Es como si dijera: Te pondré a ti y todas las naciones en la misma cazuela. Todos serán destruidos a la vez, así como destruyeron a mi pueblo y tomaron y bebieron de mis bendiciones en mi santuario. Pero me ocuparé que otros pueblos en torno consuman y devoren tus posesiones. Así, pues, con su maravilloso sentido de juicio, Dios todopoderoso siempre castiga los pecados previos del reino por medio de los nuevos pecados de otros pueblos a quienes los insta a actuar como vemos aquí. Las naciones que han afligido con impunidad al pueblo de Dios han pecado. Aquí el Señor amenaza con la venganza por este pecado, para que otras naciones se levanten contra estos destructores. De esta forma algún pecado nuevo castigará un pecado antiguo. Así, pues, los tártaros y los godos con sus nuevos pecados se levantaron contra los antiguos pecados de los romanos, quienes habían oprimido a los judíos de muchos modos. Hoy el turco es poderoso. Ahora pues, si el mundo no desaparece inmediatamente, otro pueblo superior se levantará instado por el juicio de Dios para sojuzgar a los turcos, etc. Hasta este momento hemos considerado la primera parte de la profecía concerniente la amenazada destrucción de los edomitas por medio de otras naciones, quienes creo yo que son los romanos.

17. Pero en el monte Sión habrá un remanente que se salve. Aquí comienza la segunda[12] parte de esta profecía. Ahora que los judíos han sido llevados al cautiverio y los edomitas que insultaron a los judíos han sido a la vez destruidos, él les promete otro reino, el cual no lo podemos entender de otra forma si no es el reinado espiritual de Cristo propagado por todos los pueblos por medio del evangelio. El reino judío ha sido dividido en dos reinos, el reino de Israel, el cual nunca más fue restablecido después su destrucción; y el reino de Judá,

12 Lutero usa la parte "última" o "posterior".

el cual fue cambiado en el reino de Cristo. Esto es supremamente esencial para el entendimiento de aquellos que leen los profetas, cuyos libros mencionan frecuentemente estos dos reinos. Es importante, entonces, saber que el profeta aquí está haciendo referencia al reinado espiritual de Cristo. Las mismas palabras nos impulsan a creer esto, cuando dice:

Y la casa de Jacob recuperará sus posesiones. Está indicando aquí que la casa de Jacob recuperará y extenderá su reino por sí misma y reducirá a siervos a aquellos que bajo su dominio fueron ellos anteriormente subyugados. Éste es el significado de la palabra en hebreo (יָרַשׁ), la cual nuestro traductor la traduce como "posesión" pero no la traduce con el impacto de la palabra en hebreo. Pues significa más apropiadamente lo que los alemanes llaman ***einnemen.***[13] Así que esta magnífica palabra no concuerda ni con el reino externo de Israel ni de Judá, ya que el reino de Israel nunca fue destinado a ser restaurado, así como se ve tan claramente en la historia sagrada. Esta contradicción nos urge a comprender que éste es el reino espiritual de Cristo. Que del pueblo de Israel los apóstoles y otros discípulos de Cristo vendrían en el futuro, los cuales sujetarían para sí a todo el mundo bajo una nueva predicación del evangelio y así instituirían un reino nuevo y eterno. Es por eso que dice: "Que del monte Sión habría un escape o nueva salvación, esto es, que de Sión emanaría tal predicación, que si se creyera, lo liberaría a uno de la muerte, del pecado y del infierno. Esta predicación vendría primero de Sión, así como Isaías 2:3 nos dice: "Porque la enseñanza saldrá de Sión; de Jerusalén saldrá la palabra del Señor." Y en Joel 2:32: "En Jerusalén habrá salvación."

Será [un remanente] santo. Esto es, las naciones no podrán corromperla desde ahora en adelante, así como sucedió anteriormente.

18. La casa de Jacob será fuego, etc. Él dice que en esta sujeción universal, hasta los mismos edomitas serán subyugados por este reino. Si

13 Einnemen en alemán tiene varios significados. A mi entender se refiere a "lo que tomaron de otros" o "apoderaron de otros". Sus posesiones son las que se apoderaron de otros. En otras palabras, son restauradas sus posesiones perdidas.

entendemos esto como una sujeción corporal todo se vuelve absurdo y se contradice con la historia. Después de todo, ¿qué concuerda (cabe) menos con que la casa de Jacob será fuego y la casa de José será llama y la casa de Esaú –esto es, los edomitas– son destinados a ser la paja que será consumida por el fuego? En respuesta a esto, la casa de José nunca regresó del cautiverio de Babilonia.[14] Aún más, la casa de Judá tomó posesión de los edomitas. Finalmente, lo que es mucho más absurdo de todo lo que dice finalmente aquí, es que los edomitas serían consumidos por el fuego, eso, después de que había profetizado anteriormente que todos los edomitas perecerían y serían reducidos a la nada. Todo esto, pues, nos insta completamente a pensar que esto se refiere a la divulgación del evangelio [desde Israel] por los apóstoles y los otros discípulos entre todas las naciones. Por medio de esta predicación todas las naciones han devorado– esto es, se han incorporado con– el reino espiritual de Cristo, y así, pues, nunca más podrán ser arrebatados de la mano de Cristo, como Cristo nos dice en su evangelio [Juan 10:28]. Después de todo, es en realidad cierto que una vez que uno haya tomado posesión del evangelio, Satán no puede prevalecer tan fácilmente. Pues es un hecho, como lo indican los anales de la historia. Pues, Arabia Petraea, en donde los edomitas habitaron, ha sido un lugar significativo para los santos de Dios desde que el evangelio fue revelado, como por ejemplo San Antonio[15] y otros santos padres.

Ni un solo resto quedará de la casa de Esaú. Subyugará a la casa de Esaú de tal manera que no quedará ni un solo remanente de Esaú [en pie]. Nada sobrevivirá que pueda prevalecer contra el reino de Cristo. Pues, por medio del evangelio los cristianos llegan a ser mayordomos de todas las criaturas. Hasta aquí pues, sobre el poder y la eficacia del evangelio entre los gentiles.

19. Los que viven hacia el sur poseerán [el monte de Esaú] etc.[16] Aquí tenemos una extraña contradicción si se toma esto de una forma

14 Quiere decir del cautiverio por los asirios.

15 Lutero hace referencia aquí a Antonio el monje ermita de Egipto (c 251–356), y no a San Antonio de Padua.

16 Traducido de la Vulgata que lee: *"hi qui ad austrum sunt"*, esos que viven hacía el Sur (*asustrum*), en vez de como lee en texto hebreo, "los del Néguev". La RVC lo traduce así: "Los del Néguev poseerán al monte de Esáu."

literal, entendiendo esto como un reino externo. Primero él dice que tomarán posesión de;[17] entonces [dice], ellos serán poseídos. El reino de Israel habían sido dividido en doce tribus y había sido diligentemente prevenido por la ley de Moisés de no mezclar las tribus, como uno puede discernir en Moisés [Números 36:9]. Pero ya que dice aquí claramente que esos de Néguev –esto es, aquellos que viven hacia el sur– poseerán el monte de Esaú, etc., tenemos que entender todo esto de otra manera que en un sentido literal. Su sentido es, entonces, éste: Los apóstoles cristianos y otros discípulos, van en el futuro a vivir hacia el sur en el Monte Sión, donde el evangelio va a ser predicado primeramente; estos [discípulos], digo pues, con su predicación van a producir frutos entre los edomitas.

Y ésos de los campos (mejor expresado: de los lugares bajos, de los valles placenteros entre las montañas, ***die Gründe***) poseerán a los filisteos. Esto fue algo que de hecho nunca ocurrió después del cautiverio babilonio, pues ni siquiera todo el reino pudo superar y subyugar a los filisteos. Debemos, entonces, entender esto como una referencia a la sujeción espiritual por medio del evangelio.

Efraín. Esto es también contrario a la ley. Esto ocurrió, pues, por medio de los apóstoles cuando fueron a Samaria para anunciar el evangelio. Lo que sigue aquí pues es algo muy similar.

Benjamín tomará posesión de Galaad. Benjamín se encuentra en la parte occidental del Jordán, pero Galaad se encuentra del otro lado, en la tribu de Gad. La necesidad nos obliga, pues, a relacionar todas estas referencias a la predicación del evangelio.

20. Los cautivos de este ejército, etc. Esto es mucho más absurdo que la referencia previa. ¿Qué podemos decir que es más absurdo, si solamente te percatas de las palabras de que aquellos que fueron llevados al cautiverio y que nunca fueron regresados son los que oprimieron toda la tierra de los cananeos? Esto es lo mismo que lo que sigue

17 Así termina la oración con "de" y no específica cual es el "de" que será poseído.

sobre los exiliados de Jerusalén. Pues, los cautivos de Israel, tomarían posesión de las ciudades del Néguev, esas ciudades que se encontraban alrededor de Jerusalén y Edom.

Hasta Sarepta. Ésta es la misma palabra que vemos en 1 Reyes 17:9 concerniente a una ciudad cerca de Sidón donde vivía una viuda que alimentó a Elías. Lira sugiere aquí algunas u otras tontas observaciones y quiere que eso sea una referencia a Francia. Esto me parece a mí que en realidad no concuerda. Éste es un comentario inapropiado y distorsionado que no se asemeja en nada a la verdad. Los traductores cometen un error similar en nuestra traducción en las palabras.

En Sarepta. [18] Jerónimo ofrece el testimonio de su propio [maestro] judío, del cual aprendió el idioma hebreo. [Su testimonio fue] que el Emperador Constantino transfirió a los judíos a Bósforo en Tracia para que desde allí esperaran hasta restablecer de nuevo su reino, así como también otras clases de falsedades. Pero ese buen hombre [Jerónimo] ha sido engañado por una invención dada a la imaginación judaica. Vemos completamente claro que el profeta se refiere aquí a lugares que se encuentran en la tierra de Canaán, de donde el reino de Cristo primeramente comenzó por medio del evangelio. Aún más, en hebreo es *Bósforo*, esto es, cerca de Foros. Esta palabra no es usada en otro lugar en la Biblia. Así pues, los judíos inventan una historia, esto es, que se refiere a España. Pero esto simplemente no concuerda. Es más, que no creo que ningún judío sabe lo que es. Nuestros traductores [19] se confundieron por el sonido similar del nombre, lo han interpretado "Bosfóro" por בִּסְפָרַד. Esto es ridículo. Por lo tanto debemos entender a éste como un pueblo insignificante en la tierra de Canaán, el cual ha desaparecido por la erosión creada por el tiempo. Nos es imposible apreciar hoy qué se encontraba allí. Así pues, estos frívolos comentarios de los judíos son similares a los cuentos hechos por las viejitas.

18 El nombre usado en la Vulgata es "*Bosphoro*".

19 Se refiere de la Vulgata.

21. Salvadores [libertadores] ascenderán [al monte Sión].[20] Él llama a los líderes "salvadores", así como podemos apreciar en Jueces 3:9, donde les envía muchos salvadores, esto es, líderes que los dirijan y se encarguen de ellos, que den el frente si alguna vez tuvieren que luchar contra el enemigo. Aquí pues los apóstoles y otros discípulos son llamados "salvadores", líderes que al predicar el gozoso evangelio ciertamente los han liberado de todos los asaltos de Satanás y de los portales del infierno; líderes que los juzgan en fe, líderes que los han gobernado con un juicio justo, y por lo tanto han preparado el reino eterno del Señor.

¡Alabanza sea a Cristo!

20 Mi traducción de la Vulgata. La RVC lee: "Entonces vendrán al monte Sión unos libertadores." Como vemos en el contexto de este párrafo, Lutero usa como sinónimos aquí "salvadores" y "libertadores" tomando como punto de partida a Jueces. En hebreo es מוֹשִׁיַ y la palabra equivale a libertador o salvador.

COMENTARIO SOBRE JONÁS

Clases impartidas en latín por el Dr. Martín Lutero en La Universidad de Wittenberg

Desde marzo a abril de 1525

Prefacio[1]

Eso que hemos contado acerca de otros profetas, también puede verse aquí. Pues siempre ha sido la costumbre del altísimo y supremo Dios, que cuando se aproxima un inminente augurio o cambio de circunstancias o cualquier otro mal, él nos envía de antemano sus profetas para anunciar su ira cercana para que así algunos se arrepientan y se salven. La venida de Cristo al mundo fue igual en todo sentido. Durante el reinado de Jeroboán[2] como rey de Israel, muchos profetas florecían, entre ellos se encuentran Oseas, Amós, Joel, Isaías, y algunos otros [etc.]. A mí me parece que el profeta Jonás también vivía durante este periodo. La razón porqué llegué a esta conclusión está basada en 2 Reyes 14:25. Describe [Reyes] esta historia de la gran felicidad y poder del Rey Jeroboán por Israel al declarar: "Conforme a la palabra que el Señor, Dios de Israel, por medio de su siervo Jonás, hijo de Amitay, el profeta de Gat Jefér, etc." Aunque Jeroboán reinaba felizmente y restituyó muchos territorios al reino de Israel (como así narra la historia), no obstante, todos esos profetas que profetizaban entonces, condenaban por igual la fortuna y feliz prosperidad del reino.

1 Traducido del texto de Altenburg en D. Martin Luthers Werke. Kritische Gesamtausgabe, vol XIII: 241-258.

2 Como fue notado anteriormente en la RVC se usa el nombre Jeroboán mientras que la RV 1960 y otras versiones en castellano usan Jeroboam.

A pesar de que Jeroboán reinaba completamente feliz y restituyó muchos territorios del reino de Israel, así como la historia reporta, no obstante, todos esos profetas que profetizaban en ese tiempo, condenaban por igual ese afortunado y feliz progreso del reino. Pues era ya inminente su cautiverio en Asiria. No tengo duda alguna que el profeta Jonás fue contemporáneo a Amós y a los otros profetas que profetizaban durante el reinado de Jeroboán. Consecuentemente, nada es cierto sobre esa fábula hebrea, la cual comparten muchos de nuestros[3] intérpretes. De acuerdo a la misma (fábula) se imaginaban que el profeta Jonás fue el hijo de la mujer de Sarepta, la cual alimentó al profeta Elías, así como nos relata 1 Reyes 17. Ya que esta opinión es afirmada tan fácilmente por ellos, nosotros la rechazamos pues no está basada en las Escrituras. Estoy plenamente convencido que el nombre del padre de Jonás era Amitay, aunque esos otros intérpretes desean que éste sólo sea un nombre apelativo.

El oficio de este profeta era ser profeta a los gentiles, ésta era su principal tarea. Desde esta perspectiva es claro discernir que cuando Jonás profetizaba contra Nínive, el Rey asirio no había devastado todavía al reino de Israel. Nínive era una metrópolis y la capital del reino de Asiria, el cual en ese tiempo era la potencia máxima y la más floreciente. Ya que era así, se puede apreciar desde este punto que fue algo difícil y monumental el llamado y la misión de Jonás de predicar contra ese reino tan sumamente poderoso y contra tantos notables y poderosos gobernantes de ese reino. Así pues podemos ver que el supremo y excelente Dios hizo notable a este profeta.

Tenemos de nuevo aquí un excelente ejemplo de lo que el apóstol Pablo cita en Romanos 3:29: "¿Acaso Dios es solamente Dios de los judíos? ¿No es también Dios de los no judíos? Ciertamente, también es Dios de los no judíos." Esta historia nos indica también que Dios se preocupa hasta de ese reino impío de los asirios, aunque eran gente incircuncisa, y no pertenecían al pueblo de Israel, Dios había elegido ese pueblo para sí mismo. Y para más, asolaban al pueblo de Israel. Consecuentemente, Dios siempre ha mantenido a su pueblo cristiano

3 En la versión en alemán de esta lección Lutero identifica a Jerónimo como uno de esos que enfatiza esta interpretación.

en el medio de todas las naciones y junto con los judíos, aunque los judíos no percibieron esto y hasta despreciaban todas esas naciones que no poseían la ley. Así que no hay duda que existen hoy en el mundo muchos de ellos que son completamente ignorados por el mundo, ésos que Dios ha escogido para sí mismo. Esta historia también nos enseña lo tan poderosa y eficaz que es la palabra de Dios, y lo tanto que se puede predicar sin frustrarla para que produzca frutos. Esto es evidente. Si apreciamos esta historia en términos de la energía (del dinamismo: ἐνεργείᾳ) de la palabra, la misma ciertamente se estima maravillosa y plena de consolación. De otra forma la vemos como algo insignificante. ¿No es el poder de esta predicación algo tan grande, que la misma Palabra convierte entre tres y cuatro días un reino tan poderoso y que conmueve al rey y a toda la población a las cenizas, arrepintiéndose así por el pecado que la Palabra les reveló?

Aunque esta historia es tan clara de entender, y tan llena de consolación, la misma ha sido opacada por las innumerables y vanas preguntas hechas por los santos padres, como se puede fácilmente discernir en todos sus comentarios. No podemos negar que los padres eran personas santas, pero así todo ellos fueron afectados por la carne, y ésta ciertamente les pesaba [los limitaba], pues juzgaban a los santos por su posición y por sus obras externas, estimando mientras tanto que nada humano o fragilidad humana moraba en los santos. Así todo, hasta los más santos no pueden despojarse de esta debilidad mientras vivan, esto es, mientras resida esa mortalidad (carne humana) en ellos. Esto se puede discernir en toda la Escritura, y en ningún otro lugar es más evidente que en el capítulo 7 de Romanos. Este texto fue ocasión para que Jerónimo y todos los otros intérpretes se atormentaran de una manera peculiar con tantas y varias preguntas sobre muchos otros pasajes de las Escrituras. También es así con este profeta al discutir si Jonás había pecado o no al decidirse que fuera lanzado al mar. Y ¿cómo es posible que uno peque si muere por su propio consentimiento? Jerónimo respondió que es permitido hacerlo si peligra nuestra castidad, etc. Ésta es ciertamente una gran abominación y una opinión tan imprudente, como un veneno siempre tan presente del cual todos se deben guardar. San Agustín trato sobre el asunto de una forma más correcta y prudente. En resumen:

Todos los intérpretes, tantos cuanto de ellos fueron, no han entendido exactamente y completamente el reino de la gracia por medio de Cristo, aunque aparentemente han querido descubrirlo y entenderlo. A nosotros nos ha llegado por la gracia de Dios con mayor claridad y exactitud que a todos esos comentaristas. No podemos errar en lo absoluto si nos apoyamos en la Palabra (el Verbo) y si seguimos el juicio de la Palabra de Dios (el Verbo de Dios),[4] cuando vemos la fe en las obras de los santos, y no nos fijamos en esas mismas obras, ya que esas obras nos pueden engañar, aunque ellas aparentan ser tan bellas. Pero la fe no nos defrauda. Por ejemplo, las Escrituras aprueban el homicidio en caso de algunos reyes, pero en otros lugares lo condena. Esto es porque algunos mataron (ejecutaron) por fe ya que siguieron la palabra de Dios, y ellos fueron aprobados, mas otros verdaderamente no actuaron en fe y pecaron; aunque si examinamos las obras de ambos, todas aparentan ser igualmente malas.

El reino de gracia es un reino que ciertamente favorece a los cristianos pues Dios favorece a los cristianos que radican en este reino. Así todo, los santos en este reino de vez en cuando erran y sienten el peso de la carne, esto lo vemos en las cartas de Pablo, quien desea que los cristianos carguen el peso del uno y del otro, para que así se ayuden mutuamente y se aconsejen, si alguno cayera en pecado. Todos los seres humanos[5] que aun vivimos no debemos pensar que esos santos eran diferentes a nosotros como si algo mucho más sublime ocurriera con ellos mientras ellos vivían en la carne, ya que la carne es la misma en todos. Estos escritores no pudieron discernir esta realidad. El autor de la epístola de Santiago correctamente nos cita así en su último capítulo (Santiago 5:17): "Elías era un hombre con limitaciones semejantes a las nuestras." El Espíritu es el mismo en todos, la fe

4 En el latín dice: *"si a verbo steterimus et secuti fuerimus verbi."* El término *"verbo"* en latín enfatiza una palabra activa y dinámica y no una mera palabra escrita en este contexto. Es interesante como esta visión de la Palabra activa lo captura la traducción de San Juan 1 en las versiones de la Reina Valera, con la excepción de la Reina Valera Contemporánea: "En el principio era el Verbo, y el Verbo era con Dios, y el Verbo era Dios." La Palabra de Dios es activa y proclama en su centro la actividad de Dios, especialmente en la obra y actividad de Cristo por nosotros. Al Lutero destacar *verbus* en vez de *scriptura*, término que usa también en este contexto, demuestra, en mi opinión, esa Palabra dinámica y activa, el Verbo, que obra entre nosotros y nos llama a seguirlo. (Nota del editor).

5 Lutero usa siempre el término *"homines"*, hombres, para referirse a la humanidad. Esta traducción usa el término humanidad cuando Lutero se refiere en el contexto a toda la humanidad.

es la misma, Cristo es el mismo, y si sentimos en nosotros la debilidad de la carne, si a veces resbalamos, entendamos que esos santos también podían resbalarse. Ahora volvemos al tema de Jonás. Debemos aplicarle a Jonás el mismo principio, pues él hizo esto de plena fe. Ciertamente pecó por falta de fe, no podemos negar que él pecó gravemente al desviarse del mandato de Dios, el cual lo enviaba, como indican los eventos que sucedieron. Sobre este asunto todos los comentarios de todos esos expositores pretenden que Jonás estaba atemorizado por la impiedad del reino de los asirios, pues se suponía que no iban a creer la Palabra. Por medio de esos comentarios deseaban hacer de este gran pecado algo insignificante. Nosotros vamos ahora a exagerar sobre esto para consolarnos. Jonás era también hijo de la gracia, y no fue condenado por esos pecados aunque ellos fueron enormes. Pues él hubiera perecido de la misma manera que Saúl pereció al no matar a Agag, el rey de Amalec, ya que Jonás tenía también un mandato de Dios para ir y predicar a Nínive. Ésta es ciertamente una historia agradable y admirable pues Jonás pudo perseverar de esta manera en la fe aunque su conciencia lo impulsaba al terror. Pues estaba consciente que había cometido un gran pecado y también sentía la ira de Dios, esto es, el castigo por su pecado. Así como luego nos declara (Jonás 2:2): "Desde el fondo del abismo clamé a ti", etc. Todas estas cosas han sido escritas para nuestra consolación aunque sintamos nuestro pecado y el castigo por nuestro pecado, perseveraremos también sin desesperarnos, aunque grande sea el castigo y el azote de Dios por el pecado. El propósito de esta liberación (y tal liberación no puede llegar si no somos sostenidos por la mano de Dios) es que declaremos como declara David en el Salmo 118:18: "Aunque el Señor me castigó con dureza, no me entregó a la muerte."[6] Consecuentemente, todos los que radican en el reino de Cristo, aunque pequen, tampoco serán condenados, pues es un reino de gracia. El pecado es remitido (perdonado) y no nos es imputado [ese pecado] por causa de Cristo (*propter Christum*). Esos escritores sagrados no pudieron comprender este resumen o puntos principales sobre el reino de Cristo. Todos carecían esta facultad. Esto es algo que sé de manera cierta ya que he estudiado todos sus escritos.

6 "Me castigó gravemente JAH." Así lee en castellano. *Jah* es un nombre abreviado por Jehová (יְהֹוָה).

Capítulo Uno

3. Y Jonás se levantó para irse. No hay duda que estaba atemorizado por la enormidad de la tarea a la que lo habían comisionado. También temía tan poderoso reino y tan poderosos príncipes, del mismo modo como si alguien hoy fuera enviado al reino de los turcos. Y el Señor aumentó la enormidad de su tarea cuando le dijo (v 2): "Porque ha subido su maldad delante de mí." Por medio de esta predicación Jonás iba a provocar contra sí mismo el severísimo odio de todos ellos, aunque así todo era una persona solitaria y humilde. Pero había pecado, como había dicho, pues no había considerado la palabra de Dios, por la cual había sido enviado, sino la propia tarea hacia donde había sido enviado, y a la dificultad y enormidad de esa obra. Pues la carne no puede creer en la Palabra (Verbo) de Dios ni puede comprometerse a Dios si se lleva por el consejo humano y esos acontecimientos. Pero bajo la fe correcta uno procede adelante con los ojos cerrados, se aferra a la palabra de Dios, sigue a esa Palabra; cree esa Palabra aunque todas las criaturas sean su adversario, aunque parezca a la carne que nada en lo más mínimo puede suceder sino lo que la Palabra quiere que crean y suceda, aunque la tierra y los cielos aparenten desaparecer rápidamente. Consecuentemente, si Dios dice que habrá nuevo cielo, la fe, con los ojos cerrados, y sin siquiera pensarlo, ni tampoco buscando una objeción, simplemente cree la Palabra (al Verbo), y ofrece gloria al Dios de la verdad. Ya que Jonás no hizo esto, sino que se fijó en la enormidad y dificultad de su tarea, solamente pudo temer.

2. "Porque ha subido su maldad delante de mí." Esto es un hebraísmo[7] pues Dios ni asciende ni desciende sino que las Escrituras acostumbran a hablar de Dios de acuerdo a cómo nos sentimos en nuestra consciencia de cómo Dios se encuentra favorable o enojado con nosotros. Dios desciende a nosotros cuando lo sentimos a él en

7 Ésta es una manera de expresarse en el idioma hebreo.

nuestra consciencia. Nuestra maldad asciende a él cuando nuestra consciencia nos acusa concerniente a nuestro pecado, etc.

"Delante de mí", como si dijera: "Hasta este reino aparenta ser extraordinario y bueno."

3. A Tarsis. Ellos han interpretado que esta ciudad es aquella donde nació el Apóstol, pero a mí no me parece correcto ni en lo más mínimo. Simplemente opino que es como un nombre especial del mar, como alguna isleta del mar. Los romanos tienen varios nombres para mar, como el Mediterráneo, el Indio, el Rojo etc., Aquel que circunde toda la tierra lo llaman océano. Éstos son algunos pasajes en las Escrituras que me llevan a interpretar esto así. En 2 de Crónicas 9:21: "Porque la flota del rey iba a Tarsis con los siervos", etc., encontramos otro en 20:36: "Para construir naves que fuesen de Tarsis." Estos pasajes no pueden todos ser interpretados que son sobre una sola ciudad pues Tarsis y Jerusalén son diferentes lugares. También observamos claramente en el Salmo 72:10: "Los reyes de Tarsis y de las costas traerán presentes." Este texto propiamente se refiere al Mar Mediterráneo, así es como los romanos le llaman, pues tiene muchas islas. Consecuentemente éste es el sentido de este pasaje: Jonás estaba tan atemorizado por la magnitud de la tarea a la que le habían enviado que no decidió fugarse a alguna ciudad sino que al encontrarse con una nave decidió fugarse hacia cualquier lugar del mar que ese mismo barco lo transbordara.

De la presencia del Señor.[8] No me preocupa esa interpretación que explica esta frase como si dijera que: "Desde el reino temporal de Israel, donde Dios habitaba", ya que ellos tenían la palabra

8 En las versiones más antiguas de la Reina Valera, por ejemplo, la del 1960, usan el nombre "Jehová" en vez de Señor. En la Vulgata Lutero usa en estos pasajes el nombre *dominus* que es correctamente traducido "Señor". El nombre personal de Dios, se expresaba con las consonantes YHVH, y carecía de vocales. No era pronunciado por respeto y en su lugar se leía "Adonay", "el Señor". Para recordar esto al lector, los rabinos le añadieron al nombre de YHVH las vocales e, o, como contraseña. En la Edad Media los cristianos al leer los textos hebreos, comenzaron a leer las vocales con las consonantes, Y(e)h(o)v(a). Así dio a lugar la traducción de YHVH bajo el nombre de Jehová. La Vulgata preservó la costumbre hebrea de sustituir "Señor" en el lugar de YHVH.

de Dios. En cualquier lugar que se encuentre la palabra de Dios, se nota la presencia de Dios. Esa interpretación de otros, donde Jonás es tan imbécil que pensaba que se podía fugar y fallarle a Dios, no me complace. Pues como puede sentirse de esa manera cuando clama al Señor (1:9): "Dios de los cielos, que hizo los cielos y la tierra."

Descendió a Jope. Jope es un puerto del Mar Mediterráneo, y se puede ver claramente en este pasaje que por el nombre "Tarsis" se refiere aquí al Mar Mediterráneo, como ya he explicado. Por cuanto se debería haber traducido en este pasaje del profeta: "Para que él se fugara al mar; también: "Encontró una nave partiendo al mar, y pagó su boleto para el viaje, etc."

4. Pero el Señor hizo [que en el mar] se levantara un fuerte viento. Este profeta es completamente fácil [de leer], como ya he dicho, pues carece de pensamientos y palabras confusas y oscuras. A pesar de que su relato es simple, hay que prestarle mucha atención e interés, como exigen toda tipo de historias como ésta. Es algo enorme, una tarea ardua, cuando se manda a una sola persona contra un reino tan poderoso. Y como él se encontraba tan atemorizado sobre tan inmensa tarea, su cobardía detractaba del poder del Señor. Esto es algo muy serio, un gran pecado, como también el castigo por tan gran pecado. Su castigo fue, además, el de ser atemorizado por la ira del Señor de una manera externa, también sentía la ira de Dios en su consciencia. Así todo Jonás permaneció en la fe, a pesar de que una tempestad mucho mayor radicaba en su corazón y en su consciencia que la que abatía al mar afuera, etc. Ya que somos solamente espectadores de tragedias como éstas, ellas no nos parecen que sean tan terribles y tan inmensas. Pero si las experimentamos en nuestra consciencia, entenderemos lo que significa sentir la ira de Dios contra nosotros y lo que es esa fe, que en el medio de la ira podemos aferrarnos a un Dios misericordioso y clemente, etc. Pues si nos pasara a nosotros, omitiríamos muchas preguntas inútiles en pasajes como éstos en las Escrituras, los cuales nos atormentarían al no experimentar esta tentación.

Esta tempestad en el mar fue mucho más severa que aquellas de que estamos acostumbrados. Pues los marineros estaban muy atemorizados, hasta el punto que la relacionaron al pecado de alguien. Entonces Jonás, al estar tan consciente de su pecado, se escondió en la parte más profunda de la nave, pero no se encontraba nada seguro en su consciencia, pues había sido tocado por el temor y la ira de Dios.

5. Y se había echado a dormir. Su soñar era un soñar de tristeza, mezclado con cierto sentido de la muerte, esa clase de sentir que algunos conocen, sí, aquellos que en algún momento han luchado con tentaciones. Y la palabra que se usa aquí en hebreo lo expresa de una manera muy elegante. Todas estas cosas fueron escritas para que veamos cómo Jonás sentía la presencia de la ira divina y qué gran cosa es el pavor de las conciencias cuando la ira de Dios atemoriza. Así lo expresa el Salmo 104:32: "Toca los montes y humean."

Los marineros tenían mucho miedo, y cada uno de ellos clamaba a su dios. Estos marineros no eran en realidad ateos, pues clamaban a un dios, pero clamaban a aquel que ellos mismos habían fabricado. Pues el tener dioses es fabricarlos para uno mismo en el corazón y el corazón es ese lugar donde radica primeramente el correcto y buen sentimiento sobre Dios. Pues nuestro dios es ése, en el cual creemos que el tal es él, y lo formamos en nuestro corazón, así como encontramos en el Salmo 18:25-26: "Con el misericordioso te mostrarás misericordioso; Y recto para con el hombre íntegro; Limpio te mostrarás para con el limpio; Y severo serás para con el perverso."[9] Y este sentimiento sobre un dios lo siguen también varios cultos de diferentes agrupaciones humanas. Pues cada cual fabrica un dios para sí mismo y lo adora, y la Divina Majestad es sujeta a varias opiniones humanas. Algunos juzgan de una manera sobre Dios, otros juzgan de otra manera, como podemos ver en Mateo 16:14: "Ellos dijeron: Unos dicen que es Juan el Bautista; otros, que es Elías; y otros, que es Jeremías, o algunos de los profetas" etc. Nosotros observamos lo mismo en caso de los marineros: ellos nombraron al verdadero Dios,

9 Suena más elocuente la RV 1960.

pero no concordaban que era su forma o podían opinar sobre esto. Solamente podemos aprehender [captar] la verdadera forma de Dios por medio de la fe, así conocemos que Dios es siempre un Padre propicio y un Padre misericordioso. Este entendimiento solamente nos es dado bajo el Espíritu Santo, y éste es el único verdadero y genuino conocimiento de Dios. Todas las restantes opiniones son idolatrías, así como cuando nosotros usamos nuestra razón como líderes y maestros, fingimos ciertas obras y pensamos que Dios se congraciará con nosotros en el futuro y nos imaginamos que vamos a conseguir su premio o favor. Es completamente una idolatría cuando fingimos que proceden de un dios nuestras propias obras creadas o invenciones. Esto solamente es la raíz y la fuente de toda idolatría. Este tipo de idolatría siguen todos los monjes, las monjas, sacrificios, o cualquier otra cosa que estiman ser un dios como resultado de las obras que ellos inventan. Pero Dios no desea ser fabricado de esta manera por nosotros, sino que desea formarnos a nosotros. Dios simplemente desea que creamos en él, no basado en nuestras obras, ni bajo ningún otro acuerdo nuestro sino solamente porque es misericordioso con nosotros, y eso significa que nacemos de nuevo bajo el Espíritu Santo, así como se encuentra en San Juan 3:5.

6. ¡Levántate, y clama a tu Dios! Este pasaje es elegante y digno de notar. La naturaleza humana, cuando se encuentra libre de la tentación, se vuelve de nuevo orgullosa, y se encuentra segura y jactanciosa, prometiéndose muchas cosas para sí misma. Pero en la adversidad, cuando puede ver sus propios hechos, la naturaleza humana se subyuga a todo incluyendo aquellas cosas muy inestables. Así es en el caso de los marineros al encontrarse en desesperación y peligro de muerte. Piden auxilio en donde puedan obtenerlo; ellos, entonces, buscaron refugio en Jonás, al cual no le prestaron ni la más mínima atención antes que cayeran en peligro. Así es nuestra razón humana y no puede actuar diferente en la tribulación. Así fue cuando estábamos abrumados por el pecado en nuestra consciencia, corrimos a los monjes e ignorantes o a éstas u otras personas para recibir consolación. Así fue como estos marineros buscaron refugio con Jonás. Pues la razón piensa que puede salvarse por medio de la intercesión de otra persona.

Pero la fe, no desprecia a nadie, ni confía tampoco al ser humano sino sólo depende de Dios y lo invoca en la necesidad, etc.

7. Vengan, echemos suerte. Como en varios otros pasajes, también en este pasaje algunas personas se han torturado miserablemente sobre los decretos papales acerca de echar suertes. Echar suertes con el propósito de tentar a Dios es una cosa mala. Ahora, en caso de necesidad o peligro mortal no es tentar a Dios al echar suertes, a menos que seas abiertamente malvado. El Señor ha prometido darnos comida y todas esas cosas necesarias para proveernos con comida. Ahora, no debemos sentarnos ociosamente ni dejar de usar nuestras manos las cuales Dios nos Dios para trabajar. Así que si tu mano es fuerte (poderosa) y si no tienes una clara palabra de Dios (como Elías, quien fue alimentado desde el cielo) pero deseas obtener tu medio de vida (βιοφειλήματα) como algo que te merecieras, tientas a Dios. Pero si te encuentras con una gran necesidad, o has sido aprisionado, o no puedes trabajar, o buscar el alimento diario, bajo esas circunstancias no estás tentando a Dios si esperas tu alimento del cielo. Así que hay que hacer un juicio ahora sobre echar suertes en cualquier ocasión. Esos marineros fueron impulsados por su gran necesidad y no pudieron hacer otra cosa. Aunque Jonás estaba completamente consciente de que era culpable de una gran maldad, así todo echó suerte con ellos esperando de algún modo poder escaparse. Nuestros ineptos intérpretes que tanto estiman que son santos por medio de las obras, saben absolutamente nada sobre la fe, ni sobre las tentaciones espirituales. De otra manera hubieran rendido juicios más sanos. Ya al principio de este escrito sobre el profeta he ofrecido suficientes y copiosas amonestaciones. Pues en realidad las obras hechas por unos no tienen el mismo valor antes Dios que las obras hechas por otros pues Dios valora (estima) las obras basado en la fe. Es por esto que Dios aprueba los hechos de unos pero desaprueba los hechos de otros. Esto no quiere decir que yo excuso a Jonás de su pecado.

9. Soy hebreo, y temo al Señor, Dios de los cielos. Es aquí donde comienza su confesión de fe. Jonás dice que teme al Dios de los cielos, quien tiene ira con él, y que él de manera imbécil ha pensado fugarse de él. Se expresa también como los hebreos cuando habla sobre temer a Dios. El temor a Dios es reverencia a Dios y culto espiritual de Dios, pues en este vocablo las Escrituras en todos los lugares usa la expresión "el temor de Dios." Pues el culto a Dios completamente verdadero no consiste en obras, no importa qué tan grandes o santas sean esas obras sino en verdadera reverencia. Tal expresión ocurre en el Salmo 19:9: "El temor del Señor es bueno: permanece para siempre" etc., donde dividen el temor de Dios en varias partes pero todo eso no importa, ya que él está hablando en este mismo pasaje del temor de Dios y de la ley del Señor. Consecuentemente, ésta es la intención de Jonás cuando dice: "Temo al Dios de los cielos", esto es: "Soy verdadero adorador del verdadero Dios." Así, pues, Jonás sintió la ira de Dios contra él y también finalmente el castigo el cual se intensificaba al ser revelado claramente su pecado.

11. Y como el mar se iba embraveciendo más y más. Esto es, el mar no cesaba de azotar, y la tempestad intensificaba su furor. Y ya que el Señor no calmaba esa tempestad, Jonás deseaba proveer un remedio a ese infortunio por medio de su muerte. Ciertamente era un gran pecado el del profeta. También su pecado era mucho más monstruoso y atroz, ahora que iba a perecer y sabía sin dudas de que Dios estaba airado y en contra de él y que era necesario que él muriera como resultado de la ira de Dios. Fue una prueba pungente al visualizar la muerte que le anticipaba, pues aunque deseaba morir, conocía muy bien en su propio ser la ira de Dios. No podemos considerar la magnitud de esta prueba ya que al mismo tiempo estamos considerando el hecho de que este siervo fue rescatado maravillosamente después, ya que así Dios lo deseaba. Consecuentemente, en todas estas pruebas tan terribles que nos espantan, vemos que Jonás es una figura de Cristo, pues así mismo Cristo lo interpretó, como ya lo mencionaremos.

Otra cosa, aunque el mismo Jonás fue la causa de esta tempestad, también los hombres que se encontraban con él peligraban por igual de sus propias vidas y sufrían el mismo castigo que Jonás. Esto es un ejemplo de lo que ya hemos dicho a menudo, un ser impío causa muchas veces que una nación y todo un pueblo perezcan y sean también miserablemente afligidos. Las Escrituras tienen plenos ejemplos sobre esto. Como podemos ver en Josué 7: Al Acán tomar lo que estaba bajo maldición, el Señor afligió terriblemente al pueblo de Israel. Pero contrario a este ejemplo, vemos cómo Moisés por sí solo fue muchas veces responsable por la seguridad de todo el pueblo de Israel. Es por eso que el último capítulo de Santiago (5:17), dice lo siguiente: "Elías era un hombre con limitaciones semejantes a las nuestras (ὁμοιοπαθὴςἡμῖν). Pero oró con fervor para que no lloviera, y durante tres años y seis meses no llovió sobre la tierra." Estos son ejemplos de la justicia de Dios, quien no actúa injustamente, aunque a nosotros nos parece diferente.

14. Señor, te rogamos que no nos dejes perecer. Fue saludable para ellos ese temor de la muerte, pues regresaron hacia el verdadero Dios.

Capítulo Dos

Para que fuera más intenso su terror a la muerte, Jonás fue lanzado al mar, donde no existía esperanza de ser auxiliado por Dios o por los hombres, pero cuando pensaba que ciertamente moriría, fue tragado aún vivo por un pez, el pez provisto por el Señor para este propósito. A pesar de que Jonás se encontraba en el medio de la muerte se encontraba todavía vivo. Ésta es una historia maravillosa, donde Dios sumamente bueno y supremo, desea que estemos bien ciertos que él es el Dios de la muerte y de la vida, y que todo lo tiene en sus manos. Pues es él mismo quien mata y vivifica, vivifica y mata, nos conduce al infierno y nos saca del infierno. De esto debemos aprender que tenemos un Dios que nos puede salvar hasta en el medio de la misma muerte, y también en el medio del pecado y del infierno, así como aquí maravillosamente rescató a Jonás, quien veía nada, y no podía esperar nada más que la muerte. Jonás estaba ciertamente horrorizado, ya que cuando él fue lanzado al mar e iba a perecer en el agua, sintió que era tragado y devorado vivo por una enorme boca. Y aunque fue devorado hacia el interior (del pez), sobrevivió y quedó vivo allí por tres días. Indudablemente Jonás llevaba en sí una lucha extraordinaria de fe. Al continuar vivo en el vientre del pez y no poder morir, sintió la gracia divina. Ya que no había muerto sintió que era inocente, así como su canto indica; y sentía la presencia de Dios, ya que no había sido consumido. Así todo pensaba que era muy posible que iba a ser consumido. Ésta era ciertamente una grave y extraña tentación, tanto es así que no me puedo imaginar otra tan sorprendente como ésta. Es más, no hubiera creído estas cosas tan fácilmente si el Espíritu Santo no lo hubiera escrito. Porque como ya he mencionado, todas las cosas fueron escritas para que nosotros aprendamos a tener fe en Dios Padre bondadoso, excelentísimo y grandioso Dios en todas las adversidades. ¿Cómo no vamos a confiarle, si en el medio de la muerte, en el medio del infierno, salva a los suyos, y ha prometido que nos salvará hasta el punto que en la muerte, el pecado, el infierno y toda cosa mala, ordenará que sea para el bien de los creyentes y no sólo no nos dañará, sino que será saludable y útil para la vida? Esto se ve muy claro en esta historia de Jonás, que aquel que no confía en Dios, que confíe en el diablo.[10] Así que es cierto lo que dice el apóstol Pablo (Romanos 8:28): que Dios "dispone todas las cosas para el bien" a los que creen.

Estuvo en el vientre del pez tres días y tres noches.[11] Es notable la manera en que Jonás pudo contar los días, ya que no podía ver ni oír atrapado en el vientre del pez. Pero pudo darse cuenta que era de día al ser lanzado cabeza arriba hacia el mar y ser elevado a la luz del día. Indudablemente que él no estuvo exactamente tres días o noches completas en el pez, al igual que Cristo no estuvo exactamente tres días en el sepulcro, si se fuera a contar exactamente. También las Escrituras acostumbran a usar la sinécdoque como modo de expresión, esto es cuando se designa un todo por medio de una de sus partes.

10 Aquí Lutero se expresa usando una frase en el alemán hablado entonces: *Wer nu goth nicht trawen wil, der traw dem teuffel.*

11 En la enumeración bíblica en español e inglés este versículo aparece en Jonás 1:17, o sea en el último versículo del capítulo uno.

1. Entonces Jonás oró al Señor su Dios desde el vientre del pez. No es esto como ustedes piensan, que el profeta compuso su canto mientras se encontraba en la angustia. En realidad lo que pasó fue que cuando fue librado entonces redactó de manera ordenada lo que pensaba durante su adversidad y prueba. Es un poema elegante y es evidente que no puso su confianza en sus obras. Pues es así como se expresa:

2. Señor, en mi angustia te invoqué. Pues no se podía hacer otra cosa bajo esa necesidad de cuerpo y alma que clamar. Nuestro propio entendimiento, nuestros deseos valen nada, y es así, entonces, que Jonás clamó aquí en su urgente necesidad. Jonás no encontraba mérito alguno, pues había pecado gravemente contra el Señor. Así que lo único que restaba hacer era clamar, y clamar al Señor. Pues el Señor es el único en quien nos refugiamos para encontrar un ancla sagrada y único asilo cuando pensamos que todo está perdido. Pero esto no es todo, pues cuando sentimos también que Dios es nuestro adversario y que tenemos un Dios airado y que somos esos pecadores que merecen la ira y la condenación, así todo podemos invocar a nuestro Dios y Padre bondadoso y apacible, pues ésa es la clase de Dios que él es, y no debe ser recibido de otra manera. Así que debemos discernir a Dios no de acuerdo a lo que vemos sino de acuerdo a sus promesas, ésas en que ha prometido: que será nuestro Padre y nuestro Dios. Así que cuando obra bien con nosotros, cuando no nos pone a prueba o abate, no debemos poner nuestra fe en él por estas cosas, ya que está haciendo algo diferente de lo que aparenta, debemos temerlo. Pero contrario a esto, cuando [Dios] nos aflige no debemos dudarle ni tampoco debemos desesperarnos, ya que está haciendo algo diferente a lo que pensamos.

Y tú me oíste. Jonás sintió que su oración fue eficaz y que es imposible no sentir la verdadera eficacia de una genuina oración. Pues si no sentimos que nuestra oración es efectiva, entonces no hemos orado verdaderamente. Necesariamente brota ese sentimiento interior bajo una verdadera oración de la misma manera que los predicadores de la Palabra sienten la eficacia de la Palabra. Pues Cristo dice en Lucas 8:46: "Porque yo sentí que salió poder de mí."[12]

Desde el vientre del infierno clamé.[13] Jonás acomoda sus palabras a sus sentimientos, ya que sus sentimientos no eran diferentes del de encontrarse en el infierno. Así como de la misma manera las Escrituras llama pruebas (tentaciones) tan graves como ésta, "infierno"; así como se puede notar aquí y allí en los Salmos, y las Escrituras dicen que aquellos que se encuentran en extrema prueba están en el "infierno".

Y tú escuchaste mi voz, esto es, aunque no había nada más que ver, exceptuando ruina y condenación, y aunque su fe luchaba en sí, así todo perseveró: "Y fui rescatado. Me escuchaste", pues la fe salva por medio de la Palabra aunque todo parezca condenación y no importa qué enormes sean las pruebas (tentaciones).

3. Me echaste a las profundidades. Y ahora, casi al final de su oración, describe su sumersión.

En el corazón de los mares.[14] Esta frase es un hebraísmo, y significa "hacía el fondo del mar". Se usa frecuentemente esta frase en las Escrituras como por ejemplo en Deuteronomio 4:11: "hasta el corazón del

12 La RV 1960 lo expresa así: "Porque yo he conocido que salió poder de mí." En griego la palabra usada por conocer, o sentir, como se usa en la Vulgata es *egnôn*, que es el verbo en tiempo aoristo del verbo *ginósko*. Los griegos usaban este verbo para expresar un conocimiento intelectual. Pero como se usa aquí es como los hebreos emplean su sentido de conocer en hebreo. Este conocimiento es íntimo, así como se expresa en Génesis 4:1: "Adán conoció (יָדַע *yāḏă'*) a Eva su mujer y ella concibió." Lutero en su explicación y uso de verbos en latín en este contexto se refiere a un conocimiento que es más que intelectual, y que parte del fondo de nuestro ser, y que es relacional e íntimo. La RVC no capta esta dimensión al traducir: "Yo sé bien que de mí ha salido poder."

13 Mi traducción de la Vulgata. La traducción de la RV 1960 se aproxima más al hebreo: "Desde el seno del Seol clamé." La RVC lo traduce así: "Desde el fondo del abismo clamé a ti."

14 La RV 1960 traduce el versículo 3: "Me echaste a lo profundo, en medio de los mares." La RVC lo traduce asi: "Me echaste en las profundidades del mar, y las corrientes me rodearon." La Vulgata es más fiel al original. La Cantera-Iglesias traduce exactamente este texto del hebreo. Versículo 3 es traducido de esta manera: "Me arrojaste en el abismo, en el corazón de los mares."

cielo", que significa en el "medio de los cielos".[15] Observamos también en el Salmo 45:5:"¡Que penetren, oh rey, tus agudas flechas en el corazón de tus enemigos!",[16] y significa en el medio del enemigo, esto es, allí donde se encuentran completamente poderosos y numerosos. Del mismo modo "en el corazón de los mares" significa allí donde el mar es más profundo.

Todas tus ondas. Esta expresión fue tomada también de otro salmo. "Ondas" puede ser traducido de manera más correcta como "alzado" (abatimiento, embate o golpe impetuoso,[17] la marea de las olas). Pues así como el mismo vocablo es usado en el Salmo 93:4:"Has alzado los ríos", así los escritores de la antigüedad han traducido correctamente con *suspensurae* (elevado). Y significa propiamente también lo que nosotros los alemanes llamamos: *Bulgen ader wellen* (embate u olaje). Éste es su significado: Me envolvieron totalmente la tempestad y todo el movimiento del mar. Acertadamente dice: "Tus ondas" ya que se refiere a que "mi consciencia me dice que eres tú quien intentas (traes) este castigo, este terror de la muerte y del infierno". Éste es el castigo de la consciencia, pues en la adversidad sentimos la ira de Dios contra nosotros, esto es, del que nos aflige con tantos infortunios y tan grandiosas aflicciones.

4. Entonces dije: "Me has desechado delante de tus ojos..." En ese momento Jonás pensó que ya perecía en cuerpo y alma. Es como si dijera: "Todas estas cosas que me hacías me empujaban hacia la desesperación. Aterrado por esas señales de tu ira, solamente podía ver tus hechos, y que era arrojado de tu presencia." Ésta era la emoción abrumadora bajo gemidos indescriptibles. Éste era el más profundo suspiro y la suprema de las muertes en la tentación. Éstas no son palabras vanas y las únicas personas que las pueden comprender son aquellas

15 RV 1960 traduce: "en el medio de los cielos" y la Cantera Burgos "hasta el corazón de los cielos". La RVC lo traduce así: "en el medio de una espesa nube."

16 Aquí la RVC traduce de acuerdo a la expresión en hebreo.

17 La palabra que Lutero usa para explicar este término en latín es: *"fracturae"* el cual se refiere a un oleaje o golpe impetuoso o abatimiento del mar.

que han batallado[18] en algún momento bajo tentaciones similares. Esas personas conocerán lo que es sentir sus propias conciencias acusándolos y el ser verdaderamente arrojados por el mismo Dios. Ésta es la manera en que se manifiesta a esas conciencias que viven esa angustia como también se ve con Jonás. Pues él dice "yo dije", esto es como querer decir "fui defraudado y tú eres el que me defraudó,[19] ya que me condujisteis a algo que yo no esperaba que sucediera". Así llevaba Jonás una lucha con la desesperación en su corazón. Y aunque la desesperación es algo tan enorme y tan poderosa en tal prueba que vemos que la fe parece sucumbir, a pesar de todo esto, la fe perdura y el poder se perfecciona en las debilidades, como vemos en 2 Corintios 12:9.[20] Lo mismo se encuentra en el Salmo 31:22 del cual tomamos estas palabras: "Completamente abrumado dije: me has arrojado de delante de tus ojos."[21]

¿Cómo veré de nuevo tu santo templo?[22] Pienso que esto se debe leer y entender en un sentido completamente negativo con este significado: "¿Es verdad que en realidad piensas que nunca veré tu templo Santo?" Hasta el día de hoy ni los maestros hebreos están de acuerdo sobre lo que este vocablo significa.[23] Quizás sea ésta una referencia al templo de Jerusalén, pues había sido designado por Dios para la

18 La palabra usada en latín es "*laborare*", traducida exactamente como laborar. Pero el contexto dicta que es un trabajo intensivo, por ese motivo creo que usar la palabra "batallar" o "luchar" nos lleva a un mejor entendimiento de lo que Lutero expresa.

19 La palabra usada en latín es *fallere* que puede ser traducida como engañar o defraudar. No creo que Lutero implique aquí que Jonás ve a Dios como un mentiroso, ya que en el contexto de este párrafo se ve que Jonás cree en el verdadero Dios y le confía en el medio de sus pruebas. Pero definitivamente Jonás lucha bajo su prueba y ve sus expectativas de manera diferente a la voluntad de Dios.

20 "Bástate mi gracia; porque mi poder se perfecciona en la debilidad" (2 Corintios 12:9).

21 Ésta es mi traducción de la Vulgata citada por Lutero. La RV 1960 traduce: "Así decía en mi premura: Cortado soy de delante de tus ojos." Creo que la traducción de la RV 1960 suena mucho más dramática que la traducción de la RVC y concuerda con la expresión de Lutero en este párrafo. La RVC traduce: "En mi angustia llegué a pensar que me habías apartado de tu vista."

22 La RVC traduce: "Pero todavía he de ver tu santo templo". No se cita en forma de pregunta, pero se cita así en el latín como es también como se debe traducir del hebreo. Cantera-Iglesias lo traduce correctamente según el original: "¿Cómo podré volver a contemplar tu santo Templo?" (Jonás 2:5).

23 El vocablo en hebreo es הֵיכָל (*hêkāl*) que a veces significa "palacio", pero aquí, ya que es modificado por el adjetivo "santo", significa "templo". Es por eso que Lutero afirma esta traducción.

oración. O si alguien no se complace con esta interpretación, entiéndalo como un templo espiritual, el lugar donde Dios habita, ya que los profetas están acostumbrados a llamar el lugar donde habita Dios el templo de Dios.

5. **El alga se enredó en mí cabeza.**[24] El vocablo en hebreo significa "mar" o "alga". Por lo tanto lo traduzco "el alga cubría mi cabeza", esto es: "El mar que tiene algas en sus orillas, las algas coronaron mi cabeza. Era absolutamente imposible que yo escapara". Así Jonás intensifica y amplifica su prueba.

6. **Hasta los cimientos de los montes.** "Me encontraba en los cimientos (raíz) de las montañas, donde terminan las montañas, i.e. en la orilla del mar.

La tierra echó sus cerrojos sobre mí. Esto en realidad es una metáfora. Es como si se dijera "que era imposible que yo desembarcara, ya que la tierra me había completamente encerrado con su cerradura y no podía por nada esperar que fuera liberado". Y esto es una sensación indomable. Todas aquellas personas que se encuentran con esa grave sensación se sienten de la misma manera. Como consecuencia piensan que no pueden ser redimidos de ninguna manera.

Pero tú elevaste de la fosa mi vida.[25] El vocablo en hebreo (שַׁחַת) el cual el traductor latino lo traduce "fosa" se encuentra también en el Salmo 16:10 donde leemos: "Porque no dejarás mi alma en el Seol" (la fosa). Este clamor fue un clamor lleno de fe y si esto es verdaderamente invocado por nosotros, es imposible que perezcamos, aunque

24 En este pasaje la RV 1960 como la Cantera-Iglesias son más fieles y más dramáticos que la Vulgata al traducir: "Las aguas me rodearon hasta el alma" (RV 1960). La RVC pierde el sentido de la metáfora expresada aquí al traducir: "Las aguas me rodearon hasta el cuello." El profeta expresa aquí una situación profunda. Su situación es una crisis mucho más profunda que la de morir físicamente pues se encuentra verdaderamente angustiado espiritualmente ante su relación con Dios.

25 Ésta es mi traducción literal del texto usado por Lutero. La traducción de Cantera-Iglesias es casi igual a ésta: "Pero tú sacaste de la fosa mi vida." La RVC traduce: "Pero tú, mi Señor y Dios, rescataste mi vida del sepulcro." El vocablo en hebreo שַׁחַת (*šajat*), puede significar una "trampa" donde se capturan animales o una sepultura. Pero al traducirla como fosa captura el drama de ese evento. Nos sacó Dios del hoyo en que fuimos atrapados.

nos encontremos en el medio de la muerte y del infierno. Y es aquí donde nos receta Jonás la manera, el modo en que vamos a ser rescatados de la tentación. Es como decir: "Si alguien se encuentra afligido, si alguien siente horror a la muerte, si se encuentra en el infierno, invoca al Señor, como yo también lo he invocado. Piensa en el Señor, invócalo confiadamente e inmediatamente [y] estará presente ése que invocas." Muchos de los salmos son pertinentes a este tema.

7. **Cuando me encontraba angustiado en mi alma.**[26] Esto ha sido tomado también del Salmo 43:5: "¿Porque te abates alma mía, porque te turbas?"[27]

8. **Los que siguen vanidades ilusorias.** Aquí se encuentra el Espíritu obrando inmediatamente, y la persona que ha aprendido por su propia experiencia también enseña a otros y condena lo que sea que nosotros confiamos cuando estamos fuera de la tentación. La única y completamente verdadera adoración a Dios es que, cuando nos encontramos en la adversidad, nos refugiemos en él como en un padre con la esperanza de recibir ayuda. Todas nuestras obras, deseos, y todos nuestros esfuerzos, bajo los cuales queremos salvarnos, son nada. Ellos no pueden rescatar en ninguna forma. Todos ellos se derrumban en la tentación, pues son vanidades. Así es como Jonás habla aquí sobre ellos. Y esto no es todo, pues las personas son vanas, cuando guardan y valoran a sus vanos ídolos. Así que la solicitud o preocupación es vanidad, y esas mismas obras bajo las cuales al frustrarse se mortifican son vanidad.

Abandonan tu misericordia. Esto es, la misericordia de Dios es la única en la cual debieron esperar. Pues ésta es la misericordia de Dios sobre nosotros, ya que es en la única que debemos esperar, y es bajo la única (misericordia) que somos salvos en todas las adversidades. Todas las otras cosas, bajo las cuales deseamos ser rescatados, son

26 Mi traducción del latín. La RVC traduce: "Cuando dentro de mí desfallecía mi alma."

27 Así lo traduce la RV 1960. La RVC traduce: "¿Por qué te desanimas alma mía? ¿Por qué te inquietas dentro de mí?"

vanidad. Pues no aprendemos a guardar la misericordia de Dios a menos que sea bajo tentación (prueba), cuando pensamos que nada más podemos hacer, cuando aparenta que no solamente Dios sino todas las criaturas son nuestros enemigos, cuando no podemos sanarnos de lo malo por medio de nuestros propio consejos, sabiduría, razón, o todo nuestros esfuerzos.

9. Pero yo, con voz de alabanza te ofreceré sacrificios. Éste es el sacrificio de los santos; solamente éstos requiere nuestro Dios de ellos. Éstos son el cuero[28] de sus labios, esto es su ofrenda de gracia. Lean el Salmo 50 en su totalidad: "Sacrifica a Dios alabanza" (v 14).[29] También: "El que sacrifica alabanza me honra" (v 23), indudablemente cuando anunciamos todo lo que hemos recibido por Dios, y no tomamos crédito por nada, etc.

Pagaré lo que prometí.[30] La expresión de "re-pagar votos" la cual ocurre aquí y allí en los Salmos significa "dar gracias". El re-pagar votos es confesar y proclamar el Señor como nuestro único Dios, quien es el único que puede y quiere rescatarnos de toda tentación (prueba) y adversidad. Estaríamos desechos a menos que él mismo nos rescate.

10. Vomitara a Jonás en tierra. Es así como la muerte y el pecado son la ocasión para la vida y la justicia para los santos; la ignominia es una oportunidad para la gloria. "Dispone todas las cosas para el bien" (Romanos 8:29), como ya hemos dicho al principio de este capítulo. "¿Qué podrá separarnos del amor de Cristo? ¿Hambre? ¿Persecución? etc. (Romanos 8:35).

28 La palabra en latín es *"vituli"*, puede ser el cuero o la piel de un toro u otro animal macho, por ejemplo un caballo.

29 Aquí usamos la RV 1960 ya que la RVC pierde esta forma directa de hablar sobre el sacrificio que pide Dios. La RVC traduce así el Salmo 50:14: "En vez de sacrificios, ofréceme alabanza." Y al versículo 23 lo traduce así: "El que me ofrece alabanzas me honra." Aquí deja afuera completamente la dimensión de sacrificio.

30 Aquí usamos la RV 1960 ya que se presta mejor al contexto. La RVC traduce así: "Cumpliré mis promesas."

Capítulo Tres

Sobre la magnitud de la tarea de Jonás ya hemos dicho lo suficiente y más de lo suficiente en el primer capítulo.

3. La gran ciudad de Nínive. Lo que leemos en nuestra Biblia latina: "un itinerario de tres días", sería mucho más correctamente traducido del hebreo: "una travesía de tres días."[31] La aserción de que el tamaño de la ciudad era grande no me convence, que apenas, pues, en tres días se podía transitar la ciudad. Jerónimo reporta que la ciudad era grande de acuerdo a su circunferencia. Lira creía que tal medida era de la región que circundaba las murallas de la ciudad. Estoy plenamente convencido que ni se aproximaba en territorio a Colonia o Erfurt. Me influye sobre esto un versículo en Jonás 4:11: "Con más de ciento veinte mil habitantes, etc." Éste es ciertamente un número pequeño de habitantes para una ciudad que ellos desean que sea tan grande. Así que llego a la conclusión que éste es el significado: transitarla en tres días quiere decir que es la distancia que uno puede fácilmente transitarla a pie por todas sus vecindades, etc. También es un gran error que el nombre de Dios fuera omitido de la Biblia en latín. Ésta debería leer: "Era la gran ciudad de Dios (o para Dios)." Todas las versiones hebreas están completamente de acuerdo y contienen este nombre así como Jerónimo tampoco omitió en su traducción al latín ese nombre. Sobre este pasaje todos los intérpretes fallan extraordinariamente. Es cierto que esta ciudad no se llama la ciudad de Dios por ser Dios quien la edifica, pues fue Assur quien la edificó, esto es muy evidente en Génesis 10:11.[32] Tampoco la ciudad fue llamada ciudad de Dios porque fuera constituida sobre la ley de Dios. Por lo tanto

31 La RVC capta preciso aquí el sentido del hebreo "de tres días de camino".

32 Creo que aquí Lutero cometió un error. Debió haber hecho el comentario que fue Nimrod el que fundó Nínive. Esto se observa claramente al leer el pasaje anterior en Génesis 10:10. Una traducción fiel del hebreo sobre Génesis 10:11 la encontramos en Cantera-Iglesias: "De este país salió para Assur y edificó a Nínive." Assur es una localidad y no una persona. Es en realidad, como lo traduce claramente la RV 1960 y la RVC, el país o tierra de "Asiria".

pienso que el significado es que Dios se preocupaba sobre esta ciudad, que había planeado que la ciudad no pereciera. Ésta es la razón por la que él mandó a profetas a ese pueblo, para que se apartaran de su mala vida y fueran salvados. Yo ya he mencionado con plenitud sobre esto en la introducción a este profeta, pues Dios es Dios no solamente de los judíos sino también de los gentiles.

4. Jonás comenzó a recorrer la ciudad, camino de un día, y en su predicación decía; esto es, completó un tercio de su proclamación.

Y él clamaba.[33] Sería más correcto traducir: "Y él predicaba."

Dentro de cuarenta días. Con brevísimas palabras describe el punto principal y la meta de su predicación, pero sin duda lo explicó con verdadera amplitud de palabras. Cuando predicó, usó sus propios versos para testificar cómo la ira de Dios se acercaba contra el pueblo de Nínive. Jonás les declaraba que Dios lo había enviado a ellos, y les explicaba y manifestaba sus pecados y la causa de la ira de Dios, etc.

5. Y decretaron ayuno, etc. Los enemigos de la fe están acostumbrados a tirarnos este pasaje en la cara pues piensan que han encontrado algo que merece una palmada (un golpe a la mejilla) contra nosotros. Ellos ciegamente interpretan estas palabras así: "Dios respetó las obras del pueblo de Nínive." Entonces bajo sus propios juicios razonan y testifican contra la justificación por la fe. Ya que nuestros ojos han sido abiertos no seamos ciegos como ellos, mas pongamos pues atención a las palabras del Espíritu Santo y examinemos interiormente que no es por casualidad que lo primero que se afirma (v 5) es que: **"Todos los habitantes de Nínive creyeron a Dios."** Ésta es la medida y regla, bajo la cual todo lo que es añadido sobre las obras debe ser rectificado. Pues si la fe en el corazón es sincera, no tiene necesidad de ningún doctor (maestro) de las buenas obras; pues conoce por sí misma lo que se debe hacer. Por cuanto el profeta Jonás anuncia la pura (clara) Palabra, pues para eso había sido encomendado, sin prescribir nada sobre

33 Traducido de la Vulgata. La RV 1960 lo expresa mejor: "Y él predicaba."

las obras. Ya que el pueblo de Nínive creyó en la palabra de Dios al ser espontáneamente conducido por la fe[34] y bajo esa fe como el autor que crea (instituye) las buenas obras, ellos hicieron esas obras externas para dar testimonio de su fe interna. Simplemente dicho, solamente la fe justifica a la humanidad, Romanos 3-5. Al ser justificada una persona por medio de la fe necesariamente brotan los frutos de la fe, de la misma manera que un buen árbol no puede dar frutos malos, así es como Cristo nos indica (Mateo 7:18). Vemos lo mismo aquí en todo respecto ya que Jonás dice: "Y ellos creyeron etc." Las obras no crearon la fe sino la fe creó las obras. Así que este pasaje no nos contradice, mas, sin embargo, nos apoya.

5. Se vistieron de saco.[35] Esto es un hebraísmo, es como decir en hebreo: "comieron pan y bebieron agua, o como nosotros decimos en alemán: *Er hat gessen und truncken* (Él ha comido y ha bebido). Así que esto de "vestirse de saco" es desvestirse de ropas lavadas y espléndidas para vestirse de sacos sucios (viles). Esto aparece claramente en numerosos lugares en las Escrituras. En Isaías 20:2, "Ve y quita el saco de tus lomos"; también en Isaías 50:3: "Visto de oscuridad los cielos y hago como saco su cubierta."[36] Quiere decir: "Visto de tristeza, nublados y oscuros a los cielos." Así notamos este hebraísmo en este profeta, pues más adelante dice: "sino cúbranse de saco personas y animales" (3:8).[37] Los sacos son una indumentaria extraña para los animales de carga.

6. La noticia llegó hasta el rey de Nínive. Aquí vemos lo que ya antes he dicho sobre el poder y la eficacia de la palabra predicada por Jonás. Aunque el rey no había escuchado a Jonás predicar en su presencia, al ser cerciorado sobre la predicación de Jonás, el rey mismo

34 En la traducción vertida al inglés traducen esta frase "de su propia voluntad" o *"of their own free will"*. Pero el texto dice literalmente en latín: *sponte duce*, que significa que fueron guiados de manera espontánea. Creo que Lutero enfatiza aquí en sus palabras la guía del Espíritu Santo y el efecto de la palabra de Dios y no nuestra propia decisión de fe.

35 Este versículo fue traducido del latín. Esto es como hoy en día usamos sacos de tela rústica para almacenar harina, azúcar, etc. En la RVC: "Se vistieron de cilicio."

36 La RVC traduce la palabra "cilicio" en lugar de "saco" en estos textos. Pero como ya fue dicho, la Vulgata usa saco.

37 Mi traducción del latín. La RV 1960 lo traduce así: "sino cúbranse de cilicio hombres y animales."

predicó y convirtió a un tercio de su reino. Se despojó de su vestuario de púrpura y se cubrió con un saco, lo cual es un hábito humilde y lúgubre. Al hacer esto con otros de los ciudadanos, dio testimonio de su lamento interior.

Y se sentó sobre cenizas. Esta frase también es un hebraísmo, pues un lugar humilde donde sentarse complementa su hábito humilde. Se sentó en un lugar humilde el cual no era el lugar adecuado para que un rey se sentara.

7. Por mandado suyo (del rey) y de sus grandes personajes. Sería más correcto traducirlo: "Por un edicto del rey y sus príncipes."

Ni personas ni animales, ni ovejas ni bueyes.[38] El Altísimo y excelente Dios, no mira las obras de las bestias ni le son gratas, pero esas cosas hechas por medio de la fe no pueden sino complacerlo enormemente. Es así pues que por medio de la fe se hace todo lo correcto y lo que complace a Dios. Leemos lo contrario a esto en Romanos 14:23: "Todo lo que no proviene de la fe es pecado."[39] Así pues también el ayuno de las bestias complació a Dios, pero no hubiera complacido a Dios si solamente el rey hubiera alimentado a las bestias.

8. Sino cúbranse de saco humanos y bestias.[40] Esto es, den testimonio de su tristeza y penitencia por motivo de su tristeza sobre el pecado y no se vistan con ropas espléndidas. Así pues, lo que un corazón contrito haga por medio de la fe, es completamente favorecido por Dios, y no importa lo ridículo que aparente.

De la rapiña (injuria) que hay en sus manos. Es un verdadero arrepentimiento y verdadera fe cuando las obras corresponden a la fe. No

38 En la RVC se traduce: "Ningún hombre ni animal, ni tampoco ningún buey ni oveja, debe probar bocado..."

39 Aquí usamos la RV 1960 la cual cabe mejor al contexto y creo en mi opinión que es mucho más correcta la traducción que la RVC, la cual traduce así a Romanos 14:23: "Todo lo que no se hace por convicción es pecado."

40 RVC: "Hombres y animales por igual deberán cubrirse de cilicio."

debemos retirarnos de nuevo de la fe hacia la impiedad, pensando así que verdaderamente creemos.

9. ¿Quién sabe? Tal vez Dios se arrepienta. Ésta es su pregunta: ¿Por qué dudan si tienen una fe verdadera? Pues si no hubieran esperado en la gracia y misericordia de Dios, no hubieran declarado esta esperanza por medio de esas obras. Esto lo he mencionado antes: Existe una lucha entre la fe y la desesperación. Pues en la prueba cuando parece que Dios es nuestro adversario y está airado con nosotros, la fe lo siente así pero no sucumbe.

10. Y al ver Dios lo que hicieron. En el pasaje que precede a éste, interpreta este versícuo. Creyeron la Palabra (Verbo) de Dios y al desistir de sus impiedades dieron testimonio de su fe por medio de sus obras externas. Por motivo de su fe, fuente y recurso de sus obras, Dios considero buenas esas obras. Pues, “Todo lo que no proviene de la fe es pecado” (Romanos 14:23). Cuando existe la impureza en el corazón y es infiel, no puede complacer a Dios, y no importa lo espléndida que sean esas obras. El Espíritu Santo nos declara esto claramente en las Escrituras en la historia de Caín y Abel en Génesis 4.

Capítulo Cuatro

El principio de este capítulo describe en anticipación lo que se va a ver, pues las mismas cosas son repetidas cuando Jonás regresa al orden (hilo) de esta historia. Es la costumbre en el idioma hebreo de ofrecer una sintaxis redundante y de repetir lo mismo sucesivamente, así como observamos en el Salmo 1:4: “No así, no así son los impíos, sino cual tamo que dispersa el viento de la tierra.” En esta oración redunda el uso del pronombre. Lo que el idioma hebreo emplea en tan corta oración[41] también lo emplea en el contexto de

41 La palabra usada aquí es *sententia*, para expresar una oración gramatical.

una oración extensa como podemos apreciar en Deuteronomio, donde Moisés frecuentemente emplea copiosas palabras al describir algún evento. Casi siempre suele repetir todo lo dicho en el mismo contexto. Pienso que fue mencionado el pasaje al principio de este capítulo como anticipación de los hechos, ésta es la estructura de la narración: Dios vio sus obras, pues habían sido convertidos de su mal camino y consecuentemente Dios no los castigó.[42] Jonás no dijo estas palabras al principio, sino después de unos días cuando terminó su predicación y vio que no ocurrió el desastre que predijo. Y entonces sigue lo ya mencionado al principio de este capítulo: Mientras Jonás esperaba por unos días, y lo que predijo no ocurrió pues el pueblo de Nínive recapacitaba, "se apesadumbró[43] en extremo, y se enojó". La fuerza del lenguaje hebreo lo expresa mejor así: "gran mal" (רָעָה)[44] "causó en Jonás". Cristo usa este vocablo en el Evangelio de Mateo 6:34: "Basta a cada día su propio mal." Jonás se encontraba tan angustiado, pues antes de ir a Nínive, mal estimaba el poder del Señor cuando peligraba de la muerte, como ya he mencionado, pues no quería que ese pueblo fuera salvado, etc. Se encontraba tan indignado pues los asirios, los devastadores del pueblo de Dios, no eran destruidos. Aquí vemos de nuevo lo que mencioné ya en la introducción al profeta, y lo que he mencionado también en otros lugares y como también lo encontramos a través de las Escrituras: Queda todavía en los santos vestigios de la carne, y no los destruirán hasta que el viejo Adán sea totalmente destruido. Tenemos un excelente ejemplo sobre esto en Hechos 14:15, donde Bernabé y Pablo dicen: "Nosotros también somos seres humanos semejantes[45] a vosotros". El autor de la Epístola de Santiago dice así sobre Elías en su último capítulo (Santiago 5:17): "Elías era hombre sujeto a pasiones semejantes

---

42 Así dice en latín: *non fecit malum*, que traducido literalmente es: (Dios) no hizo lo malo. Dios no es causa de la maldad ni del pecado. Así que es más correcto traducir esta frase como: "no los castigó" o "no les causó infortunio".

43 O podemos traducirlo: "molesto mucho" o "perturbó grandemente".

44 Rā'āh, רָעָה: puede ser traducido como "calamidad, maldad, conflicto".

45 RV 1960. La RVC lo expresa así: "Somos unos simples mortales, igual a ustedes." La traducción Cantera-Iglesias lo expresa de manera más elocuente: "de igual condición" pues todos vivimos bajo la condición humana.

a las nuestras." Ellos tenían [esa] carne y sangre exactamente como la de nosotros. Y no importa qué tan santificados eran, caían vilmente algunas veces a causa de la imbecilidad de la carne, así vemos aquí con Jonás, aunque probado y entrenado en la fe no pudo someter su voluntad con alegría a la voluntad divina. El altísimo y excelentísimo Dios deseaba salvar al pueblo de Nínive; pero Jonás no deseaba esto, sino que se veía indignado y murmurando. En realidad no existe tal sufrimiento, tal prueba que pueda completamente eliminar al viejo Adán. El viejo Adán no cesa en ser sí mismo, no importa qué tan inmensa sea su prueba (tentación) hasta que completamente perezca y sea estrangulado una vez y para siempre. Estas cosas han sido escritas para nuestra consolación, pues de la misma manera que la misericordia divina no les imputó sus pecados, aunque ésos fueron tan enormes, ya que ellos eran los elegidos y plantados en el reino de la gracia, de la misma manera no nos será imputado el pecado a nosotros. Así lo explica Romanos 8:1, 28: "Por tanto no hay ninguna condenación para los que están unidos a Cristo Jesús... Dios dispone todas las cosas para el bien. Así pues, como aquellos fueron salvados bajo la sombra de la mano del Señor, no nos desesperemos de poder ser salvados, aunque sintamos la vieja carne en nosotros. La carne no cesará de existir en nosotros de la misma manera que no cesó para los más santificados mientras que el viejo Adán no sea devastado completamente. Mientras tanto fijémonos en Cristo, nuestra cabeza. Ésta es la proclamación del reino de gracia que aunque reste pecado en los santos (y no puede ser de otra manera) así todo no será contado (imputado) contra ellos sino perdonado (remitido), así como ellos oran diariamente, etc.

2. ¿No es esto lo que yo decía? La palabra *dabar* (דָּבָר) significa en hebreo "una causa, una cosa, un discurso".[46] Se usa de esta manera en Deuteronomio 16:19: "el soborno ciega los ojos de los sabios y pervierte las palabras de los justos." Así es como la emplea Jonás. Los Romanos dirían simplemente: "Cuando todavía estaba en mi tierra, éste es el motivo por el cual fui y me fugué en el mar."

46 También significa una palabra activa.

Tú eres un Dios clemente y misericordioso. En los Salmos estas dos palabras son frecuentemente usadas conjuntamente. Y la misma palabra que es traducida aquí como "misericordia" es también usada por Moisés en Éxodo 33:19, la cual es citada por Pablo en Romanos 9:15: "Tendré misericordia del que yo quiera y me compadeceré del que yo quiera."[47]

Y grande en misericordia. Esta palabra significa propiamente "benignidad" (beneficencia).[48] Cristo usa también esta frase en el evangelio (Mateo 9:13): "Misericordia quiero y no sacrificio", que significa "deseo beneficencia para otros".

Y que te arrepientes del mal! Dios es más excelente que el mal, y superior que el castigo, ya que suele revocar la plaga que determinó infligir. Todas estas palabras son ciertamente palabras de fe; poder entender e imaginar que Dios es así, esto es verdaderamente vida y salvación. Aunque esta fe sana y sincera radica en Jonás, así todo, se encuentra enojado con Dios. La carne y el espíritu conviven a la vez. Así es la batalla en todos los santos y no existe tregua en esta guerra, como ya he mencionado.

3. Yo te ruego, Señor, que me quites la vida. Estas palabras son la de un gran espíritu que desea ser destruido, apetece la muerte, éste también es un deseo carnal, pues estaba verdaderamente ofendido (*contumelioso*) ya que no sucedieron los eventos que había predicho por la palabra de Dios.

4. ¿Te parece bien enojarte tanto? Esta pregunta conlleva la respuesta de no.

5. Entonces Jonás salió de la ciudad. Jonás regresa aquí al punto de la historia. Sí, todos los eventos que siguen en este capítulo deben

47 La RV 1960 es mucho más elocuente al repetir al estilo hebreo poético las palabras cruciales para dar sentido al texto: "Tendré misericordia del que yo tenga misericordia, y me compadeceré del que yo me compadezca." La Vulgata repite en el mismo estilo elegante estas palabras.

48 La palabra usada en latín es *beneficentiam*. La Versión Cantera-Iglesias traduce: "abundoso en benignidad."

ser relacionados con lo dicho anteriormente, deben ser conectados de esta manera: "Entonces Jonás salió de la ciudad, etc." Pudo ver la maravillosa tolerancia y clemencia del altísimo y majestuoso Dios. Pudo notar la admirable gentileza (suavidad) de la Divina Majestad, cuando conversaba y jugaba con el necio e airado Jonás mientras que Dios cargaba con su indignación y lo mostraba culpable bajo su propio juicio. Esta es la manera delicada y paterna de dirigirse los pecadores. Aquí tenemos un buen ejemplo de la clemencia divina sobre aquellos que a pesar de ser justificados, también pecan. Noten en qué modo pestañea Dios, y en qué modo rige, mientras Jonás murmura, para que así Jonás remita su ira y deje de estar enojando y de murmurar. La divina bondad prepara un albergue o cabaña en donde se puede sentar y recibir [Jonás] la grata sombra hasta que se disipe el calor del sol.

6. Y le quitara el malestar. Lee así en hebreo: "al fin de librarle de su mal." Esta oración se puede entender de dos maneras. La primera interpretación es que el Señor preparaba hiedra para que creciera sobre Jonás y para que la sombra de la hiedra lo deleitara y así pues fuera rescatado de su mal, esto es, de su aflicción. De esta forma la conversión del pueblo de Nínive no afectaría más a Jonás. Esta es la misma palabra hebrea usada anteriormente.[49] Prefiero la segunda interpretación que la anterior. En ésta se puede afirmar que el Señor juzgó y castigó a Jonás por su mala disposición, para así guiarlo, instruirlo, y juzgarlo bajo su propio ejemplo para que así confesara su indignación necia y su murmurar. Si alguien prefiere la primera interpretación que ésta pues dejen que sea adoptada. Por cierto, tenemos en cuenta también cierta controversia extraña y frígida que santos intérpretes de la iglesia han entablado sobre el nombre "hiedra". Es así como Jerónimo la traduce, aunque una traducción más antigua antes que la de Jerónimo, usa "cucurbitácea".[50] No debemos tener una

49 Rā'āh רָעָה puede ser traducido como "calamidad, maldad, conflicto".

50 Plantas dicotiledóneas de tallo sarmentoso como la calabaza y el melón son clasificadas con este nombre. En la RV 1960 se usa "calabacera" afirmando esta interpretación. La traducción de Cantera-Iglesias usa "ricino", clasificándola así como una planta euforbiácea, plantas dicotiledóneas, que sueltan jugos generalmente lechosos, y muchas de ellas son venenosas, como por ejemplo la hiedra.

controversia sobre algo insignificante ya que el vocablo en hebreo ni significa "hiedra" ni "cucurbitácea," sino el nombre de un árbol que nos es desconocido pero que era propio de esa tierra. Pero Jerónimo ofrece una razón por la cual la traduce "hiedra". Para esta traducción deben consultar los comentarios de Jerónimo.[51]

7. Dios dispuso que un gusano. Al hacer esto, el Señor quería confrontar la injusta indignación de Jonás. La Divina Majestad lo hizo así como un paternal y benigno ejemplo, como ya he mencionado.

8. Éste casi se desmayaba. En hebreo la palabra significa propiamente: "he hirió el sol" o fue "sofocado por el sol". Los alemanes dicen: *vorschmachten* (desfallecer). Ésta es la misma palabra empleada en Amos 8:13 donde leemos: "En aquel día desfallecerán de sed, las hermosas doncellas y los jóvenes."[52]

8. Y pidió para sí la muerte.[53] Aquí resume Jonás su narración, pues no creo que el Señor le dijera dos veces a Jonás: "¿¡Mejor es para mí vivir que morir!?[54]

9. "¡Es tanto el enojo que me causa, que hasta quisiera morirme!" Noten ese negligente murmurar, bajo el cual no quería ceder a su buen sentido. Jonás es ciertamente un profeta extraño pues al ser castigado por Dios aumenta su ira. De esta manera el pecado da riendas a otros pecados; y en esta forma un pecado lo prepara para otro pecado.

10. Tú sientes lástima por la enredadera, por la cual no trabajaste. "Tienes lastima de la hiedra, que ya se marchitó, y tú como un ser

51 Cf Jerónimo, *Commentaria in Jonam, Patrologia,* Series Latina, XXV, 1148ss.

52 Esta traducción fue tomada de la versión Cantera-Iglesia la cual usa la palabra más aproximada al hebreo que es "desfallecer". RV 1960 usa "desmayarán de sed".

53 Así es como lo traduce la Cantera-Iglesias, que de nuevo su traducción se aproxima mucho más al texto en hebreo y al texto de la Vulgata, usado aquí por Lutero. Traduce así la RVC: "Y hasta deseaba morirse."

54 Aparece esta traducción del hebreo en Cantera-Iglesias como debe ser traducida, en forma interrogativa y con exasperación o aclamación. Lee en la RVC: "Mejor me sería la muerte que la vida."

humano no la proveíste. Y a pesar de que no la proveíste, estás indignado porque fue comida por un gusano. Yo soy Dios, el creador de Nínive, creador de los seres humanos, y de los animales en esa ciudad. ¿No debo tener yo piedad, no debo tener paciencia, y poder regocijarme por la salvación de ellos? Ésta es una magnifica y dulcísima declaración de la Majestad Divina. Ésta es una amplísima promesa de la incomprensible bondad y misericordia de Dios. Pues Dios no desea la muerte de los pecadores sino que desea inmensamente que el pecador se convierta y viva (cf Ezequiel 33:11). Estas cosas nos encomiendan a la gracia de Dios, pues a él le duele nuestra destrucción (ruina) y se regocija de nuestra salvación así como podemos apreciar en la parábola del hijo prodigo en el evangelio. En el mismo modo que aquí, Jesús nos dice en Mateo 7:11: "Pues si vosotros, siendo malos, sabéis dar buenas dádivas a vuestros hijos, ¿cuánto más nuestro Padre que está en los cielos dará [buenas cosas a los que le pidan?"].

11. No saben distinguir cuál es su mano derecha y cuál es su mano izquierda. Éste es un modismo de la lengua hebrea. Nosotros lo expresamos de una manera diferente, algo así como: "Saben nada, ni esto ni lo otro." Lo expresamos así en el idioma alemán: *sie wissen nicht, was weys oder schwartz ist* (no conocen lo que es blanco ni lo que es negro). Esto significa que no conocen nada de cómo atener la salvación y no pueden distinguir entre la piedad e impiedad pues no poseen la palabra de Dios. Así que si ellos supieran tanto, mi querido Jonás, tanto como tú sabes, quizás ellos serían mejores que tú, así como ya esto es un hecho. Pues cuando ellos oyeron la predicación de Jonás fueron inmediatamente convertidos, y creyendo en la Palabra fueron conducidos al arrepentimiento. Mientras tanto Jonás murmuraba y se encontraba indignado.

Encomiendo lo siguiente como una alegoría para vuestra meditación y diligencia (buena atención). Pues el mismo Cristo en el evangelio aplica este ejemplo de Jonás sobre sí mismo. Nos indica que Jonás lo señala a él cuando dice (en Mateo 12:39-40): "La generación mala y adúltera demanda una señal pero no tendrán más señal que la del profeta Jonás. Porque así como Jonás estuvo tres días, etc."

Ésta es una historia excepcionalmente maravillosa. Hasta el mismo Cristo parase deleitarse en la misma, y esto es evidente en ese mismo capítulo en Mateo. Cuando menciona a los hombres de Nínive, Cristo esta ciertamente hablando en una manera magnifica sobre esta historia. Así que esta historia es celebrada en los dos Testamentos. Consecuentemente, Cristo vino adentro "del mar", esto es, al mundo. Y cuando vino al mundo, el mar se encontraba turbado por cuenta de él, ya que el Hijo de Dios fue recibido por algunos y no por otros. Él fue devorado por un gran pez, esto es, por Satanás, el príncipe de este mundo. Pues Satán, el infierno y la muerte "envolvieron" ("tragaron") a Cristo cuando se encontraba prendido en la cruz, como que así fueran a destruirlo, pero ellos no pudieron retenerlo ya que era imposible, así como Pedro dice en Hechos 2:24. Fue entonces necesario que él fuera "vomitado" así como también fuera revivificado y esto dio ocasión para la vida, pues antes había sido ocasión para la muerte. Es un hecho, entonces, que nuestra muerte es nuestra puerta a la vida, la ignominia (la desgracia) es nuestra promoción a la gloria, y la condena y el infierno, son la puerta a la salvación. Y todo esto es por medio de Cristo, quien fue inocente (que no tiene pecado).

¡A Cristo sea la alabanza y la gloria!

CPSIA information can be obtained
at www.ICGtesting.com
Printed in the USA
FSOW02n0118301116
27921FS

9 780758 656506